JN441322

문화와
역사를
담 다
0 7 0

억새야 길을 묻는다

영남알프스
오디세이

배성동裵成東

1960년 경남 고성에서 출생, 부산에서 성장
계간지 동리목월 소설 등단
『영남알프스 오디세이』(2013년 우수문학도서 선정), 『소금아 길을 묻는다』(2016년 세종 우수도서 선정), 『반구대 범 내려온다』(2021년), 『영남알프스 100선』(2022년)
그는 발로써 글을 쓰는 작가다. 산에 물들고, 소금 길에서 짠맛을 본 그는 오직 무쇠발로 영남알프스 뒤안길을 그려냈다.

억새야
길을
묻는다

영남알프스 오디세이

배성동

민속원

증보판을 내면서

돌이켜보면 지도도 나침판도 없이 오직 촉만 믿고 헤맨 발품이었다. 우거진 산중이든 마을로 이어진 오솔길이든 사람이 드나드는 곳엔 길이 있었다. 무심코 지나친 산등성이와 잿마루 계곡 하나하나에 제 이름을 찾아주었고, 길에 얽히고설킨 숫한 사연들을 불어 넣었다. 이들이 남긴 이야기는 산을 쌓았다. 이 책은 산을 살피며 쓰여졌다.

초간본이 나온 지 십여년이 지났다. 십 년이면 강산도 변한다는데, 이 책에 대한 애정만큼은 변함없이 간직한 이들이 있었으니, 대곡댐 수질감시원 이도수 씨도 그 중 한 사람이다. 그는 이 책 '댐에 미친 사람'편에 나오는 실존 인물이기도 하다. 맑은 물을 지키는데 만큼은 깐깐하고 얄짤없는 이 씨는 책이 절판된 사실을 누구보다 애타 했다. 그러던 중에 코로나19로 곡기를 끊다시피 하던 그의 아내가 뜻밖에 세상을 떠나게 되자, 무슨 일인지 출판비용 전액을 댈 테니 증보판을 내어보라고 부추겼다. 알고 보니 그의 아내 장례를 치르고 남은 쌈지돈이었다. 꽉 짜서 물기마저 빼는 메마른 세상 인정이건만, 너그러운 순풍 거룻배까지 얻어 타게 되다니……. 이 증보판은 그렇게 나오게 되었다.

어느 작품보다 발품과 애정을 쏟은 작품이기에, 초간본에 미처 수록하지 못한 지도를 추가했다. 지도 제작에 눈 뿌리를 맞댄 청년 일러스트 문정훈, 출판을 승낙해 준 민속원 여러분에게 고마움을 전한다.

배성동

머리말

그곳엔 억새처럼 강인한 억새꾼들이 있습니다. 저는 그들을 찾아 바람이 억새밭을 헤집듯 쏘다녔습니다. 산을 넘고 물을 건너며 줄곧 떠올린 것은 '영남알프스는 길이 아닌 삶이구나' 하는 것이 었습니다. 산에 기대어 사는 민초에게는 푸짐한 곳간이요, 혁명을 꿈꾸는 자에게는 거대한 패싸움터였으며, 장을 드나드는 장꾼들에게는 질곡 같은 삶의 길 그 자체였습니다. 무수한 사연을 오롯이 간직한 그 옛길이 낙엽 아래에 묻히고 있습니다.

숙명처럼 산을 이고 살아온 억새꾼들의 뒤안길을 그려보았습니다. 기껏 팔아봐야 고무신 한 켤레조차 장만하기 어려운 콩 보따리를 이고 간월재를 넘나들었던 아낙들의 고무신이 되었습니다. 뉘엿뉘엿 떨어지는 해를 등지고 사자평 억새밭을 건넌 소장수가 되어 발품을 팔다가도, 소금가마니를 지고 죽기 살기로 넘던 소금장수를 따라나서기도 했습니다. 때로는 개딱지 움막에서 숯을 굽다가 시꺼멓진 숯쟁이의 맨발로, 쫓기는 빨치산의 갈라진 뒤꿈치로 달음질 놓기도 하였습니다. 이들 모두가 상처와 슬픔으로 얼룩져 영남알프스를 떠돌던 억새꾼들이었습니다.

억새가 춤을 추듯, 바람에 떠 밀리듯, 구름에 쫓기듯 발로 쓴 억새꾼을 보냅니다. 억새는 살기 위해 죽고 죽었다가 부활합니다. 후제 어느 산발치에서 구슬땀 뻘뻘 흘리는 억새꾼 만나거든 달짝지근하고 시원한 고로쇠 물 한 잔 권하고 싶습니다.

부족한 저에게 분에 넘치는 지면을 준 〈조선일보〉, 〈경상일보〉, 〈국제신문〉, 〈울산저널〉에게 감사드립니다. 가파른 산길 좇으며 삽화를 그려준 엄성미 작가에게도 이 자리를 빌려 감사의 말씀을 드립니다. 저 산은 저에게 티눈 박인 발을 주었습니다.

2013년 입춘

언양에서 裵成東

차
례

3부
막힌 하늘을 불로 뚫은 천화현 옛길

4부
사라져가는 울산의 오지마을

· 1부 ·

영남알프스 옛길

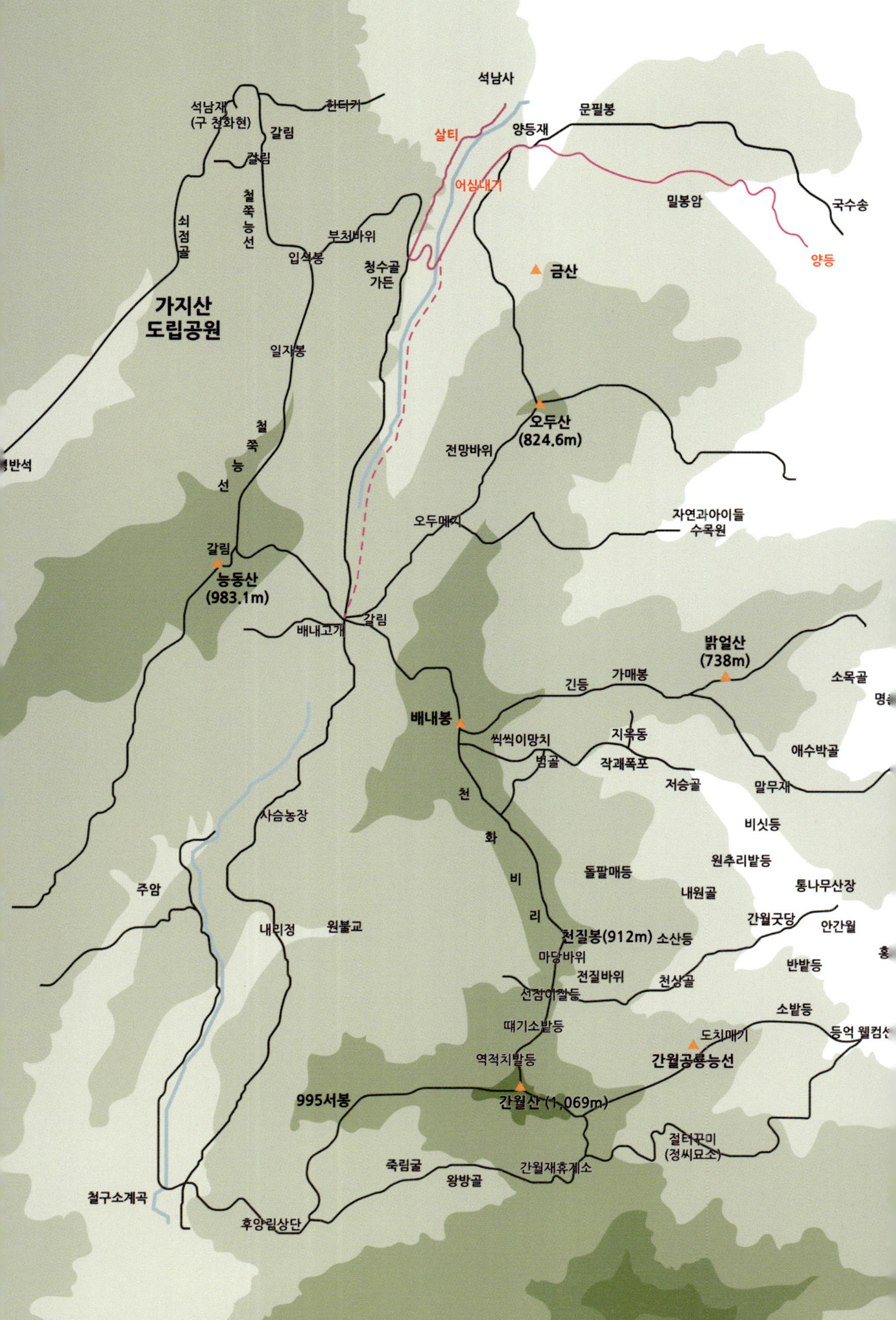

석남사
석남재
(구 천화현)
헌터거
갈림
갈림
살티
양등재
문필봉
어심내기
밀봉암
국수송
양등
쇠점골
철쭉능선
부처바위
입석봉
청수골
가든
금산
가지산
도립공원
일자봉
오두산
(824.6m)
전망바위
철쭉능선
오두메기
자연과아이들
수목원
갈림
능동산
(983.1m)
배내고개
갈림
밝얼산
(738m)
가매봉
긴등
소목골
배내봉
씩씩이망치
지옥동
범골
작괘폭포
애수박골
저승골
말무재
천화비리
사슴농장
비싯등
원추리밭등
돌팔매등
내원골
통나무산장
주암
내리정
원불교
간월굿당
안간월
천질봉(912m)
소산등
마당바위
반밭등
전질바위
천상골
선점이짤등
소밭등
때기소밭등
도치매기
등억 웰컴센
역적치밭등
간월공룡능선
995서봉
간월산(1,069m)
절터꾸미
(정씨묘소)
죽림굴
간월재휴게소
왕방골
철구소계곡
후양림상단

1.
하늘로 가는길 | 배내재

길이 있는 곳에 사람이 있었네

영남알프스의 베이스캠프인 언양 고을에서 '배내고개(일명 장구만디)'라 불리는 길을 찾아 나선 것은 삼월 춘분. 언양고을에서 시오 리 떨어진 울주군 상북면 양등리 '찬물내기'에서부터 떠돌기 시작하였다. 배내골행 버스를 타면 손쉽게 이동할 수 있지만, 선인들의 발자취가 담긴 옛길을 직접 걸어볼 요량이었다. 상북 들녘의 고래논을 지나 양등마을에 들어서면 족히 사오십 구랑은 되어 보이는 논들이 펼쳐진다. 밀봉암으로 오르는 실배암길에는 아낙들이 쑥을 캐고, 개울가에는 개구리 울음소리가 요란스럽다. 멀리 고산준봉 지붕의 잔설吸雪에선 김이 모락모락 피어오르건만, 산 아래에 올망졸망 모인 마을에는 봄기운이 완연하다.

양동마을에서 만난 전옥수(88세) 노인은 까마귀 정신에다 고령으로 병고에 시달렸다. 그러나 천황산 사자평으로 가는 옛길을 묻자, 오락가락하

쪽박산 '새질내기'에서 내려다본 구름에 쌓인 배내재 청수골.
석남사에서 배내골로 이어지는 도로가 나기 전에는 이 깊은 골짜기에 길이 있었다.

던 기억은 신통하게 되살아났다. "집이라고는 소막 한 채뿐이었던 허허벌판 사자평에서 새(억새)를 베어 날랐더랬다." 노인은 사자평 억새는 지붕을 잇거나 생활용품을 만드는 데 요긴하게 쓰였다며 옛일을 회상했다.

엿장수 마음대로 생긴 울창한 그늘 길

오두산 북능 끝자락인 '참새미' 골짜기를 오르다가 쑥을 캐는 할머니에게 옛길을 물었다. 할머니는 쑥 향내 묻은 손가락으로 뒷산의 잘록한 고갯마루를 가리키며 "소 몰고 다니던 쪽박산 소래길이 있기는 한데, 사람이 오래 다니지 않아 묻혔을 것."이라 했다. 택호가 수전댁이라 밝힌 할머니는 동네에서 배내고개로 이어진 길을 '어심내기' 또는 '버지메기' 라 부른다며, 도라지와 참나물을 캐러 다니던 열두 고갯길이라는 귀띔도 해주었다.

쑥을 캐던 양등마을 아낙이 쑥 향내 밴 손으로 배내재 가는 길을 가리킨다.

수전댁이 말한 '어심내기'는 내川와 이어진 길, '버지메기'는 버드나무가 번성하여 유래한 양등楊等 뫼山로 이어진 길이었다. 쪽박산은 '족발산'의 센소리로, 산의 형세가 사람 발 모양처럼 생겼다고 해서 붙여진 이름으로 알려져 있다. 이처럼 배내재 주변에는 산 형세를 딴 지명이 많았다. 노루 엉덩이처럼 생겼다하여 '노루궁동이', 송곳처럼 뾰족하여 '송곳산', 산이 자빠진 형세를 띤 '잣방골', 사람 무릎팍 같이 생긴 '물팍등' 등이 그렇다.

벌 모양으로 생간 산봉우리 아래에 자리 잡은 밀봉암을 지나서부터는 그늘 길이 이어졌다. 천 리 길을 걸어온 나는 이 길이 옛길임을 단숨에 알아차렸다. 엿장수 마음대로 생겼어도 나름대로 자연미가 있는 길이었다. 폭이 1 미터를 넘지 않았고, 땔감을 진 질매소가 지나다닐 만한 길이었다. 직선화 된 등산로와 다르게 사람의 짚신과 소의 발이 창조한 우리 옛길은 대개 꼬불꼬불한 아리랑고갯길이다. 소를 앞세운 사람은 느리더라도 이대로 족했고, 보따리를 인 아낙은 숨이 덜 가빴다.

물팍등에서 바라본 배내재. 좌측 우뚝 솟은 오두산 골짜기로 어심내기 길이 나 있다.

걸을수록 끌려드는 열두 고갯길 '어심내기'

쪽박산(금산)과 매봉지를 잇는 양등재를 넘어서자 청수골로 향하는 '어심내기' 옛길이 나왔다. 어심내기는 겨우 한 사람이 다닐 정도로 폭이 좁았다. 중간중간 오솔길이 유실되어 아슬아슬한 구간도 있었다. 과거에는 자연재해로 지반이 약화되거나 유실되면 마을 사람들이 길 닦는 부역을 했으나, 지금은 고령화로 부역할 사람은 찾아보기 어렵다.

배내재를 오르는 길은 양등에서 시작하는 '어심내기'와 석남사에서 오르는 '장구메기 산판길'이다. 어심내기는 청수골 좌측으로 난 작은 소밭길(소가 다니던 밭길)이고, 장구메기 산판길은 석남사 입구에서 덕현천을 따라 청수골 좌측 계곡으로 난 큰 길이다. 해방 후 벌목한 목재와 숯을 실어 나르던 숯차(일명 지에무시)가 헤집고 다니면서부터 길이 치츰 넓어졌으나, 산기슭에 위치한 어심내기는 다행히 옛길 그대로 남아 있다.

어심내기는 걸을수록 끌림이 있는 열두고갯길이다. 여름이면 땀띠를 죽이고, 저잣거리에서 찌든 몸을 청산에 옮겨 유유자적 걷기에 좋았다. 산기슭에 걸린 열두 고개를 모두 끼고 돌아 산으로 에워싸인 청수골 계곡에 도착하였다. 어심내기와 장구메기 산판길이 합류하는 지점이다. 그러나 일제강점기에 개설된 장구메기 산판길은 자연재해로 유실되어 더 이상 가기가 어려웠다. 할 수 없이 계곡을 건너 국도69호선(울밀선)으로 올라갔다. 천주교 성지인 '살타'가 가까운 곳이었다.

호랑이 숲이었던 천주교 교우촌 '살티'

살티는 임진왜란 당시 단조성과 운문령을 지키던 의병들이 화살을 만든 곳이라는 설이 있다. 조선조 말기에는 천주교 교우들이 박해를 피해 은둔한 교우촌이었다. 그들이 은밀한 신앙생활을 하면서 도자기를 굽고 감자를 심었던 생활터였다. 살티 공소 김명관(91세) 회장은 "장구만디를 생각하면 배 고팠던 시절이 떠오른다. 송진과 칡뿌리 벗겨 먹으며 고생한 일들이 주마등처럼 지나갔구나."라며 핍박받던 선인洗人들이 걸어온 옛길을 떠올렸다. 김 회장의 증조부는 순교자 김영제(베드로)이고, 맏아들은 부산 해운대 성가정성당 주임신부로 있다.

과거 이 일대에는 호랑이 · 표범 · 늑대 같은 맹수들이 독실거렸다. 김 회장은 1930년대에 눈에 불을 컨 호랑이를 직접 목격했다 한다. 일본인 사냥꾼이 들어오기 전인 조선조 말까지만 해도 포졸에게 체포되어 순교한 천주교인보다 호랑이에게 목숨을 잃는 천주교인들이 더 많았다고 전해진다. 천주교 교우들은 호랑이에게 잡아먹힌 교우의 시신 머리와 뼈를 수습하여 장례를 치렀다.

부평초 인생 떠돌이 장꾼들의 통로 배내재

천신만고 끝에 상북면 이천리 산1번지 배내재에 도착하였다. 이천오령梨川五嶺, 즉 배내오재중 하나인 이곳은 해발 1000미터가 넘는 천하 명산의 산군들을 연결한 고리로, 예로부터 '하늘 길'이란 소리를 들었다. 최근에 영남알프스의 새로운 길 이름인 '하늘억새길'의 관문으로서 빛을 발하는 곳이기도 하다. 산천지세를 영검시하는 상북 사람들은 오동나무 장구통 모양의 배내재를 오래전부터 하늘 길의 연장으로 여겼다.

배내재는 기러기처럼 떠도는장꾼들이 넘나들던 통로였다. 떠돌이 장꾼 들은 사람 왕래가 뜸하고 지름길인 옛길로 흘러갔다. 이녁들이 가지고 들어가는 물목은 건어물 · 면포 · 그릇 따위의 생활용품이었고, 가지고 나오는 물목으로는 목기 · 삼베 · 산채 · 버섯 · 약초 등이 있었다. 1978년에 수배령으로 배내골에 숨어들었던 한 시인은 누른 무명옷차림에 등짐을 진 '떠돌이 장꾼들'이 무리를 지어 걸어가던 모습을 목격한 바가 있다. 장꾼들은천황산 사자평을 지나 밀양 단장면으로 흘러가거나, 능동산에서 위험하기 짝이 없는 얼음골로 질러갔다. 얼음골을 질러가는 길은 층층절벽을 타는 험로인데,장꾼은 이곳에서 종종 맹수의 밥이 되기도 하였다.

오두매기
능동산
배내고개
긴등
가매봉
밝얼산
소못골
배내봉
지옥동
작괘폭포
저승골
말무재
애수박골
사슴목장
비싯등
원추리밭등
임도
돌팔매등
내원골
천
화
비
리
통나무산장
내리정
원불교
임도
천질봉(912m)
간월굿당
소산등
안간월
마당바위
폐도
천질바위
반밭등
선짐이질등
천상골
때기소밭등
소밭등
선짐이질등
등억 월
도치매기
역적치발등
995서봉
간월산
홍류폭포
절터꾸미
(정씨묘소)
죽림굴
간월재
왕방골

2.
하늘을 오르는 사다리 | 선짐이 질등

이삿짐을 지고 간월산 보릿고개를 넘은 피난민

한국전쟁이 끝난 직후인 1957년 여름, 피난민 부부가 간월산을 오르고 있었다. 부산 감전동 피난촌에서 장로長路에 오른 지 이태 만이었다. 등짐을 진 채로 쉰다는 '선짐이 질등'은 하도 가팔라 기어오르다 시피 해야 했다. 땀으로 멱을 감았다. 개딱지 움막에서 챙겨온 무거운 무쇠솥 안에는 장단지와 세간 꾸러미가 들어 있어 다리가 후들거렸다.

이리 봐도 산, 저리 봐도 산, 넓디넓은 세상에서 하늘 이사라니. 불여우에 홀린 듯 앞서 가는 서방을 따라가던 부산댁은 된숨을 몰아쉬었다. 암흑천지에서 살아갈 앞날을 생각하면 눈앞이 캄캄했다. 머리에 인 보따리를 당장 천질바위 아래로 내던지고 싶었다. 귀양살이와 진배없는 배내골로 내몰리는 설움에 복받쳐 울고 또 울었다.

선짐이 질등 잿마루에서 내려가면 등억을 거쳐 저 얼리 보이는 언양장으로 갈 수 있다.

잠꼬대 같은 이야기 같지만 55년 전에 간월산 선짐이 질등으로 이삿짐을 옮겼던 황광수(85세) 부부가 겪었던 일이다. 황 씨 부부는 험하기로 호가 난 간월산(해발 1083미터) 북능을 넘어 배내골로 이삿짐을 옮겼다. 아무도 발 디디지 못할 산간 오지에 막상 도착해보니 사방 오십 리가 잿더미로 변해 있었다. 손바닥만한 마을은 난리통에 쑥대밭이 되었고, 빨치산 토벌을 위해 휘발유를 통째로 뿌려 불을 지른 산은 민둥산이었다. 보리 흉년 때라 소나무 껍질을 벗겼고, 칡뿌리를 캐 먹었다. 그야말로 죽지 못해 사는 징역살이였다.

못 죽어서 사는 배내골 주민들

나쁜 교통과 교육 환경이 문제였다. 장터를 나가려면 태산 같은 간월산을 넘어 한나절을 꼬박 걸어야 했고, 중학생 아이는 외지에 자취를 시켜야 했다. 외지인들은 '멧돼지와 발맞추고 사는 배내골 사람에게는 딸을 안 준다'며 얕잡아 봤다. 얼마 지나지 않아 부산의 태극교 신도 마흔아홉 가구가 황 씨를 뒤따라 들어왔다. 도시의 떠돌이들도 숯을 굽는 막장 일을 찾아 몰려들었다. 반미치광이가 아니면 들어오지 않는다고 말렸지만 먹고 살기에 절박한 사람들은 막무가내였다. 태극교 교인들은 이곳에서도 몰래 모인다고 하여 '빨갱이교' 손가락질을 받고 살아야했다.

그로부터 55년이 흘렀다. 나는 황 씨 부부가 이삿짐을 지고 넘었다는 간월산을 넘어 배내골을 찾아 들어갔다. 상북 간월마을에서 천질바위를 경유하여 간월산을 넘는 잿길은 그런대로 온전했다. 그러나 잿마루를 넘어 내리정으로 난 옛길은 1980년대 임도 공사로 사라지고 없었다. 길 없는 길의 수풀을 헤치고 내리정 계곡을 파고들었다. 마침 내리정 계곡에서

1957년 부산 감전동에서 이삿짐을 지고 간월산을 넘은 황광수 씨.

고로쇠 작목을 하던 할머니가 낯선사내에게 고로쇠 물을 한 바가지 권하였다. "고로쇠가 아니라 골병수요. 입춘에는 없어 못 팔고, 춘분 때는 물이 많아 못 팔아요." 고로쇠 물은 달짝지근하고 시원했다. 고로쇠 작목을 거들던 노인네가 걸어왔다. 선량함이 배어 있는 두 노인이 바로 선짐이 질등으로 이삿짐을 나른 황광수 부부였다. 혈기왕성하던 사내는 어느 듯 호미 허리로 구부러져 있었다. 손발이 터지도록 땅을 일구어온 황 씨는 "너무 힘든 일을 하느라 허리가 요렇케롬 구부러졌다 아잉교." 라고 말했다. 노부부는 배내골에서 살아온 이야기보따리를 풀었다. 칡뿌리를 캐 먹으면서 보리 흉년을 넘긴 암흑시대를 자식들에게 남기기 위해 늘그막에 한글을 배운다는 황 씨의 아내 부산댁은 "귀양살이를 하느니 차라리 죽는 게 낫겠다고 생각한 적이 한 두 번이 아입니더." 부산댁이 목이 메인 목소리를 할 때마다 황씨는 꿀 먹은 벙어리인양 먼 산만 쳐다보고 있었다. "생각해보오. 천날만날 그 장단 아닌교? 이 암흑천지에서 도망치려고 보따리를 세 번 쌌어요." 귀양살이와 진배없이 살아온 자신의 이야기를 들어주는 외간 남자를 만난 것 만으로도 목이 메는 모양이었다.

내리정 계곡. 봄기운에 원형으로 녹아가는 잔설은 마치 얼음 변기처럼 보인다.

호롱불 들고 넘던 일흔아홉 고개 '선짐이 질등'

산짐승 울어대는 새벽녘. 첫닭이 울자 호롱불을 든 배내골 아낙들이 선짐이 질등을 오르기 시작했다. 머리에 콩 보따리를 이거나, 젖먹이를 업은 아낙도 있었다. 아낙들이 잿마루에 오를 때쯤이면 날이 샜다. 꼭두새벽부터 나온 아낙들은 '선짐이 질등' 잿마루의 돌 더미 주변에 둘러앉아 일출을 감상하며 아침밥을 먹었다. 일출은 장관이었다. 떠오르는 태양은 불동처럼 훨훨 타올랐고, 산 아래 내川는 붉게 물들었다.

잿마루를 넘나들 때마다 하나둘 던진 돌 더미는 물목 보관소로 변했다. 먼 길을 걸어야 하는 아낙들은 내다 팔 물목 외에는 죄다 돌 더미 속에 두고 장으로 떠났다. 눈썹마저 빼놓았으면 하는 심정이었다. 돌아와서 먹을 주먹밥은 초베기(도시락)에 싸서 넣고, 호롱불로 쓸 석유병은 속케(솜)를 야물게 틀어막아 돌 더미 속에 보관해두었다. "도시락 별거 없어. 콩고물이나 소금물 묻힌 꽁보리밥을 삼베에 쌌십니더." 내리정에 사는 이지춘 할머니(79세)가 한 말 이었다. 이 할머니는 선짐잿마루를 가리키며 "저 하늘만디에 오르면 하늘이 노랗더라."며 엄살을 떨었다. 장을 본 아낙들이 국수로 허기를 달래고 돌아 올 무렵이면 간월산으로 해가 그렁그렁 떨어지기 시작했다. 간월산으로 설핏 기우는 해는 예로부터 헌양팔경獻陽八景의 하나로 꼽힐 정도로 아름다웠다. 옛 선인들은 화살을 쏘아 천 개의 달 중에서 한 개의 달을 맞춰 그것을 물그릇에 담아 마시기도 했다고 한다.

하늘을 오르는 사다리를 떠받친 천질바위

집으로 돌아오면서 올려다본 간월산은 까마득했다. 아낙들은 보자기에 돌을 한두 개 싸들고 다시 선짐이 질등을 올랐다. 장을 오가는 데만 꼬박 한나절이 걸린 아낙들은 녹초가 되다시피 했다. 쓰러질 듯 오르다가 잿마루 아래에 우뚝 서 있는 천질바위千丈巖 위에 돌을 던지며 소원을 빌었다. 영축산 구룡九龍중에 북방으로 도망치던 한 마리가 부딪쳐 눈먼 용이 되었다는 전설의 천질바위다. 돌을 던져 한 번 만에 올리면 소원이 이루어진다는 소문이 있었다. 날이 저물 때쯤에서야 선짐잿마루에 도착한 아낙들은 돌 더미에 넣어둔 호롱불을 꺼내 비추며 내려갔다. 첫 닭 울 때 장길을 나섰으니 온종일 걸린 것이다.

돌아다니는 데 제법 이력이 난 내가 걸어보아도 선짐이 질등은 까무러칠 만큼 힘들었다. 일흔아홉 개의 아리랑고갯길과 가파른 비탈을 돌고 돌다 보면 하늘이 노랗더라는 아낙들의 한탄이 절로 떠올랐다. 그러나 힘들게 오른만큼 오장육부를 말끔히 씻겨주는 느낌이 들었다. 우리의 옛길 대부분이 그러하듯이 꼬불꼬불한 고갯길은 산을 오르는데 힘이 되어준다. 일흔아홉 고갯길 자체가 하늘을 오르는 사다리인 셈이다.

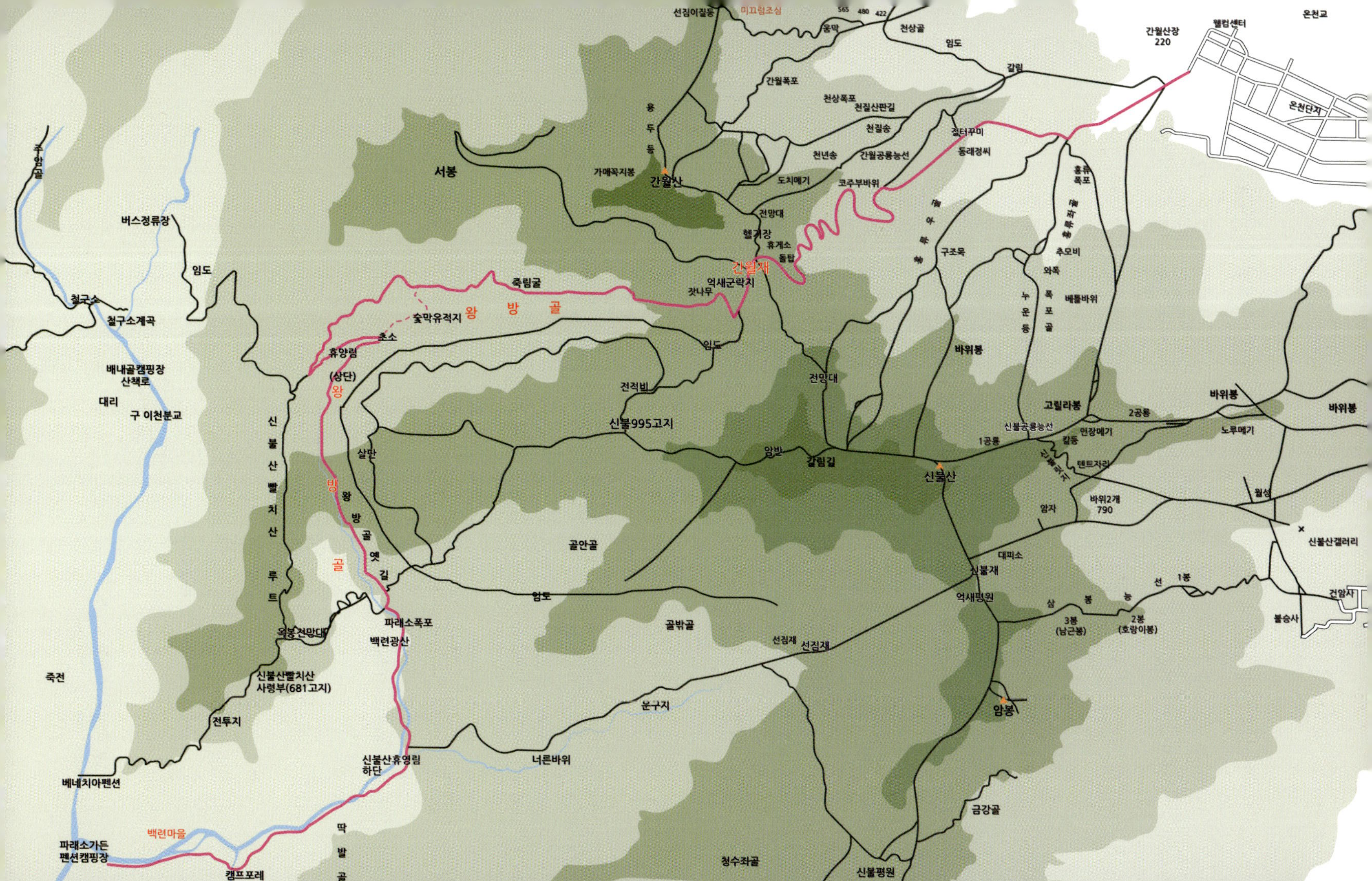

간월산장
220
웰컴센터
온천교
온천단지
선짐이질등
미고랑조심
565
480
422
옹막
천상골
임도
갈림
간월폭포
천상폭포
천질산판길
천질송
간월산
가매꼭지봉
서봉
천년송
간월공룡능선
도치메기
코주부바위
전망대
헬기장
휴게소
돌탑
간월재
억새군락지
잣나무
죽림굴
왕 방 골
숯막유적지
초소
휴양림
(상단)
임도
전적비
신불995고지
살단
왕
방
골
옛
길
골안골
임도
파래소폭포
백련광산
옥봉전망대
신불산빨치산
사령부(681고지)
전투지
신
불
산
빨
치
산
루
트
베네치아펜션
파래소가든
펜션캠핑장
백련마을
캠프포레
딱
발
골
죽전
신불산휴영림
하단
너른바위
운구지
선짐재
골박골
청수좌골
신불평원
금강골
암봉
억새평원
신불재
대피소
신불산
갈림길
왕반
전망대
바위봉
구조목
누
운
등
폭
포
골
와폭
추모비
배틀바위
홍류
폭포
고릴라봉
신불공룡능선
1공룡
2공룡
칼등
인장메기
텐트지리
바위2개
790
엄자
바위봉
노루메기
월성
신불산갤러리
건암사
불승사
삼
봉
능
선
1봉
2봉
(호랑이봉)
3봉
(남근봉)
칠구소
칠구소계곡
버스정류장
임도
배내골캠핑장
산책로
대리
구 이천분교
주암골

3.
영남알프스의 왕고개 | 간월재

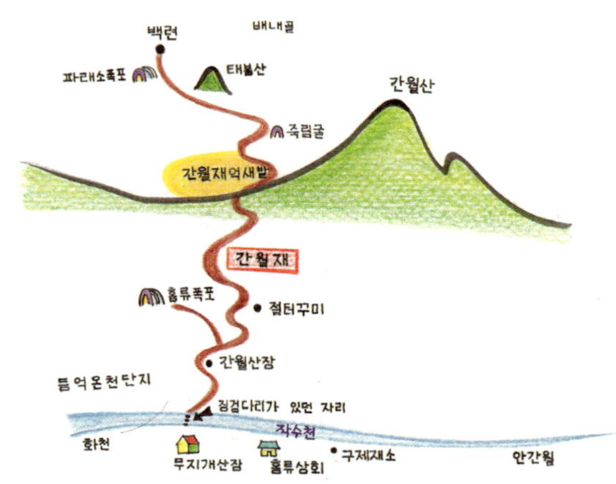

맹수의 정글이었던 간월재 옛길 '왕골재'

형제봉인 신불산(해발 1159미터)과 간월산(해발 1083미터) 사이의 갈마처럼 잘록한 간월재는 영락없는 여필종부의 부푼 왕가슴이다. 어루만지고 싶은 이 왕고개 잿마루를 일러 선인들은 '왕방재王峰峴', 주민들은 '왕뱅이 억새만디'라 불렀다. 배내오재의 세 번째 령嶺으로, 울주군 등억登億에서 이천梨川 백련마을로 연결되는 유서 깊은 재이다.

이번 간월재 탐방에는 면포와 삼베 비단을 지고 태산 같은 억새만디를 넘었던 비단장수 장득욱(99세) 씨가 길잡이가 되어주었다. 간월재를 오르는 잿길은 신불산 동자골과 간월산 천상골을 가로지른 홍류계곡에서 본격적으로 시작된다. 1988년 등억 온천개발로 작수천 징검다리가 사라졌지만 다행히 초입은 요즘의 등산로와 비슷하다. 간월 산장에서 계곡을 건너 잿길에 오르면 고즈넉한 숲길이 이어졌다. 간월재 억새를 짊어지고

간월재. 영남알프스 표범은 간월산 오르는 바위에서 호시탐탐 먹잇감을 노리고는 했다.

내려오던 소가 돌부리와 나무 뿌리를 피해 발을 디딜 수 있도록 공동 부역으로 다진 덜겅이길(자갈길)이다.

과거 간월재 일대는 맹수들의 정글이었다. 신불산에는 호랑이, 간월산에는 표범, 배내봉에는 늑대가 우글거렸는데 사람들은 지축을 흔드는 괴성을 들으며 간월재를 올랐던 것이다. 간월재를 오르는 사람들을 호시탐탐 노리는 맹수 때문에 일곱 사람 이상이 모여야 출발할 수 있었다. 모이는 장소는 안간월마을 당수나무 아래로, 일제강점기에 제재소(일명 나무공장)

가 있던 인근이었다. 제재소는 일제강점기에 산림을 관리하던 '영림지청'에서 벌목 허가를 받은 일본인이 운영하였다. 해방 후 간월재 산판일을 했던 모 씨는 "홍류폭포 입구까지 차를 몰고 올라가 아름드리 나무를 끌어내렸다."고 말했다.

간월재 억새밭을 연 사람들

구슬땀으로 멱을 감으며 간월재 잿길을 오르다 보면 산허리쯤에서 펑퍼짐한 묘터를 만난다. 오래전에는 절이 있었다고 하여 '절터꾸미'라 전해오는 곳으로, 지금은 동래 정씨의 묘터가 되었다. 그러나 '절터꾸미'에서 얼마 떨어지지 않은 임도에서부터는 시멘트 포장길이다. 1986년에 간월재 임도를 개설하면서 이곳에 있었던 옛 잿길은 사라졌다. 천상골에서 오르는 임도의 고갯길이 자그마치 스물아홉 고개나 되어 아주 긴 임도임을 알 수 있다. '왕뱅이 억새만디'라 불리는 간월재 잿마루에 올라서면 하늘이 가까워졌음을 느낀다. 하늘에 맞닿은 간월재는 영남알프스의 하늘마루이다. 지상에서 가장 걷고 싶은 산악 탐방로인 '하늘억새길'의 시작점이기도 하다. 이곳 간월재 동풍東風은 살을 에는 칼바람으로 유명하다. 거센 바람에 산불 감시초소가 연중행사처럼 날아다니곤 했다.

이곳에서 선불산과 간월산으로 길을 잡으려면 좌우 산등을 타야 하고, 배내골 하류나 밀양 원동으로 가는 길손들은 왕방골로 내려가야 한다. 또한 배내봉으로 가려면 간월산북능에 있는 선짐이 질등으로 향한다.

과거 간월재를 넘나든 사람들의 대다수는 배내골 주민 그리고 장꾼들이 었다. 언양 면포장수 · 울산 소금장수 · 강동 건어물장수 · 서생 미역장수 · 밀양 개다리소반장수 · 똥장군 따위의 생활용기를 만드는 배내골 목기꾼과 언양 소장수 등이 간월재를 넘나들었다. 목청 좋고 오지랖 넓은 언양 소장수와 자주 간월재를 넘나들었던 비단장수 장덕욱 씨는 "왕뱅이 억새만디를 내려온 소장수는 작수천 거랑(계곡)에서 소 배가 터지도록 거랑물을 먹였다. 배가 큰 황소는 오줌을 질질 싸면서 언양 소장(우시장)으로 가더라"고 목격담을 말했다. 또 원석을 녹여 쇠를 뽑아내는 달천쇠 태가꾼과 걸빵을 맨 떠꺼머리 숯쟁이, 숯을 나르는 짐꾼들의 발길도 잦았다.

'영남알프스의 모든 길은 언양장으로 통한다'는 말마따나 당시만 해도 언양장은 사통팔달의 요충지였다. 울산에서 육십 리, 경주에서 팔십 리, 양산에서 팔십 리 거리로, 없는 게 없는 큰 장이었다. 특히 영남알프스 깊은 산에서 나오는 나물과 목물은 멀리 떨어진 고을 사람들도 알아주었다. 비단장수 장 씨는 "신불산 나물은 부드럽고, 고헌산 나물은 질겼다."고 기억했다.

파래소폭포로 이어진 철의 로드 왕방골

간월재 억새밭 서쪽 아래로 열린 '왕방골'은 배내구곡梨川九谷중 하나로, 우리 민족사의 아픔을 간직한 계곡이다. 신불산과 간월산를 가르마처럼 가른 협곡인데, 좀체 속을 드러내지 않는 원시림이라 쫓기는 자의 은신처가 되곤 하였다. 억압받는 민중, 박해를 받던 천주교인, 조국을 잃고 입산한 의병이 은둔하였고, 한국전쟁 당시에는 빨치산 지휘부의 아지트가 되기도 하였 다. 이처럼 저항자들이 은신할 수 있었던 것은 산으로 에워싸인 천혜의 요새, 사위를 관찰할 수 있는 마늘 쪼가리 형태의 준봉들이 치솟았기 때문이다. 아이러니하게도 이들 준봉중에는 묘를 쓰면 역적이난다는 '역적치발등'도 있다.

간월재 서쪽에 있는 배내골을 가려면 파래소폭포 방향으로 내려가야 한다. 중간 지점에 있는 신불자연휴양림 상단 계곡을 건너 내려가면 파래

신불산에서 바라본 간월재. 불등 같은 천화현 아래로 등억에서 왕방골로 이어지는 임도가 보인다.

소폭포로 이어진 아름다운 오솔길이 열린다. 과거 소장수들이 소를 몰고 다녔던 길로, 계곡 물소리를 따라 걷다보면 정겹기 그지없다. 한 사람이 걷기에도 좁은 소로小路이지만 아슬아슬한 계곡을 끼고 도는 오솔길은 수백 년을 이어온 철鐵의 로드이기도 했다. 오솔길 길섶에는 울산 달천에서 가져온 광석을 녹여 쇠를 뽑아내던 쇠부리터와 아연을 채굴했던 폐광(백련탄광)이 파래소폭포 인근에 남아 있다.

둥짓달이면 억새밭에 불을 지른 화전민

한편 상북 고을 주민들은 소를 몰고 간월재에 올라와 억새를 벴다. 갓 자란 풋새(초입 억새)는 아직 질기지 않은 칠월에 베기 알맞았고, 지붕을 이으려면 시월 마른새(건조 억새)를 벴다. 벤 억새는 다발로 묶어 소 질매에 지우고, 사내들은 지게에 억새를 한 짐씩 지고 내려왔다. 억새로 이은 초가삼간은 족히 10년을 견뎠으니, 당시로써는 그만한 지붕감이 없었던 것이다.

또한 간월재를 지고 사는 화전민들은 동짓달이면 억새밭에 불을 지르곤 하였다. 간월재에서 지른 불은 영축산 억새평원까지 번졌다. 사방 팔십 리가 불바다로 훨훨 타들어 가는 것을 목격했던 산판꾼 모 씨는 "겨우내내 타들어 가는 밤하늘은 그야말로 불야성이었다."고 기억했다. 매년 불을 질러야 억새가 제대로 자랐고, 산등의 풍부한 거름으로 마을에는 꽃이 핀다고 믿었다. 화전민이 지른 불은 필요악이자 촉매제였다. 불을 지른 이듬해에는 잘 자란 고사리 · 반달비 · 곤달비 · 배뱁추 따위의 산나물이 지천으로 깔렸다.

발품을 팔며 알아본 바로는 간월재뿐만 아니라 영남알프스의 여러 억새 군락지에서 불이 잦았다고 한다. 간월재 왕뱅이만디 · 신불재 운구지만디 · 영축산 백발등 못본디기만디 · 재약산 산들분지 · 천황산 사자평분지가대표적인 곳이다. 대개 자연 발화였지만, 화전민들이 불을 지르기도 했었다. '막힌 하늘을 불로 뚫었다'는 의미를 가진 천화현穿火峴 불등은 이 억새 불길을 타고 번졌을 성싶다.

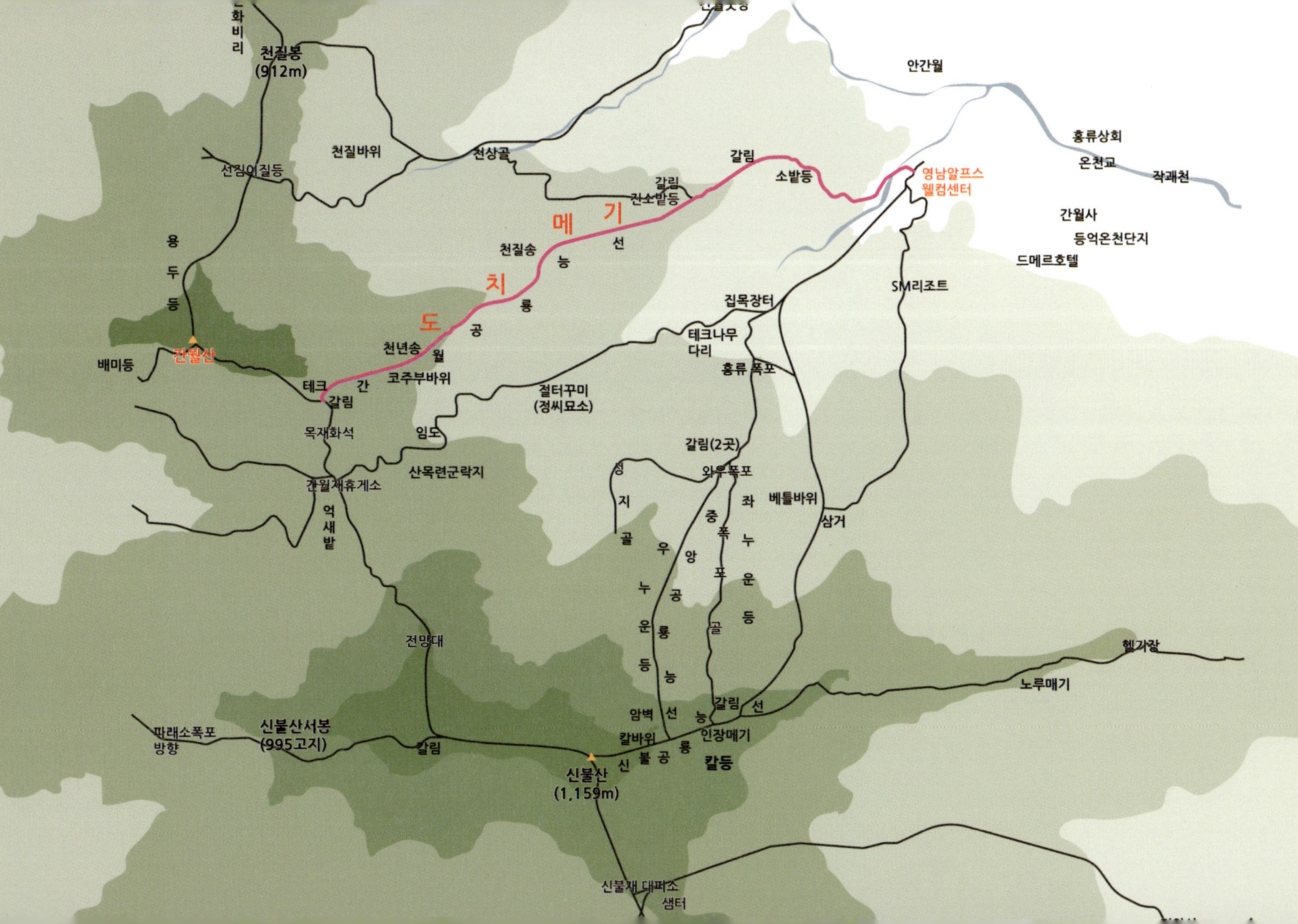

천질봉
(912m)
천질바위
천상골
선짐이질등
용
두
등
간월산
배미등
테크
갈림
간
월
공
룡
능
선
메
기
치
도
천질송
천년송
코주부바위
갈림
진소발등
갈림
소발등
영남알프스
웰컴센터
안간월
홍류상회
온천교
작괘천
간월사
등억온천단지
드메르호텔
SM리조트
집목장터
테크나무
다리
홍류 폭포
절터꾸미
(정씨묘소)
임도
목재화석
간월재휴게소
산목련군락지
억
새
밭
갈림(2곳)
와우폭포
베틀바위
삼거
지
골
우
누
운
등
중
폭
포
골
좌
누
운
등
전망대
암벽
칼바위
갈림
인장메기
칼등
신
불
공
룡
신불산
(1,159m)
신불산서봉
(995고지)
갈림
파래소폭포
방향
헬기장
노루매기
신불재 대피소
샘터

4. 간월공룡능선 | 도치메기

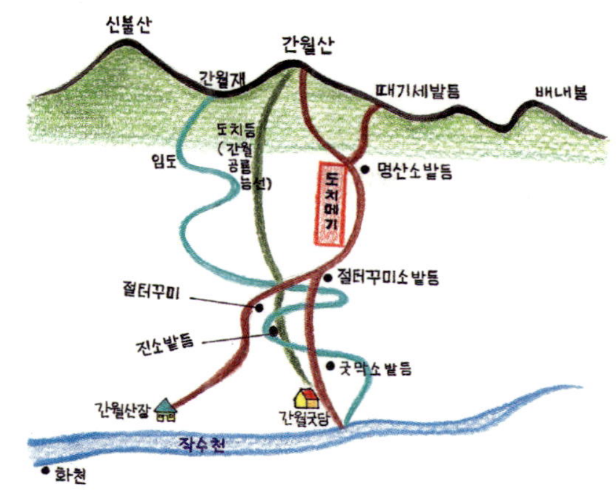

영남알프스 미인송이 끌려 나갔던 산판길

조선총독부 영림청營林廳의 허가를 받은 일본인들은 영남알프스 육송 군락지에서 베어낸 나무를 일본으로 어지간히 실어 날랐다. 태평양전쟁 무렵에는 군수물자로 쓰기 위해 송유松油를 짜는 공장을 세워 수탈을 일삼았다. 지금도 가지산 석남사 입구 소나무 숲길에는 껍질이 벗겨진 노송이 줄지어 서 있어, 보는 이들의 마음을 아리게 한다. 그 후 한국전쟁이 끝난 1954년부터 다시 벌채가 시작되자 보릿고개를 넘으려는 산판꾼들이 간월산(해발 1083미터)에 몰려들었다. 벌채한 원목을 끌어내렸던 화물차가 다니던 산판도로는 이제 임도에 편입되었지만, 무거운 통나무를 목도로 날랐던 고산의 산판길인 '도치메기'는 간월공룡능선이라는 이름으로 여전히 남아 있다. '도치메기' 산판길을 찾는데 채꾼(길잡이)이 되어준 사람은 당시 산판에

간월공용능선 도치매기 상단부에서 바라본 천상골. 좌측 멀리 천질바위가 보인다.

서 화물차(속칭 도라꾸)를 운전하던 윤치만 씨였다. 간월산 화전민촌 출신인 윤 씨는 산판꾼 · 숯쟁이 · 나무꾼 · 목기꾼 등 산에서 안 해본 일이 없었고, 발길 닿지 않는 곳 또한 없었다.

나는 윤달 입하 무렵에 윤 씨가 살고 있는 등억리 화천마을을 찾아갔다. 한국전쟁 당시 소개령이 내려져 화전민촌에서 이곳 화천으로 이주한 윤 씨 는 마침 못자리 낼 논에서 뻘물 도랑을 정비하고 있었다. 화천花川은 간월산에서 흩날린 꽃잎이 마을 하천을 따라 무더기로 흐른다 하여 '꽃내'라는 이름을 가진 아름다운 산촌이다.

간월산 북능의 작은 억새밭 '때기세밭등'

논물에 손을 씻고나온 윤 씨와 악수를 나누었다. 삽을 들고 논두렁에

신선 같은 노인이 간월재 억새밭으로 하산하고 있다.

선 윤 씨는 뼈 가죽만 남아 있는 촌로였지만, 산판일에 이력이 붙어서인지 다부져 보였다. 간월산의 천화현 불등을 가리킨 윤 씨는 "저기 보이는 태산만디가 '때기세밭등'이고, 그 아래에는 벌채한 원목을 모으는 '소밭등'이 네댓군데 있었다. 당신이 찾는 도치메기는 때기세밭등에서 '도치등'으로 연결된 옆사리길(샛길)을 말한다."며 알듯 모를 듯하게 설명을 했다. 이어서 윤 씨는 때기세밭등에 소를 풀어놓고, 집사람은 숯포를 이고서 도치메기로 내려가고, 나는 산판엘 갔었다."고 말하였다. 늘 바라보는 산이었지만 오늘만큼은 회한에 젖은 눈빛이었다. '때기세밭등'은 간월산 북능의 작은 억새밭으로 심한 바람탓에 나무들이 제대로 자라지 못하는 산마루를 말하고, '도치'는 도끼의 방언이며 '메기'는 산길을 뜻한다. 신불산과 간월산 일대에는 산세를 딴 이름이 많았는데, 창공을 찌르는 선불산 칼바위를 '칼등', 도끼로 내리찍은 형상의 간월공룡능선을 이곳 화전민들은 '도치등'이라 불렀다.

'도치메기'에서 울려 퍼지는 도끼질 소리

주먹밥과 물병이 든 배낭을 메고 윤 씨가 일러준 산을 올랐다. "홀딱 벗고, 홀딱 벗고" 간드러지게 울어대는 새소리가 내내 따라왔다. 일명 홀딱새라 불리는 새 노래에 넋을 잃는 통에 몸을 말리는 뱀을 밟아 혼비백산 줄행랑을 치기도 했다. 일제강점기에 일본인 사냥꾼이 드나들기 전만 해도 황소만한 호랑이가 우글거렸던 육송 군락지에는 실한 소나무는 눈에 띄지 않고 키다리 소나무들만 하늘을 가리고 있었다.

언덕배기에 도달하자 벌채한 원목을 쌓아두었던 평퍼짐한 집목장集木場이 나왔다. 간월공룡능선을 오르는 산길과 도치메기로 가는 길이 나뉘는 곳이었다. 내친김에 도치메기로 들어가 집목장을 이 잡듯이 뒤지고 다

간월산 정상에 있는 목재 화석.

넜다. 산판꾼 윤 씨가 말하는 옆사리길은 짐승이나 다녔을 좁다란 급경사 길이었다. 도처에 다래 덩굴과 산죽이 엉켜 있고, 돌무더기로 길이 끊기곤 했다. “어라차, 어라차차!” 쐐기 모양으로 도끼질을 하는 벌채꾼 소리, “여기영차, 영차!” 원목을 운반하는 목도꾼들의 발맞추는 소리가 들리는 듯했다. 해발 300미터에서 ‘굿막 소밭등’ 집하장을 찾았다. 이어서 해발 500미터에서는 길게 뻗은 ‘진 소밭등’ 집하장을, 해발 700미터에서는 ‘절터꾸미 소밭등’ 집하장을 찾았다. 집하장은 화전민들이 소를 풀어놓았던 산중 밭뙈기였다.

떠돌이 산판꾼 ‘경사쟁이’의 삭도 타기

나는 천질바위 상단부에 있는 해발 850미터의 ‘명산 소밭등’ 집하장에 도착하였다. 집체만 한 바위 아래에서 "명산아!" 하고 큰 소리를 지르자 되받은 골짜기에서 "명산아~" 하고 메아리가 잔잔히 울려 퍼졌다. 바위 아래에는 삭도를 연결했던 쇠말뚝이 박혀 있었다. 삭도란 쇠줄에 기름을 칠한 쇠 갈고리를 걸어 원목을 실어 내리는 벌목용 케이블카였다. 집하장에 모인 원목을 삭도 쇠갈고리에 걸어 산 아래 나무 공장으로 내렸다. 삭도를 타고 내려온 육중한 통나무가 폐타이어에 부딪치면 꽝 하는 천둥소리를 냈다. 가끔 숯포를 달기도 하였고, 급할 때는 인부도 삭도를 탔는데, 쏜살 같은 삭도 타기를 하다가 황천길을 가는 산판꾼도 있었다.

사람 잡는 막장일을 하는 산판꾼 중에는 '경사쟁이'가 많았다. 경사쟁이란 알아듣지 못하는 심한 사투리를 쓰는 객지 사람을 일컫는 말로, 한국전쟁이 끝난 직후라 서울 등 타지역에서 온 피난민을 두고 하는 말이었다. 막노동 벌채 일은 경사쟁이가 주로 맡았고, 원목을 나르는 목대 일은 이곳 화전민이 했다. 전쟁 중에 가족을 잃고 낯설고 물 설은 곳으로 굴러든 불원천리 경사쟁이들은 언덕바지 굿막에서 힘든 겨울을 보냈다.

벌채는 숲이 우거진 여름보다 겨울에 주로 이루어졌는데, 기온이 영하 20도 이하로 떨어지는 겨울 벌채는 추위와의 전쟁이었다. 화전민촌 장독이 터지는 혹한기에는 야전잠바를 껴입고 목도리와 털모자, 몇 겹의 발싸개를 해도 한 시간을 견디질 못하고 하산해야 했다. 벌채를 할 때는 운반하기 쉽게 산 아래쪽을 향해 나무를 자빠트렸는데, 나무 높이가 열 척에서 스무 척尺이 되는 미인송美人松이 대부분이었다. 그 때문인지 근 60년의 세월이 흐른 지금도 이 일대에서는 붉은색을 띤 거송을 찾아보기 힘들었다.

쥐라기 공룡들의 놀이터, '도치등'

도치메기의 최고봉인 간월산 정상에 올랐다. 산정山頂암반에는 백악기 시대의 목재 화석과 공룡 발자국이 남아 있었다. 나무화석 한 그루는 산판꾼 윤 씨가 힘깨나 쓸 무렵에 벤 그루터기마냥 선명했고, 밑둥치가 큰 나무 화석은 일부가 떨어져 나간 모습이었다. 그아래 펑퍼짐한 암반에는 불에 덴 공룡이 화들짝 날뛴 발자국같은 것이 보였다. 이곳에서 백악기 공룡 발자국이 있는 두동면 천전리 대곡천까지는 직선거리로 약 오십 리로, 이 일대는 오래전 공룡의 놀이터가 아니었을까 하는 생각이 들었다. 그도 그럴싸하게 요즘 들어 산악인들은 '도치등'을 간월공룡능선이라는 이름을 붙였다. 실제로 간월산 정상에서 도치등을 내려다보면 도끼날을 맞고 떨어진 열두 공룡 대가리 암봉이 산 아래로 데굴데굴 굴러가는 형상을 하고 있다.

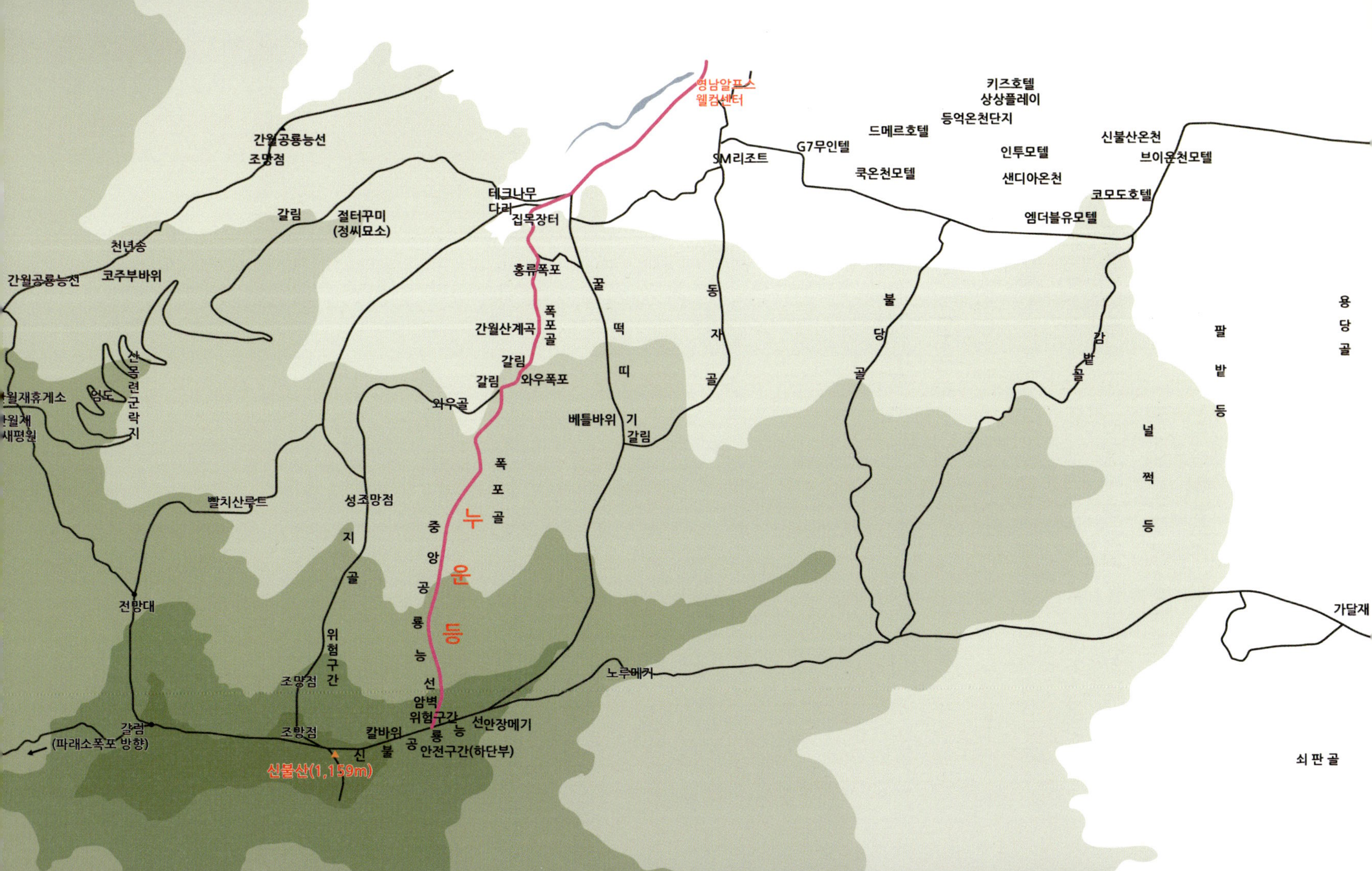

영남알프스
웰컴센터
키즈호텔
상상플레이
등억온천단지
드메르호텔
G7무인텔
SM리조트
쿡온천모텔
인투모텔
샌디아온천
신불산온천
브이온천모텔
코모도호텔
엠더블유모텔
간월공룡능선
조망점
갈림
절터꾸미
(정씨묘소)
테크나무
다리
집목장터
천년송
코주부바위
간월공룡능선
홍류폭포
간월산계곡
폭포골
갈림
갈림
와우폭포
와우골
꿀떡띠기
갈림
베틀바위
동자골
불당골
감밭골
팔밭등
널찍등
용당골
신령군락지
엄도
간월재휴게소
간월재
새평원
빨치산루트
성조망점
지골
중앙공룡능선
누운등
폭포골
위험구간
조망점
조망점
암벽
위험구간
칼바위
선안장메기
공룡능선
안전구간(하단부)
신불
신불산(1,159m)
전망대
갈림
(파래소폭포 방향)
노루메기
가달재
쇠판골

5.
신불중앙공룡능선 | 누운등臥牛嶝

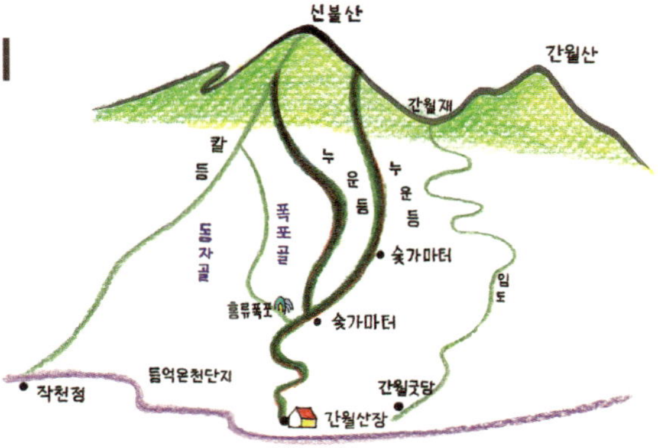

숯꾼에게는 숯 구디가 큰 재산이야

신불산 빨치산 잔당 토벌이 얼추 마무리될 무렵인 갑오년(1954년) 동짓달 기세 좋게 퍼붓는 눈발을 뚫고 남녀 한 쌍이 신불산에서 내려왔다. 엄 상은 근 보름만에 숯막에서 하산하는 길이었고, 삼수댁은 서방이 구운 숯을 거두러 올랐다가 같이 내려오는 길이었다. 눈무게를 이기지 못한 솔잎 가지 부러지는 소리가 이따금 하얀 적막을 깨트릴 뿐, 사방은 고요했다. 사람들은 신불산 숯꾼 엄호길(88세) 씨를 일본식 호칭을 붙여 '엄 상'이라 불렀다. 삼수댁은 '오관돌이(다섯 관을 뜻하는 것으로 관은 3.75킬로그램에 해당하는 무게 단위)' 숯 포를 이고 종종걸음으로 서방 뒤를 따랐다. 숯검댕이 작업복에 육관돌이 숯포를 등짐 진 서방은 영락없는 '검덕 귀신'이었다. 간월재를 휘젓는 저 까마귀가 서방을 보면 아재비인 줄 알고 달려들 것만 같았다.

그로부터 반세기가 지난 후, 나는 언양 미나리꽝에서 엄 상을 만났다. 엄 상은 챙 있는 모자에 장화를 신고서 언양 미나리를 베고 있었다. 엄 상에게 다가가 인사말을 건네고, 숯꾼들이 다녔던 옛길을 알아보려고 왔다고 하자 예상치 못한 대답이 돌아왔다. "숯꾼에게는 숯 구디가 큰 재산이요."하며 아무한데나 가르쳐줄 수 없다는 것이다. 지레짐작이었지만 산속에서 몰래 숯을 굽어야 했던 숯꾼들의 오랜 압박 관념 때문이 아닐까 하는 생각이 들었다. 당시 숯가마에 불을 피우면 보통 사나흘이 걸렸는데, 연기를 본 산림계 면서기가 단속을 나오면 타고 있는 숯가마를 두고 줄행랑쳐야 했다.

숯가마 200개, 쇠부리터 100개, 신불산은 숯 구디

내가 돌아갈 기미를 보이지 않자 엄 상이 도랑물에 장화를 헹구고 나왔다. 가까이서 본 퉁퉁 부은 얼굴은 마치 탈바가지를 쓴모습이었다. 챙 모자로 얼굴을 가린 엄 상은 병풍처럼 펼쳐진 장대한 영남알프스를 가리키며 "저기 신불산만디에서 단지봉 아래 길쭉이 누운 능선 보이요? 바로 누운등이구만. 숯구디는 8부 능선까지 올라갔고, 숯을 나르는 옆사리길은 7부 능선까지 있을 거야."라며 대단한 보물고寶物庫를 일러주는 양 무척이나 더듬적거렸다. 그러고는 "어딘가에 내가 쓰던 숯 구디가 남아 있을 줄 모르니 함 찾아보라"며 길이 험해 발품 팔기가 녹녹치 않을 것이라 일러주었다.

흐르는 도랑물에 언양 미나리를 씻던 삼수댁이 호미 허리를 펴고 일어섰다. "그때는 골짝골짝이 숯 구디 천지였다. 빨갱이 잡는다고 온산에 불을 지르는 통에 강아지 질들일 나무 막대기 하나 없는 산으로 타관 숯쟁이들이 떼를 지어 들어왔다. 나무는 없고, 쑥만 새파랗게 자란 산이 앵꼽더라."며 혼잣말을 했다. 발길을 돌리기 전에 삼수댁에게 넌지시 물어보

신불산 정상에서 본 누운등. 우측 바위 능선이 칼등, 가운데 두 능선이 신불중앙공룡능선, 즉 누운등이다.

니 엄 상의 처용 탈바가지 얼굴은 숯가마에서 불을 끌어안고 자다가 데인 화상火傷이라고 귀띔해주었다.

비스듬히 누운 '신불공룡능선'의 옛 이름, 누운등

초근목피로 겨우 입살이를하던 시절이었다. 가마니를 짜거나 새끼를 꼬는 일 외에는 마땅히 할 일이 없었던 절대 빈곤기라, 보릿고개를 넘기 위해서는 사람 잡는 막일이라도 나설 수밖에 없었다.

엄 상이 일러준 숯가마를 찾아 신불산으로 향했다. 참나무와 소나무 · 낙엽송이 울창한 숲길을 한 걸음씩 올랐다. 과거 맹수가 득실거렸던 골짜기는 적막하기까지 했다. 땀으로 멱을 감으며 가파른 산등에 올라탔다.

언양 미나리꽝. 언양읍성 도랑물에 미나리를 씻고 있다.

황소가 머리를 치켜들고 비스듬히 누운 '누운등臥牛嶝'은 이름과 다르게 훨씬 험했다. 근래에는 신불산의 중앙 산등이라 하여 '신불중앙공룡능선'이라는 이름이 붙여졌다. 누운등은 V자 형태로 산등이 갈라졌는데, 우 누운등은 신불산 정상에서 쏟아진 산등이었고, 좌 누운등은 요동치는 칼등(칼바위) 중간 지점으로 연결되어 있었다. 특히 홍류폭포 상류에 있는 '와우폭포臥牛瀑布'는 누운등보다 훨씬 기울어진 미끄럼틀로, 추락사한 어느 산악인의 추모비가 벼랑 끝에 세워져 있었다.

자연 풍화에 사라지는 숯가마

숯가마터는 주로 남의 눈에 잘띄지 않거나, 물이 가까운 골짜기에 박혀 있었다. 그러나 대개가 자연 풍화에 묻혔고, 일부는 무덤을 파뒤진 듯 아무렇게 버려져 있었다. 길만큼은 게으르게 걸으라 했다. 나는 누운등을 천천히 오르며 숯가마를 찾았다. 신불산 해발 500미터 지점에서 찾은 숯가마 터는 단지봉과 언양 고을이 한눈에 들어오는 양지바른 곳이었다. 그리고 해발 700미터 지점의 숯가마터는 집체만 한 바위 아래에 숨어 있었다. 신불산에서 최고 높은 위치에 있는 '엄 상'의 숯가마터는 해발 900미터 언덕배기에 있었다. 공들여 쌓은 숯가마와 불문은 얼마 전까지 숯을 구은 듯 말끔해 보였다. 그러나 구덩이에는 토사와 낙엽 부스러기가 무더기로 쌓여 있었다.

하늘이 막힌 까마득한 산중에서 쓸쓸한 시간을 보냈을 숯꾼들이 떠올랐다. 먹고 살기에 절박했던 숯꾼들은 떡보리에 칡뿌리를 섞은 '칡죽'이나 소나무 껍질을 벗겨 먹으며 고달픈 생활을 이어갔다. 한 사람이 보통 서너 가마를 돌렸지만, 열 가마를 하는 억척 숯꾼도 있었다. 이 골짜기의 나무가 떨어지면 저 골짜기로 옮겨 다녔다. 산판 막장꾼이나 매한가지였던

숯 굽는 사람들이 산중에서 숯을 굽는 동안 임시로 거처하던 숯막.

숯꾼들은 벌채를 하는 일도 힘들었거니와, 벌채한 나무를 굴려서 숯가마까지 운반하는 데도 애를 먹었다. 지붕도 없는 개딱지 숯막 바닥에 억새를 깔고 잠을 잤고, 숯가마 알불이 꺼지면 불문 안으로 기어 들어가 불덩이를 안고 겨울을 났다.

숯을 나르는 짐꾼 '태가꾼'

한편, 숯가마에서 구운 숯을 운반하는 짐꾼을 '태가꾼'이라 부르는데, 이네들은 대개 주변 마을 사람들이었다. 요즘으로 치면 험한 산악지대를 쏘다니는 택배기사인 셈이다. 당시 숯을 날랐던 강귀순(92세) 할머니는 "신불산 아무개 숯구디에 숯이 나올 때가 되면 태가꾼들이 올라가 숯포를 가지고 내려왔다. 빡센 여자는 삼관돌이 두 포를 이고 날랐고, 힘 센 남자는 오관돌이 세 포를 지고왔다. 숯포는 산림계 단속을 피해 밤에 몰래 장꾼에게 넘겼다."며 버거운 기억을 되살렸다. 또 다른 태가꾼이던 원호댁은 "젖먹이 아이 업고, 숯포는 머리에 인 채 이 집 저 집을 돌아다니며 숯 사소, 숯 안 사는교, 하며 숯을 팔았다."며 당시를 회상했다.

반세기 전만 해도 신불산 일대에는 숯꾼과 태가꾼이 도처에 깔려있었다. 내가 영남알프스를 돌아다니며 확인한 숯가마터만 해도 족히 수백 기는 되어 보였다. 희미하나마 원형이 살아있는 숯가마터가 그러한데, 자연풍화로 사라진 숯가마를 더한다면 수천 기는 넘을 성싶다. 통도사를 지을 때 영취산과 신불산 근동의 숯을 죄다 사들여 늪지를 메웠다는 말이 전해올 만큼 이 일대의 숯 굽는 이력은 오래되었다. 특히 육지의 섬인 배내골보다는 대처가 가까운 신불산 동쪽 기슭에서 숯을 많이 구워냈다. 일제강점기에 방어진은 동해안 산기슭에서 숯을 조달했고, 일본인 집단 거주지였던 부산포에는 신불산 숯을 무더기로 실어 날랐더랬다.

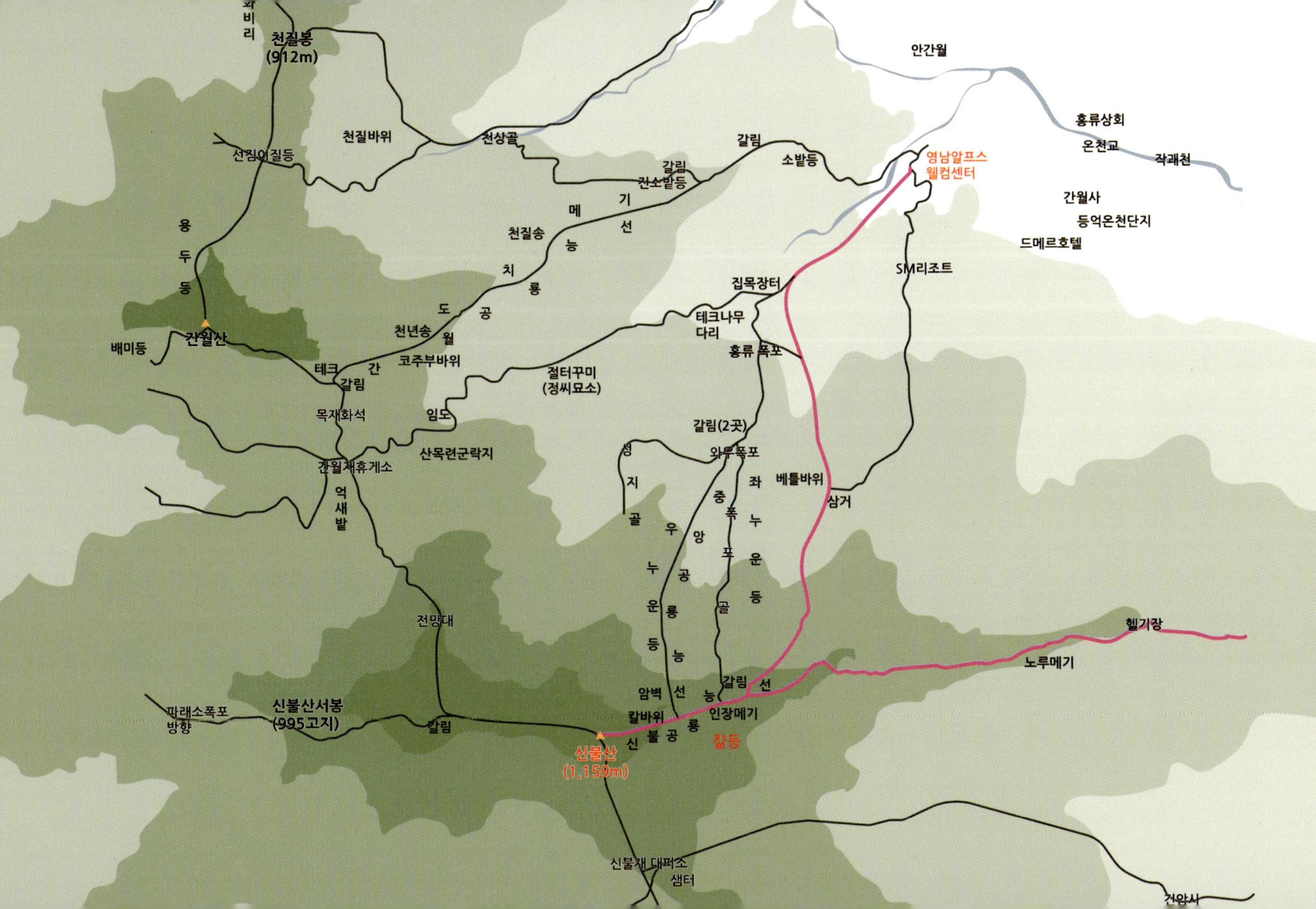

천질봉
(912m)
천질바위
천상골
선짐이질등
용두등
간월산
배미등
테크
갈림
목재화석
간월재휴게소
억새밭
임도
산목련군락지
천년송
코주부바위
도치메기
간월공룡능선
천질송
갈림
간소밭등
갈림
소밭등
절터꾸미
(정씨묘소)
집목장터
테크나무
다리
홍류 폭포
갈림(2곳)
와우폭포
성지골
중앙공룡능선
우누운등
좌누운등
폭포골
베틀바위
삼거
SM리조트
영남알프스
웰컴센터
안간월
홍류상회
온천교
작괘천
간월사
등억온천단지
드메르호텔
전망대
파래소폭포
방향
신불산서봉
(995고지)
갈림
신불산
(1,159m)
암벽
칼바위
신불공룡능선
갈림
인장메기
칼등
노루메기
헬기장
신불재 대피소
샘터
건암사

6. 신불공룡능선 | 칼등

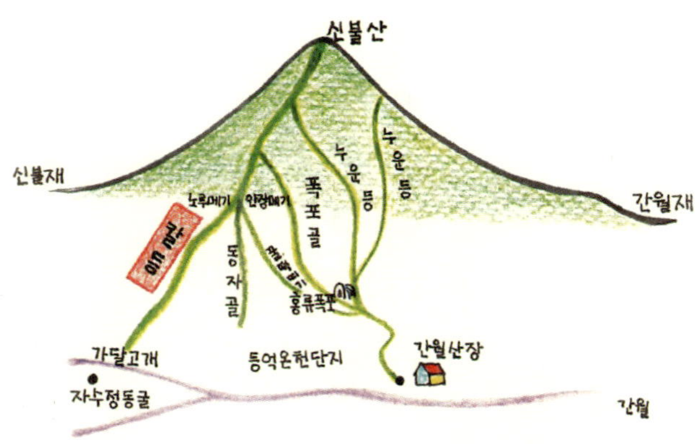

붉은 옥돌이 무더기로 쏟아져 나오는 옥산玉山이 '산신령의 줌치(주머니)'로 소문이 났던 1971년, '보석 지게'를 진 옥짐꾼이 신불산 칼등을 타고 있었다. 마침 동녘에는 휘영청 보름달이 떠올랐고, 해는 서산으로 떨어지는 터라 해와 달이 공존하는 천지는 붉디붉었다. 예로부터 간월산으로 떨어지는 저녁노을을 두고 '석양낙조간월봉夕陽落照肝月峰'이라 하여 헌양팔경 중에서 최고의 비경으로 꼽았다.

구슬 땀방울을 흘리며 칼등을 타는 사내는 옥산에서 캔 자수정을 운반하는 인부로, 산주 몰래 빼돌린 옥돌 뭉치를 야밤을 틈타 옮기는 중이었다. 가달고개에서 쇠판골로 빠지는 지름길이 있기는 했지만, 행여 남의 눈에 띌까 짐승도 마다하는 칼등으로 오른 것이다. 이리 봐도 낭떠러지, 저리 봐도 까마득한 벼랑, 옥짐꾼은 칼날 같은 바위에 고무신을 디딜 때마다 아찔하기는 했으나 발걸음만은 날아갈 듯 가벼웠다. '섶을 지고 불속에도 뛰어드는데 이까짓 칼등쯤이야.' 그는 '보석 지게'에 든 옥돌 뭉치가 찌그

신불산 칼등의 위엄.

둥 기울어질 때마다 미끈으로 균형을 잡으며 잰걸음을 했다.

천하 명산 신불산의 옥의 티, '댓기리 자수정'

그로부터 40년 세월이 흐른 후, 나는 옥짐꾼이 숨어들었던 신불산 칼등(신불공룡능선, 일명 '칼바위')을 돌아보기로 하였다. 출발지는 등억 온천 단지와 가달고개가 만나는 작천교 삼거리. 봄이면 상춘 벚꽃 터널이 열리는 작천정 상류였다. 리어카도 겨우 다녔던 가달고갯길은 말끔히 포장이 되어 있었고, 다이너마이트를 폭파하여 두더지 모양 옥돌을 채굴하던 벌집 광산은 전시장으로 말끔히 단장되어 있었다.

옥짐꾼이 지고 올랐던 보석 지게 가마니 속에 든 보석은 '댓기리 자수정'이다. '댓기리'는 옥산에서 출토된 자수정이 흠잡을 데 없이 완전 무결하다고 하여 생겨난 말로, '옥의 티'와는 상반된 말뜻이다. 더구나 일본 천황실을 대표하는 자주색 빛깔이라 당시 식민지 향수가 남은 일본인들은 '댓기리 자수정'을 보면 거푸 넘어갔다. '댓기리 자수정'이 날이 갈 수록 명성을 떨치는 귀한 보석이 되자 원석을 사려는 서울 보석 상인들이 돈 보따리를 들고 줄을 섰고, 옥산 일대는 일확천금을 노린 사람들로 북새통을 이루었다.

나는 산불산 끝자락인 가달고개에서 '노루메기'를 향하여 출발했다. 신불산 동북 방향이 음지라면, 정동향으로 뻗은 칼등은 대체로 양지였다. 한국전쟁 당시 빨치산 출몰을 감시했던 참호를 지나자 칼등으로 오르는 산길이 본격적으로 이어졌다. 이 산길은 칼을 심어둔 도산검수刀山劍水다. 나무꾼 · 사냥꾼 · 땅꾼 · 심마니 · 숯태가꾼처럼 산에서 입살이를 하는 사람들이 아니면 통행을 꺼렸던 험로이다. 한국전쟁 당시 빨치산 토벌군이 쏜 박격포에 맞아 떨어져나간 그늘바위에서 세모 대가리 독사와 실랑이를 벌이다 줄행랑치듯 내처 올랐다.

스물아홉 톱날 암봉, 요동치는 신불공룡능선

신불공룡능선 꼬랑지 격인 '안장메기'에 올라서자 요동치는 칼등이 나타 났다. 창맞은 공룡처럼 꾸물대는 칼등을 두고 요즘 산악인들은 '신불공룡능선'이라 부르지만, 선인들은 멀리서 올려다보면 길마처럼 잘록하다고 하여 '말등' · '톱날등' · '칼큇등'이라 불렀다. 음기가 흐르는 신불산 치마폭에는 등억 · 화천 · 간월마을이 파묻혀 있고, 신불산에서 떨어져나간 옥산은 꽃잎으로 분분했던 작괘천을 끼고 있었다. 옥산玉山은 바위 색이 희고, 옥이 나고, 작천정의 앞산이라 하여 백택안산白擇案山으로 불리는 산이다.

요동치는 신불산 칼등. 스물아홉 암봉의 칼등은 네 발로 기는 바위능선이다.

칼등은 네 발로 걷는 구간이었다. 공룡뿔에 옻칠한듯 굳어버린 기기묘묘한 바위 위를 한 발 한 발 내딛었다. 성난 황소 뿔바위 · 닭벼슬바위 · 앙버팀을 하다가 억지로 끌려오는 염소뿔바위 · 푸줏간 장두칼바위 · 도끼바위 · 작두바위 · 쐐기바위 · 단지바위 · 비뚤어진 모기입바위 · 복날 개 맞듯이 두들겨 맞아 일그러진 개대가리바위 등이 공룡능선의 등허리를 휘감고 있었다. 간월재 너머에는 도끼날을 맞은 바위가 대굴대굴 굴러가는 '도치등'이 보였다. 두 강자 도치등(간월공룡능선)과 칼등(신불공룡능선)은 용호상박이었다. 도치등은 열두 도끼 암봉을 거느렸고, 칼등은 스물아홉의 칼날 암봉과 요철, 톱날 암봉을 거느렸다. 아찔하기는 신불산 칼등이 한 수 위이고, 거칠기는 도치등이 한 수 위다. 싸움 잘하는 용은 등이 성할 날 없는 법. 요즘에는 스릴감을 만끽하려는 사람들로 칼등이 붐볐다.

간이 졸여 걸을 수 없는 칼등

칼등을 타려면 불세출의 균형감이 필요했다. 균형감이 깨어지는 날이면 그대로 수직 낙하하거나, 몸이 베여 두 동강 날 것 같은 공포감이 밀려왔다. 한편으로는 칼등의 요철은 들숨 날숨 윤활유 역할을 했고, 무어라 표현할 수 없는 스릴감도 있었다. 마침 칼등에서 만난 어느 여성은 "기가 차네. 서방과 헤어지고 처음 타보는 이 아찔함이여!"라며 환호를 질렀다. 그동안 나는 칼등에서 별의 별 사람들을 다 만났다. 하루에 두 번씩 오르는 사람이 있는가 하면, 무릎 연골이 닳아 없어진 팔순 노인장, 기를 받으려는 무속인, 인대가 늘어나 깁스한 사람도 만났다.

반면에 칼등을 쳐다만 봐도 벌벌 떠는 초보자도 있었다. 처음부터 끝까지 기어가는 사람, 칼등 입구에서 고소공포증으로 심장마비를 일으키는 사람, 어질어질 어지럼증을 느껴 얼굴이 노래지는 사람, 귀가 멍하다며 귀

칼등에 가시처럼 박혀 있는 고사목.

울림을 호소하는 사람, 아랫도리가 후들거린다는 사람, 다리에 쥐가 나 고통스러워 하는 사람, 아예 칼날바위에 드러누워 벌벌떠는 사람도 있었다.

그중에서 가장 인상적이었던 사람으로는 2003년 9월 태풍 '매미'가 상륙했을 때 칼등에서 만난 한 여인이었다. 맹렬하게 산을 쓸고 가는 폭풍우 소리를 경청하기 위해 목숨을 걸었던 날이었다. 나는 처음 만난 여인과 함께 칼바람 부는 칼등에 서서 태풍 '매미'의 폭풍우 소리를 환희와 통곡으로 경청한 바 있다. 두 사람은 이구동성으로 살아 있는 그날까지 치유의 산, 불멸의 산, 신불산 칼등을 오를 것이라 했다.

칼등의 정상인 단조봉 용머리에서는 천화현 불등과 울주 여섯 고을이 한 눈에 들어왔다. 북두칠성으로 흐르는 물은 약수요, 서생동출西生東出 물은 기름지다고 했던가. 배내골 물은 이천 전역을 종주하여 양산 원동을 거쳐 낙동강으로 흘러갔고, 얼음골 물은 밀양 영남루로, 신불산 물줄기는 코끼리 상象자 모양의 '살미거랑'을 지나 태화강으로 흘러갔다.

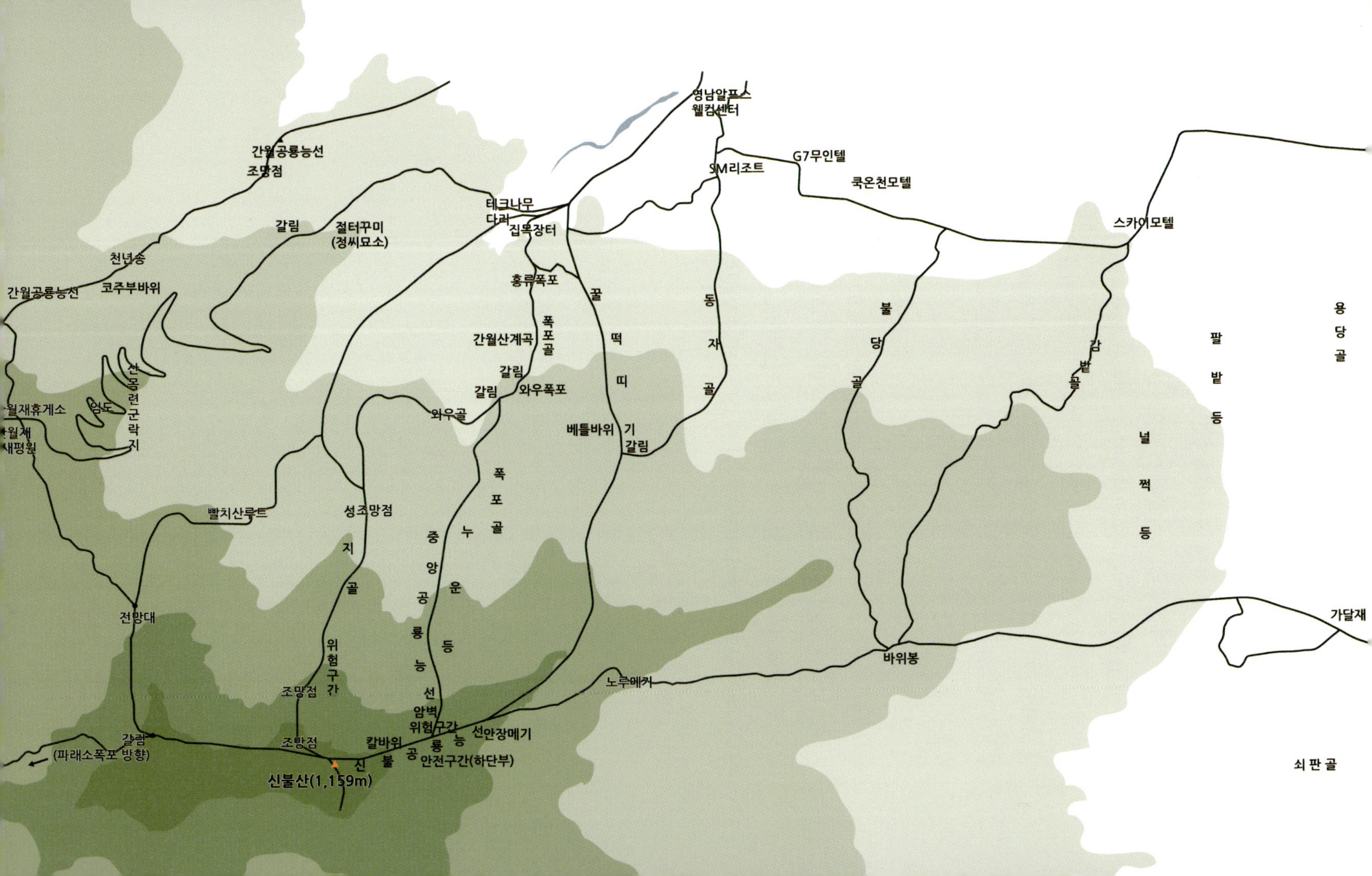
영남알프스
웰컴센터
SM리조트
G7무인텔
쿡온천모텔
스카이모텔
간월공룡능선
조망점
테크나무
다리
집목장터
갈림
절터꾸미
(정씨묘소)
천년송
코주부바위
간월공룡능선
홍류폭포
간월산계곡
폭포골
꿀떡띠기
동자골
불당골
감밭골
팔밭등
용당골
넉적등
신몽련군락지
엄도
월재휴게소
월재
새평원
갈림
와우폭포
와우골
베틀바위
갈림
폭포골
누운등
중앙공룡능선
성조망점
지골
빨치산루트
전망대
위험구간
조망점
조망점
암벽
위험구간
선안장메기
공룡능
안전구간(하단부)
칼바위
신불
신불산(1,159m)
갈림
(파래소폭포 방향)
노루메기
바위봉
가달재
쇠판골

7.
신불산 십이 도산검수
十二 刀山劍水

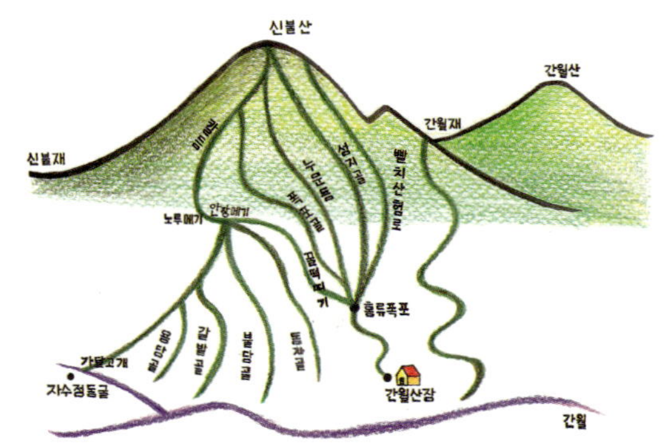

물과 불이요 하늘과 땅, 신불산神佛山

올려다보기만 하면 아득하지만 오르면 오를수록 반하는 곳이 신불산神佛山(해발 1159미터)이다. 심하게 뒤틀리고 주름진 능선, 거기다 도처에 칼을 심어놓은 도산검수刀山劍水의 아찔한 매혹은 산꾼들을 불러들이기에 모자람이 없다. 자고로 억새 명산으로 잘 알려진 신불산 동녘의 열두 도산검수를 두고, '물과 불이요, 하늘과 땅이다'라고 외친 선인들이 있는가 하면, 곤경에 처한 사람을 도와주는 성산聖山으로 여기는 사람도 있었다. 이는 어디에서도 볼 수 없었던 신神과 불佛이 함께한 독특한 지명이라, 그 산세만큼이나 기氣 또한 센 의미로 해석하면 된다. 어떻든간에 신이 되면 신이 보이고, 부처가 되면 부처가 보이는 법. 신의 모습, 부처의 모습, 산 할아버지의 모습으로 늘 거기에 있는 신불산은 누운 듯, 폭발할 듯, 감춘 듯, 요동치듯, 저항하듯 불가사의하기만 하다.

신불산칼등의 위엄.

가혹하리만큼 험악한 '십이 도산검수'

십이 도산검수十二 刀山劍水란 부챗살처럼 벌어진 선불산동녘의 열두 험로를 말하는데, 그 지선을 열거하면 간월재 지선 · 빨치산 험로 지선 · 성지골 지선 · 우 누운등 지선(신불중앙공룡능선) · 좌 누운등 지선 · 칼등 지선(신불공룡능 선) · 폭포골 지선 · 동자골 지선 · 불당골 지선 · 갈밭골 지선 · 용당골 지선 · 가달고개 지선으로 요약할 수 있다. 그중 최고의 난코스는 우는골 빨치산 험로이고, 아찔하기는 칼등 지선, 신비롭기는 성지골을 꼽을 수 있다. 대표적인 도산검수인 '우는골 빨치산 험로'는 한국전쟁 당시 식량 보급에 나섰던 빨치산이 은밀히 쏘다닌 곳이라고 해서 붙여진 이름이다. 난리가 끝난 후에는 뱀을 잡는 땅꾼이나 숯쟁이 · 사냥꾼 · 약초꾼처럼 산에서 입살이를 하는 사람만 드물게 드나들었다. 울창한 밀림에 들어서면 길을 잃기 십상이었던 데다, 맹수의 소굴이라 늘 두려운 존재였다.

이번 십이 도산검수의 길잡이가 되어준 사람은 신불산을 매일 오르는 '매일조'였다. 매일 오른다 해서 이름 붙여진 이들이 아니었다면 가혹하리만큼 험난했던 십이 도산검수를 죄다 돌아보기란 어려웠을 것이다. 매일조의 베이스캠프는 간월 산장. 그들은 이곳에서 그날의 목적지를 정하고 산행을 점검했다. 첫 탐방은 간월잿길을 내처 걸어 신불산 정상을 오르는 비교적 무난한 구간이었다. 하지만 그 다음 번 코스부터는 신불산을 곧장 치고 올라가는 가파른 길이었다. 매일조 산꾼들 대부분은 적게는 수백 번, 많게는 수천 번을 오른 철각鐵脚들이어서 따라붙기란 여간 버겁지 않았다. 그러나 아무리 날고 기는 산꾼들이라도 안개 낀 날이면 매일 가던 길도 못 알아보았고, GPS가 있어도 빙빙 돌다가 조난을 당하기도 하였다.

십이 도산검수의 지선은 일제강점기 때에 벌채한 원목을 모으는 집목장集木場 이었던 홍류폭포 일대에서 주로 갈라졌다. 화물차(속칭 도라꾸)가 올라와 통나무를 실어 날랐던 집목장에는 잡목이 무성했고, 화전민이 일구던 5000평 밭뙈기에는 석축만 남아 있었다. 당시 조선총독부 영림청의 산림 벌채 허가를 받은 일본인들은 신불산 거송을 마구잡이로 베어 일본으로 실어 날랐는데, 얼마나 베어냈던지 '뒤로 빼돌린 나무를 옆구리에 차고 다녔다'는 유행어가 나돌았다.

꿈길이 바로 여기요, 실타래 험로

십이 도산검수는 제각기 발품 맛이 달랐다. 창공을 찌르는 칼이 서 있는 가하면 처녀림 계곡과 실배암길, 아슬아슬한 협곡이 도처에 숨어 있었다. 신불산의 주 계곡인 성지골은 올라갈수록 깔끔한 맛이 났고, 청이끼 낀 바위 틈에서 발원하는 석간수는 태화강으로 흘러갔다. 하늘억새길을 가장 잘 볼 수 있는 곳은 뭐니 뭐니 해도 신불산 정상이었다. 맑은 날이면 멀리 지리산도 보였다. 요동치는 칼등(칼바위)에서는 울주군 서부 여섯 고을이 한눈에 들어왔고, 누운등(신불중앙공룡능선)에서는 베틀바위와 폭포골이 잘

작천정에서 본 신불산.

보였다. 폭포골은 1년 내내 햇볕이 들지 않아 음산한 곳으로 홍류폭포·와우폭포·미륵폭포 등 크고 작은 폭포가 줄을 이었다.

한번은 불도저라는 별명을 가진 어느 산꾼이 '꿀떡띠기'를 오르 다가 자갈길에 미끄러졌다. "불도저도 미끄러지나?" 누군가 은근히 부화를 채우자, 오뚝이처럼 벌떡 일어선 산꾼은 "너희는 안 넘어지나? 가다가 엎어지고, 잠자다가도 자빠지는 게 인생길이다." 말해 한바탕 웃은 일이 있었다. 우스갯소리였지만 생각할수록 새겨볼 말이었다. 말이 쉬워 신불산이지, 태산 같은 십이 도산검수에 도전하는 것은 온전히 자신과의 싸움이었다. 이 무모한 도전과 타협하기를 몇 차례, 사색이 되어서야 비로소 보보고步步高(한 발 한 발)로 오르게 되었다. '아무 생각 없이 걷는 것'이야말로 산을 오르는 진정한 힘이었다.

비가 오나 눈이 오나 매일 오르는 신불산 '매일조'

비가 오나 눈이 오나 매일 신불산을 오르는 매일조 산꾼들 중에는 인상적인 사람도 있었다. 도시에서 얻은 병을 산에서 고친 인물이 있는가 하면, 아파트 한 층을 오르는 데 한 시간이 걸리던 환자가 12년 만에 신불산을 3000번을 등정한 불굴의 의지인도 있었다. 특히 남이 버린 산 쓰레기를 보물 줍듯이 하여 '환경부장관'이란 별명을 가진 이완근 씨의 배려는 두드러졌다. 25년간 맨손으로 줍다가 얼마 전부터 손잡이가 달린 집게를 손수 제작하여 쓰레기를 수거했다. 신불산 정상에 오를 때쯤이면 벌써 한 봉지가 가득 찼고, 하산하면서 다시 한 봉지를 더 주워 내려왔다. 쓰레기 무게는 5~6킬로그램으로 가을 산행객이 늘어나면 쓰레기도 덩달아 늘어나 팔이 욱신거릴 정도였다.

"가지산은 한두 번만 가도 지겨운데, 신불산은 매일 가도 지겹지를 않

신불산 칼등에서 본 폭포골 베틀바위가 골짜기를 지키고 있다.

는게 의문이야." 어디에 다녀보아도 신불산 만한 명산이 없다고 잘라 말하는 이유근 산행대장의 열정은 황우고집이었다. 개인택시를 모는 전명석 씨는 "가지산은 싱겁고, 간월산이 간간하다면, 신불산은 제법 짭짜리하죠."라는 그럴싸한 발품 평을 냈다. 다람쥐라는 별명이 있는 강길남 씨는 "칼바위를 타야 산을 오른 맛이 난다."며 산불산 칼등 구간을 선호하였다. 부산에서 보험설계사 일을 하는 김경순 씨는 "신불산에 갔다 오면 큰 보험계약이 성사되는 대박이 터진다."며 신불산의 영험함에 탄복을 자아내기도 했다. 이틀 사흘 먹지 않고도 묵묵히 걷기만 하는 동천거사는 "신불산은 기氣가 어찌나 센지 부처님이 몇 번을 울고 내려갔다."는 설파를 해 주위 사람들을 어리둥절하게 했다. 산행으로 뇌졸중을 이겨낸 백전노장 김선달 씨는 "뭐니 뭐니 해도 신불산은 운무가 걸작."이라며 대자연 신불산을 경배하는 눈치였다. 이녁들 대부분의 등산화는 일 년에 한 켤레씩 닳았다.

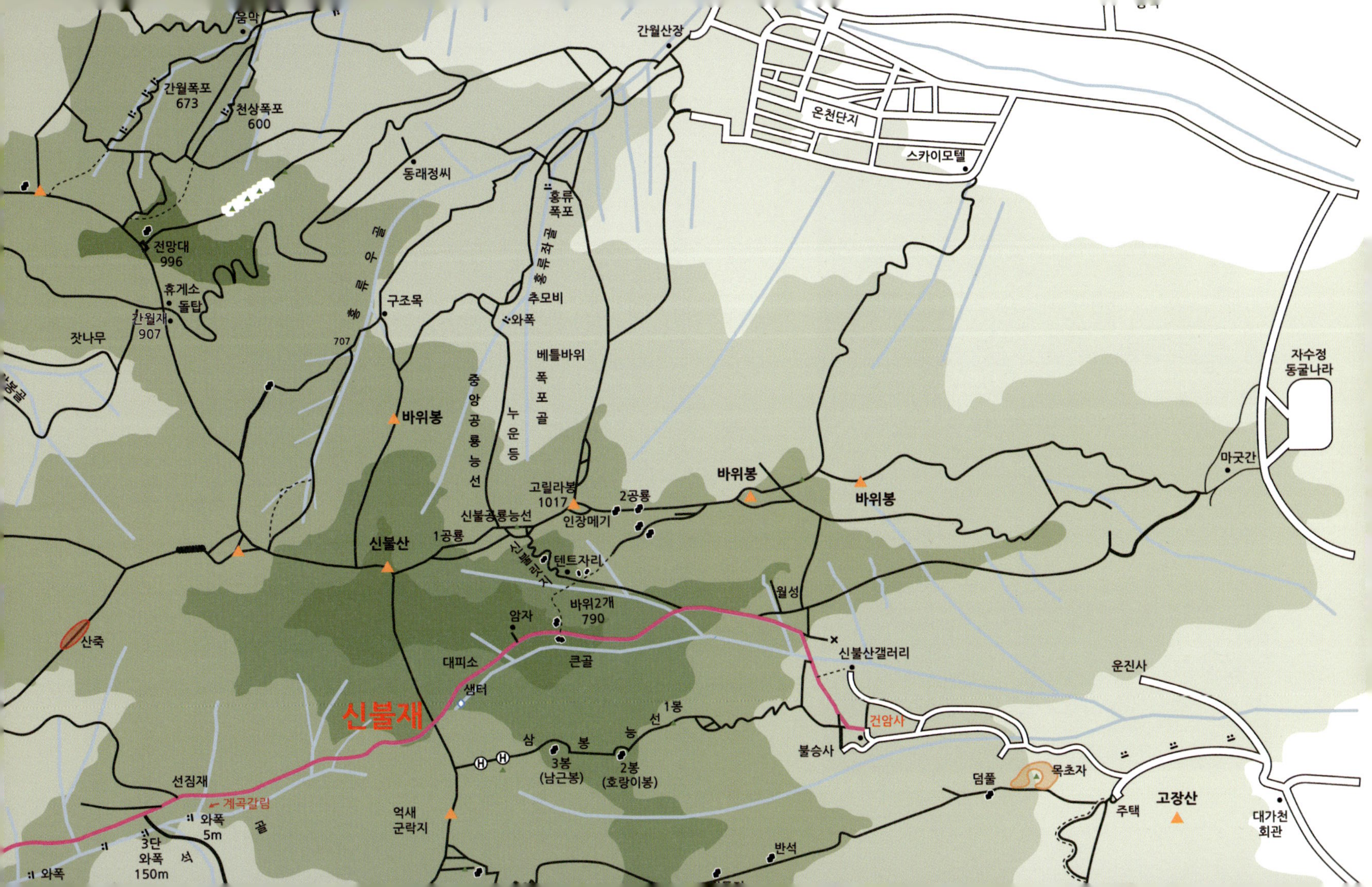

움막
간월산장
간월폭포 673
천상폭포 600
온천단지
스카이모텔
동래정씨
홍류폭포
전망대 996
휴게소
돌탑
간월재 907
구조목
추모비
와폭
잣나무
707
베틀바위
폭포골
중앙공룡능선
누운등
바위봉
고릴라봉 1017
2공룡
신불공룡능선
인장메기
1공룡
신불산
텐트자리
바위2개 790
암자
월성
신불산갤러리
자수정 동굴나라
마굿간
바위봉
바위봉
산죽
대피소
샘터
큰골
신불재
1봉
삼봉능선
3봉 (남근봉)
2봉 (호랑이봉)
운진사
건암사
불승사
덤풀
목초자
고장산
주택
대가천 회관
선짐재
계곡갈림
와폭 5m
3단 와폭 150m
와폭
억새 군락지
반석

8.
바람의 언덕 | 신불재

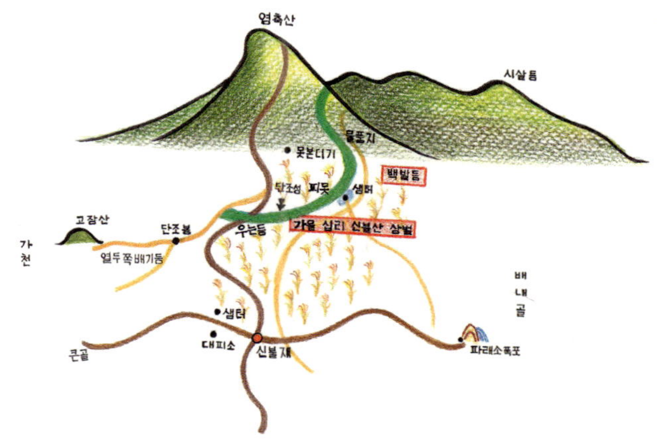

민족의 정기가 말살되어가던 1925년, 한 쇠부리꾼이 바람의 언덕을 열고 나왔다. 울산 달천에서 구한 무거운 광석을 지고 선불재를 오른 터라 초죽음 상태였다. 쇠부리꾼은 신불재 '참새미'에서 목을 축인 후, '바람재'를 넘어 배내골 쇠부리터로 향했다. 김도령바위에서 사내를 내려다보던 표범이 억새 수풀을 헤치고 뒤따랐다.

신불산에서 흐르는 기름진 물

그로부터 약 87년 세월이 흐른 후, 나는 신불산 기슭에서 암흑시대를 보낸 쇠부리꾼을 찾아 신불재神佛嶺를 올랐다. 잿길을 찾아 나선 곳은 울주군 삼남면 가천리로, 일제강점기에 과수 농장이 많았던 작은 들내 '산도밭들'이었다.

신불산을 오른 개가 신불재를 내려다보고 있다.

요란한 바람을 가르며 산도밭들을 걷다가 어느 과수 농장 울타리에서 멈춰 섰다. 태풍에 떨어진 배가 과수 농장 바닥에 뒹굴고 있었다. 봉투를 벗기면 썩은 배투성이였고, 영근 배도 아슬아슬했다. 수심 가득한 농장 주인은 안쓰러운 표정으로 바라보는 내게 먹어보라며 낙과를 권하였다. 한 쪽이 짓무른 배는 물이 많고 달았다.

"강풍이 분다는데, 바람만디 뭐 좋다고 올라가는교?" 농장 주인이 나무라듯 물었다. 신불재 쇠부리터를 찾아간다 하자 "나도 한창 때는 하루

두 번 씩 올랐다. 첫닭 울면 소 몰고 올라가 새(억새)를 베 내려오고, 해 빠지기 전에 또 올라가야 했다. 벤 새를 다발로 묶어 소등에 지우고 내려왔다." 고 말했다. 자신의 이름이 임수우(81세)라 밝힌 농장 주인은 이어서 "지붕이을 때면 시월 마른 새(마른 억새)를 베 날랐고, 퇴비로 쓸 때는 유월 풋새(연초)를 베날랐다."고 말했다. 당시만 해도 영남알프스 일대 민가 대부분이 억새 지붕이었지만, 이제는 눈을 씻고 봐도 찾을 수 없다. 산불평원에 부지기수로 널린 억새로 지붕을 잇는다면 억새의 생식도 건강해지고, 둘레길 체험 상품도 될 성싶었다.

쇠를 녹이는 불과 바람이 있는 신불재

과수 농장을 나와 못 둑을 오르자 산불산 큰골에서 흘러내린 청수를 가둔 가천 저수지가 나왔다. 1925년에 축조된 저수지의 제방 길이는 295미터로, 당시로선 꽤 큰 못이었다. 전망 좋은 수리 못가에는 조선말 협판協辦(차관급)을 지낸 송태관宋泰官의 별장이 보였다. 왜식 축대와 빨간 벽돌 담장, 솟을대문, 높은 대리석 계단, 들린 제실의 기세에 질릴 지경이었다. 그는 일제강점기에 떵떵거리던 세도가 였으며, 친일 활동을 한 등재된 인물이다. 전국 스무 군데나 되는 그의 제실과 친일노 행각을 생각하면 솟을대문간에 똥을 한 무더기 싸두고 싶은 분노가 치밀어 올랐다. 나는 닭 쫓던 개처럼 까마득한 신불산을 올려다보았다. 이 일대에 케이블카가 설치된다면 하이힐을 신고도 10분~20분이면 신불산에 올라설 수 있을 것이다. 목재 데크로 피 칠갑이 된 선불산, 바리깡에 밀린 영축산…… 난개발로 몸살을 앓고 있는 이 일대를 생각하면 가슴이 아렸다.

나는 큰골을 따라 산불재 헐떡고개를 내처 올랐다. 오르는 우측으로 칼을 심어둔 칼등(신불공룡능선)과 쇠발등 · 넓적등 · 팥발등 · 나발등이 도열을 했고, 좌측에는 상투바위 · 서방바위 · 턱걸바위와 함박등 · 열두 쪽배기가 위풍스럽게 버티고섰다. 그리고 큰골에서 흐르는 물은 가천 저수지가 받아들였다. 큰골 깊숙이 들어서자 숯쟁이들이 기거하던 움막 돌담을 볼 수 있었다. 해발 700미터에서는 산허리를 타는 '쇠밭등 어심내기' 샛길이 나왔다. 둥억 가달 고개로 이어지는 지름길로, 쇠를 채굴했던 쇠판골 기슭에는 지금도 쇠붙이가 흩어져 있었다. 신불재가 배내 주민의 주요 통로였다면, '쇠밭등 어심내기' 길은 숯쟁이 · 쇠부리꾼 · 불매꾼이 다녔던 지름길이었다.

화끈한 바람이 필요한 사람은 바람의 언덕에 오라

하늘이 막힌 골짜기를 용케 빠져나오자 신불재 '참새미'가 나왔다. 다리야 고생했다, 쉬었다 가라. 바람을 탄 까마귀가 자지러지게 울었다. 사시장철 마르지 않는 시원한 찬물을 한 모금 마시고 대피소에 들어갔다. 안면이 있는 산장지기는 "헬기는 공중으로 데크용 목재를 나르고, 오소리는 땅굴로 나른다."며 밤새 대피소 문턱 아래를 뚫어 놓은 오소리 땅굴을 보여주며 너스레를 떨었다. 그는 "땅굴 파는 기계인 오소리는 의외로 사납다. 잘못 건드리면 손목이 잘리고, 달려드는 사냥개도 물어 죽인다."며 으름장을 놓았다.

바람의 언덕 신불재에 올랐다. 바람이 내 길을 막았다. 불어오는 바람에 재킷이 터질 것처럼 화끈했다. 화끈한 바람이 필요한 사람은 바람의 언덕으로 오시라. 영남알프스 배내오재는 잿마루마다 그 바람 방향이 달랐다. 동풍이면 간월재, 서풍이면 신불재, 북풍이면 딱발재, 남풍이면 구름재……. 일순간 몸이 휘청거리더니 내 모자가 강풍을 타고 산 아래로 날아갔다.

초가을에 본 신불재. 푸른 억새가 구름 바다에 빨려가는 듯 보인다.

신불재를 넘어 등짐을 지고 가던 나그네가 짐을 진 채로 쉬었다는 선짐골 계곡길로 갔다. 배내골로 곧장 내려가자 1969년 독가촌 이주 정책으로 사라진 '운구지' 마을이 나타났다. 과거 쇠부리꾼들이 살았던 집터와 묵은 전답이 나를 맞이했다. 쇠부리터에는 쇠를 녹이던 가마터와 쇠똥이 너부러져 있었다.

신과 부처가 있고, 물과 불 그리고 화끈한 바람이 있는 신불재를 두고 '쇠판골'·'쇠구디'라 부르는 연유를 실감할 수 있었다. 이곳에서 녹인 쇠는 파래소폭포 백련광산에서 캔 아연과 함께 멀리 낙동강으로 나갔다.

가천
고장산
열두쪽배기등
선짐재
신불산상벌
상투바위
단조봉
짚자바위
아리랑릿지
쓰리랑릿지
아리랑리재
쓰리랑재
대관등
아리랑재
우는골
장제
파밭등
석퇴
꼬꼬랑재
고사리밭등
중건너
단조성
금강골
톳골
금강폭포
에베로리지
사격장
수좌골
억새군락지
단조늪
샘터
피못
단조성터
탈레이릿지
자라등
못본디기
물풍지
골밭등
방기리
무늘등
영축산
백호등

9.
단조봉 | 열두 쪽배기등

十二大小連證

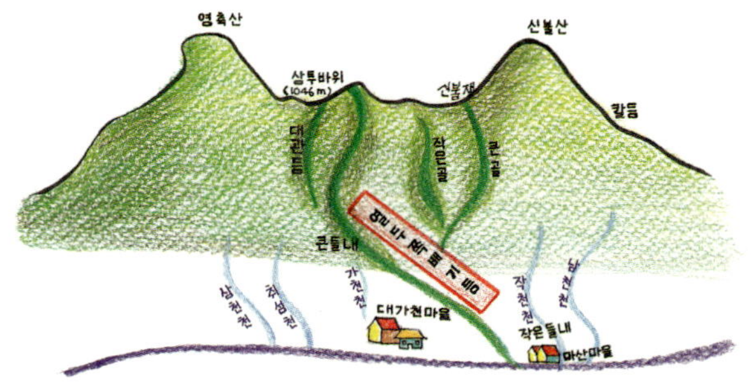

막힌 하늘을 불로 뚫는다는 천화현 불등, 즉 하늘억새길에서 세상과 통하는 통로가 배내오재라면 열두 쪽배기등은 마을 사람들이 드나들던 길이다. '열두 쪽배기등'은 신불산과 영취산의 연결고리인 신불평원에서 삼남면 마산마을 끄트머리로 이어진 크고 작은 열두 산봉우리를 말하는데, 거미줄 같은 하늘억새길 중에서 가장 아기자기한 산등이다. 그러나 순한 소등 같은 열두 쪽배기등에도 혁명을 꿈꾸는 사람들이 드나들었다는 사실을 아는 사람은 그다지 많지 않다. 이번에는 살을 에고 뼈를 깎아낸 산주름 깊은 열두 쪽배기등의 속살을 들여다보기 위해 발품을 팔아보았다.

목 없는 빨치산의 영혼이 떠도는 열두 쪽배기등

열두 쪽배기등 끝자락인 마산마을 날꼬지(송곳모양의 언덕배기)에서 길을 열기 시작했다. 국도35호선과 KTX 울산역 사이의 삼남들판 한가운데에 자리 잡은 마산마을은 신불산에서 흘러내린 물이 코끼리 상象자를 이루는 '살미거랑'을 낀 촌락이었다. 나는 일제강점기 당시 주재소와 왜인 학교가 있었던 중남에서 소가천천을 끼고 타박타박 걸어 올랐다. 매미가 귀가 따갑도록 울어대는 나무 그늘 아래에서 한가로이 쉬고 있는 할머니들에게 귀동냥도 할겸 다가갔다. 일제강점기 도요오카 농장, 한국전쟁 때 불탔던 삼남면소 자리를 수런수런 물었다. 까마득한 과거사를 들먹이자 너나없이 낯선 사내를 경계를 하는 눈치가 역력했다.

나를 힐끔힐끔 훔쳐보던 할머니가 먼저 말문을 열었다. 움푹 꺼진 눈에 나무 비녀를 찌른 할머니는 "열두 쪽배기 거긴 뭐 하로 가요?"하며 싸움닭 기세로 되물었다. 한국전쟁 당시의 전사戰史를 찾는다고 대답하자 자신을 반천댁(87세)이라고 밝힌 할머니가 "아저씨, 우리 편 맞지요?"하며 다소 경계를 누그렸다. 자라 보고 놀란 가슴 솥뚜껑 보고 놀란다고 가슴을 쓸어내린 반천댁은 "열두 쪽배기는 빨갱이 짐꾼으로 끌려간 서방을 찾아 쏘다니던 길이었다."며 멍울진 사연을 하나씩 털어놓았다. 신불산 주변은 한국전쟁 당시 빨치산 총부리 앞에 짐꾼으로 끌려간 민간인이 많았던 곳이다. "우는등만디(신불평원 일대)에 숨어 있던 빨갱이가 저리 가라고 돌을 던지는 바람에 몇 번 이나 돌아오곤 했다."는 반천댁은 "빨갱이 때문에 딸 가진 집들은 다른 마을에 재웠다."며 회상도 버거워했다.

좀체 속내를 털어놓지 않을 성싶었던, 눈이 움푹 꺼진 비녀 할머니가 속에 담고 있던 심정을 털어놓았다. "목 없는 서방 시체를 보고 머리를 찾는다고 열두 쪽배기를 얼마나 헤맨줄 모른다. 키가 껑충 크고 얼굴이 하얀, 목 없는 서방을 저승에 가면 알아볼지 몰라." 말꼬리를 사린 할머니

신불산에서 바라본 열두쪽배기등. 산 아래로부터 고장산, 가천저수지, 삼동의 가천 들녘, 마산마을까지 소똥 모양으로 떨어진 열두쪽배기등이 보인다.

는 이어서 "빨갱이 자식 설움 받던 똑똑한 아들은 제명에 못 살고 요절했다……."며 길바닥이 꺼져라 한숨을 내쉬었다.

뚝배기보다 장맛이 낫는 민초들의 길

나는 큰 들내(대가천)를 지나 고장산으로 향했다. 고장산 아래 어 느 농가에서 감 따는 소리가 들렸다. 담 너머로 목을 내밀어 장대로 감을 따는 집주인에게 익지도 않은 감을 벌써 홀치느냐고 새살대자 "감도 안 달리는게

어지러 사서 죽겠다"며 구시렁댔다. 그러고는 "양철 지붕에 감떨어지는 소리에 깜짝 놀라 간이 떨어질 지경"이라며 궁상을 떨었다. 나는 넉살좋게 마당 넓은 집으로 들어갔다.

늙은 감나무 못지않게 찌그둥 기울어진 오두막집 한 채가 눈에 들어왔다. 밀면 넘어질세라 세월의 무게에 용케 견디고 있는 것이 신통했다. 얼굴에 양봉 망사모를 덮어쓴 집주인 이은성(84세) 씨가 장대를 내려놓고 나왔다. 내가 찌그둥 기운 오두막집을 보고 혀를 내두르자 이 씨는 "이 집 나이가 나보다 더 많은 120살이요. 그보다 더 오래된 저 감나무는 200살이나 된다오."라며 일러주었다. 이 씨 역시 찌그둥한 오두막집처럼 평생 이곳을 지켜온 터줏대감이었다.

나는 열두 쪽배기등 산악지대를 본격적으로 오르기 시작했다. 한 발 한 발 오를수록 평퍼등·꼬꼬랑재·우는골·칼등이 위용을 드러냈고, 대관등大觀嶝·함박등이 호위를 했다. 이웃한 대관등은 웅장한 경관인 반면에 열두 쪽배기등은 서민풍이었다.

지난해 작은골에서 열두 쪽배기등으로 오른 일이 있었다. 작은골은 처음부터 고생바가지였다. 불승사 골짜기에서 얼마 못 가 길이 끊기는 바람에 코가 돌에 닿도록 너덜지대를 기어올라야 했다. 한눈을 팔다가 날카로운 돌더미에 발목이 날아갈 수 있는 아찔한 위기도 맞았다. 그러나 삭막한 돌무더기에서 한 송이 꽃을 발견하곤 사막에서 오아시스를 만난 그 이상의 경이로움을 맛보기도 하였다.

열두 개의 소똥 무더기, 열두 개의 뚝배기 봉우리

어렵사리 열두 쪽배기 정상인 상투바위(해발 1046미터)에 올랐다. 깎아지른 산세에 비해, 숨겨진 산등 뒤로는 놀랍게도 광활한 억새평원이 있었다.

우물을 내려다보는 비녀 찌른 할머니.

주민들은 이곳을 '우는등만디'라 불렀다. 상투바위에서 내려다본 열두 쪽배기는 크고 작은 소똥 무더기가 뚝뚝 떨어진 형상 같기도 하고, 한편으로는 큰 뚝배기 열두개를 엎어놓은 모양 같기도 했다. 멀리 삼남들판에 있는 마산마을의 언덕배기는 밥자배기, 그 다음 봉우리는 애자자배기, 또 다음에 있는 마을 뒷산은 팥죽자배기를 엎어놓은 모습이었고, 높은 산으로 다가올수록 우거짓국을 담은 찰흙뚝배기·알뚝배기·질뚝배기가 일렬로 도열을 해왔다. 주둥이 넓어 둥글넓적한 고장산부터는 상투바위를 향해 숨가쁘게 치달아, 정상에 도달해서는 죄수 머리에 덮어 쓴 용수갓 봉우리가 되었다. 그동안 영남알프스 일대를 줄곧 관찰해온 나는 영축산과 신불산 일대를 '북두칠성 서생동출北斗七星 西生東出'의 산경山景으로 읽었다. 즉, '영취산 북쪽으로 흐르는 물이 약수라면, 신불산에서 발원하여 동쪽으로 흐르는 물은 기름지다'는 뜻이다. 실제 발로 지도를 그려보면 영축산 북쪽 청수골 물은 약수藥水나 마찬가지였고, 열두 쪽배기 정상인 신불평원에서 동녘으로 흐르는 물은 기름져, 천하 길지로 손색이 없다.

우는등만디의 모습.

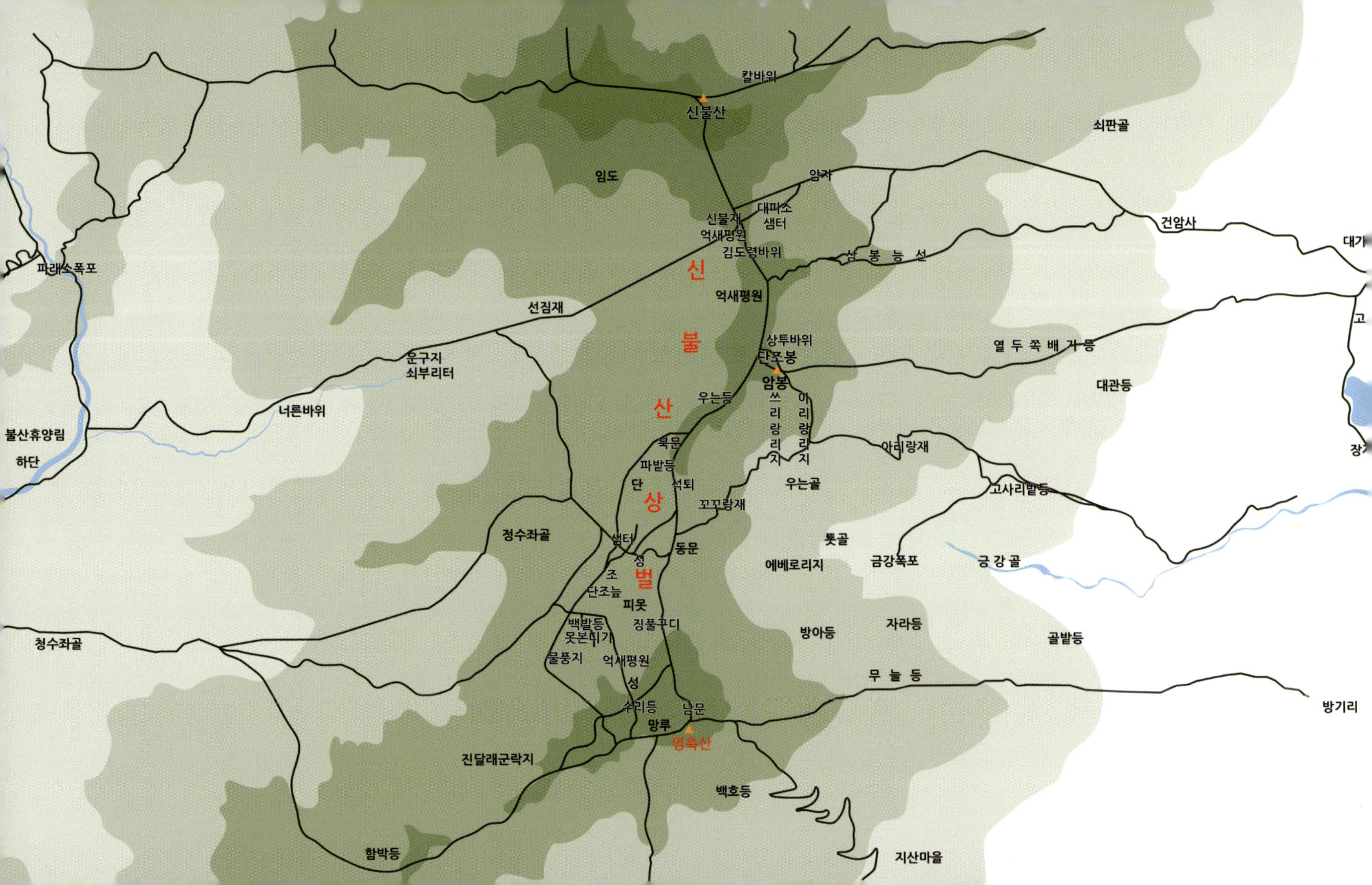

칼바위
신불산
쇠판골
임도
암자
신불재
억새평원
대피소
샘터
건암사
대기
김도령바위
삼 봉 능 선
파래소폭포
신
억새평원
선짐재
상투바위
단조봉
열 두 쪽 배 가 등
고
불
운구지
쇠부리터
암봉
대관등
우는등
쓰리랑리지
아리랑리지
너른바위
산
불산휴양림
하단
북문
아리랑재
장
파밭등
단
석퇴
우는골
상
꼬꼬랑재
고사리밭등
정수좌골
톳골
샘터
동문
성
에베로리지
금강폭포
금강골
조
벌
단조늪
피못
백발등
못본디기
징풀구디
방아등
자라등
골밭등
청수좌골
물풍지
억새평원
무 늘 등
성
수리등
남문
방기리
망루
영축산
진달래군락지
백호등
함박등
지산마을

10.
가을 십 리 | 신불산상벌

神佛山上伐

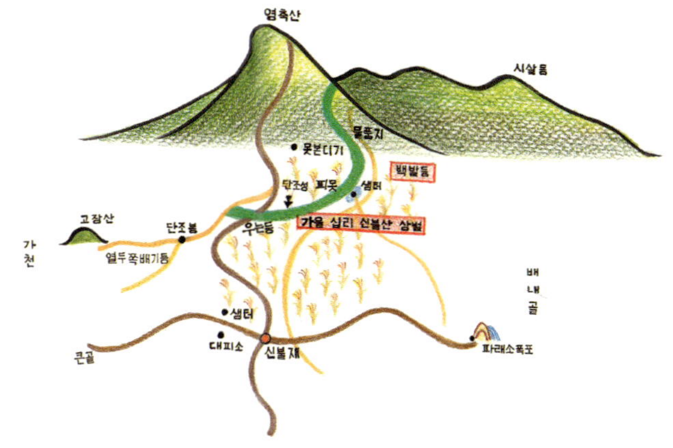

신불평원神佛平原 '운구지만디'와 '우는등만디'

지게장수가 억새 수풀을 열고 나왔다. 야물게짠 그의 지게 위에는 새 지게가 차곡차곡 동개졌고('포개졌다'의 경상도 방언), 지게 쥐꼬리에는 짚신이 달렸다. 지게 위에 지게, 지게 위에 또 지게, 층층이 쌓인 열 쌍구의 지게 뭉치는 얼핏 보기에 10층 목탑 같았다. 그는 동개진 지게 뭉치가 찌그둥할 때마다 아랫도리의 미끈으로 조절했다.

잠시 후, 흰옷 무리가 구슬땀을 흘리며 지게장수가 나온 억새 수풀을 헤치고 나왔다. 하나같이 땀에 절여 있는 이녁들은 미역 · 멸치 · 전복 같은 건어물을 멀리 내지로 나르는 울산 보부상들이었다. 이녁들 중에는 소가죽으로 신발을 만드는 언양 갖바치도 있었다. 뒤이어 무거운 소금 가마니를 등에 진 '등금쟁이'가 땀으로 멱을 감으며 뒤늦게 올라왔다. 이녁들은 지게장수가 쉬고 있는 '우는골만디'에 올라 만경창파로 펼쳐진 억새 물결

'가을 십 리' 신불산상벌 단조봉에서 영축산까지 이어진 십 리 억새평원. 약 60만 평의 대평원에 억새가 만경창파로 펼쳐져 있다. 중간 봉우리가 단조봉이고, 멀리 우뚝 선 산은 '불뫼'라 불리는 영축산이다.

을 보고 환호성을 터트렸다.

별천지 '억새만디'를 걷는 울산 보부상

이녁들은 신불산상벌神佛山上伐(신불평원) 버렁(벼랑)길을 일렬로 줄지어 걸었다. 지게장수가 앞장서 길을 열었고, 오막옹기 달린 고리짝을 진 보부상들과 소금 가마니를 지게를 진 소금장수가 그 뒤를 따랐다. 동남쪽은 깎아지른 암벽이었고, 서쪽은 억새가 만경창파로 군락을 이룬 분지였다. 소총수처럼 줄지어 걷는 일행 중에서 열 지게를 동개진 지게장수의 그림자는 깡충 커 보였다.

신불산상벌은 별천지였다. 심한 바람에 나무가 자라지 않아 키가 작은 억새 물결을 보고 있노라면 눈뿌리가 아릴 지경이었다. 앉으나 서나 사방 백리가 눈에 들어왔을 뿐만 아니라, 맑은날은 멀리 지리산도 보였다. 한 겹 창호지를 바른 가을 하늘마냥 이녁들 마음 또한 물 찬 제비처럼 한껏 부풀어 올랐다. "만병통치약 별거 없어. 만고강산 유람이야말로 만병통치약이지." 견문 넓은 미역장수가 흥을 돋우었다. "이 좋은 억새만디 못 보고 죽었으면 얼마나 원통할꼬.", "여기 바람보다 더 시원한 바람은 세상 어디에도 없더라." 오지랖 넓고 신명 좋은 멸치장수와 전복장수가 장단을 맞추었다. 목청 좋은 갖바치가 "자, 한바탕 놀고 가세!"하며 덩실덩실 춤사위를 벌이자 보부상들은 덩달아 춤을 추었다. 구경이나 난 듯 바라보던 억새 무리도 한 덩어리로 흔들어댔다.

> 한바탕 회오리바람으로 놀고 가세 / 선불산 도깨비 깡아지 바람도 놀고 가소 / 우당탕 돌개바람 덜컹덜컹 회오리바람 들었다 놓았다 신바람 밀었다 당겼다 솔개바람
>
> _『삼남면지三南面誌』, 「신불산바람」

무거운 소금 가마니를 지고 추풍령까지 오르내렸던 등금장수는 지은 이를 알 수 없는 좋은 시 한수를 읊었다.

> 바람 부는 날 들에 가보아라 / 억센 바람에도 쓰러지지 않는 것을 보아라 / 풀들이 바람속에서 넘어지지 않는 것은/서로가 서로의 손을 굳게 잡아주기 때문이다.

깡아리 바람 부는 '우는등만디'의 귀신 곡소리

이녁들은 산상벌 중간쯤에 있는 우는등만디에 올랐다. 멀리 배내골 골짜기에서 물밀듯 밀려오는 회오리바람이 모이는 언덕이었다. 쏴아~ 쏴아~ 스치듯 지나가는 바람에 억새물결 춤사위가 한층 어우러졌다. 대나무 우는 소리 같기도 하고, 억새끼리 살을 섞는 신음 같기도 하고, 멀리서 들리는 기마병 함성 같기도 했다. 어쩌면 오래 걸어본 사람만이 들을 수 있는 환청 비슷하기도 했다. 앞장서 걷는 지게장수는 억새밭에 숨어 있던 표범을 만나 소스라쳤던 기억이 소롯이 살아나 귀를 막고 걸었다. 달려드는 표범에게 물려 한쪽 팔을 잃은 옛 동료를 생각하면 이곳을 지날 때마다 가슴이 조마조마했다.

이녁들이 지나가는 산상벌은 몬순기후의 영향으로 바람을 피할 수 없는 고산분지라 식생이 살아남기가 어려웠으나 산에서 입살이를 하는 주민들에게는 생활의 터전이었다. 이곳에는 반달비 · 곤달비 · 호망추 · 배뱁추 · 더덕 · 고사리 · 꼬치미가 지천으로 깔려, 봄이면 산이 물비늘처럼 반짝거렸다. 산상벌을 오르기 전에 만난 방터마을 학이댁(77세)은 "마을 아낙들이 산나물을 얼마나 캤던지, 나물 보따리를 이고 오지 못해 굴려 오더라."고 말했다. 큰들내 마을에서 만난 다전댁(88세)은 "억새만디에는 깡아지 바람

신불산상벌 억새 군락지. 만경창파의 억새 위로 구름도 무심히 흘러간다.

이 말도 못하게 분다. 아녀자들은 장독대 뚜껑 걱정, 남정네들은 억새 지붕 홀라당 날아갈까 걱정을 했다."고 너스레를 떨었다. 이 마을 터줏대감인 임우환(86세) 씨는 "억새밭에 불을 질러야 이듬해 나물이 잘됐다."고 털어놓고는 "불에 타더라도 뿌리가 강한 풋새는 보란 듯이 잘 자랐다."고 했다.

만경창파 억새만디를 빠져나와 우는등만디에 들어섰다. 때 묻은 무명 저고리 소매에 구슬땀을 닦은 지게장수는 일대를 갈마보았다. 흡사 사나운 개가 앞다리를 펴고 앉아 있는 형상의 영축산이 멀리 보였고, 그 동쪽 암벽 아래에는 아찔한 협곡, 서쪽은 광활한 억새 초원이 펼쳐져 있었다. 초원에는 백발 머리를 푼 형상의 '백발등'과 질펀한 습지인 '물풍지', '천지못'이 보였고, 과거 모를 심었다는 '못본디기'는 모판처럼 진풀 무더기를 잔뜩 깔고 있었다. 그 뒤에는 임진왜란 당시 의병들이 왜군을 맞아 치열한

'농부 시인' 이우정 씨가 지게 위에 쟁기를 올려 집을 나서고 있다. 이 지게와 쟁기는 그의 아버지 이질용 씨가 만든 것이다.

격전을 벌인 단조성과 몰살한 의병들의 시체로 산을 이루었던 '피밭등'이 보였다. 지게장수는 '피밭등'을 지날 때면 몰살한 의병들이 묻힌 돌무덤을 찾아 머리통만한 돌을 하나씩 올려두고 나왔다.

열다섯 살 때부터 지게를 만든 백순 지게장수

그로부터 약 70년 세월이 흐른 후, 나는 지게장수를 찾아 나섰다. 어렵사리 찾아낸 지게장수는 단조봉 산발치에 사는 이질용(100세) 노인이 었다. 세파에 찌든 얼굴은 온통 오그랑쪼그랑 잔주름이었지만 그 눈빛만은 형형했다. "말도 마라. 이 산에서 지게 짜기 말고는 해먹을 일이 없었다." 며 지게 만들 나무를 찾아 쏘다녔던 단조봉과 고장산을 가리켰다. 신불산 단조봉은 열두 쪽배기의 우두머리 산등이었고, 사방 어디에서 봐도 같은 모양인 고장산은 삿갓 모양이었다. 이 노인은 "열댓 살 때 짰던 지게가 백 살이 되어도 멀쩡하다." 며 튼실한 지게를 보여주었다.

이 노인은 을사조약으로 국권을 잃었을 당시 입산한 의병의 후손으로, 한국전쟁이 터지기 직전 배내골에서 가천으로 이주하여 지게와 쟁기를 만들며 질긴 목숨을 연명해왔다. 이 노인이 짠 지게와 쟁기는 근동에서 일등으로 쳤다. 지게는 반드시 소나무로 짰고, 논을 가는 쟁기는 물푸레나무나 노각나무를 썼다. 당시 지게 한 개 값은 50전. 한 냥이 20전이 었으니 두 냥 반인 셈이다. 다소 비싼 편이긴 했으나 물건이 좋기로 호가 나 잘 팔렸다. 이 노인이 짠 지게를 져본 상북 사람 이무흔(88세) 씨는 "지게가 실해 등에 짝 달라붙었다."고 기억했다.

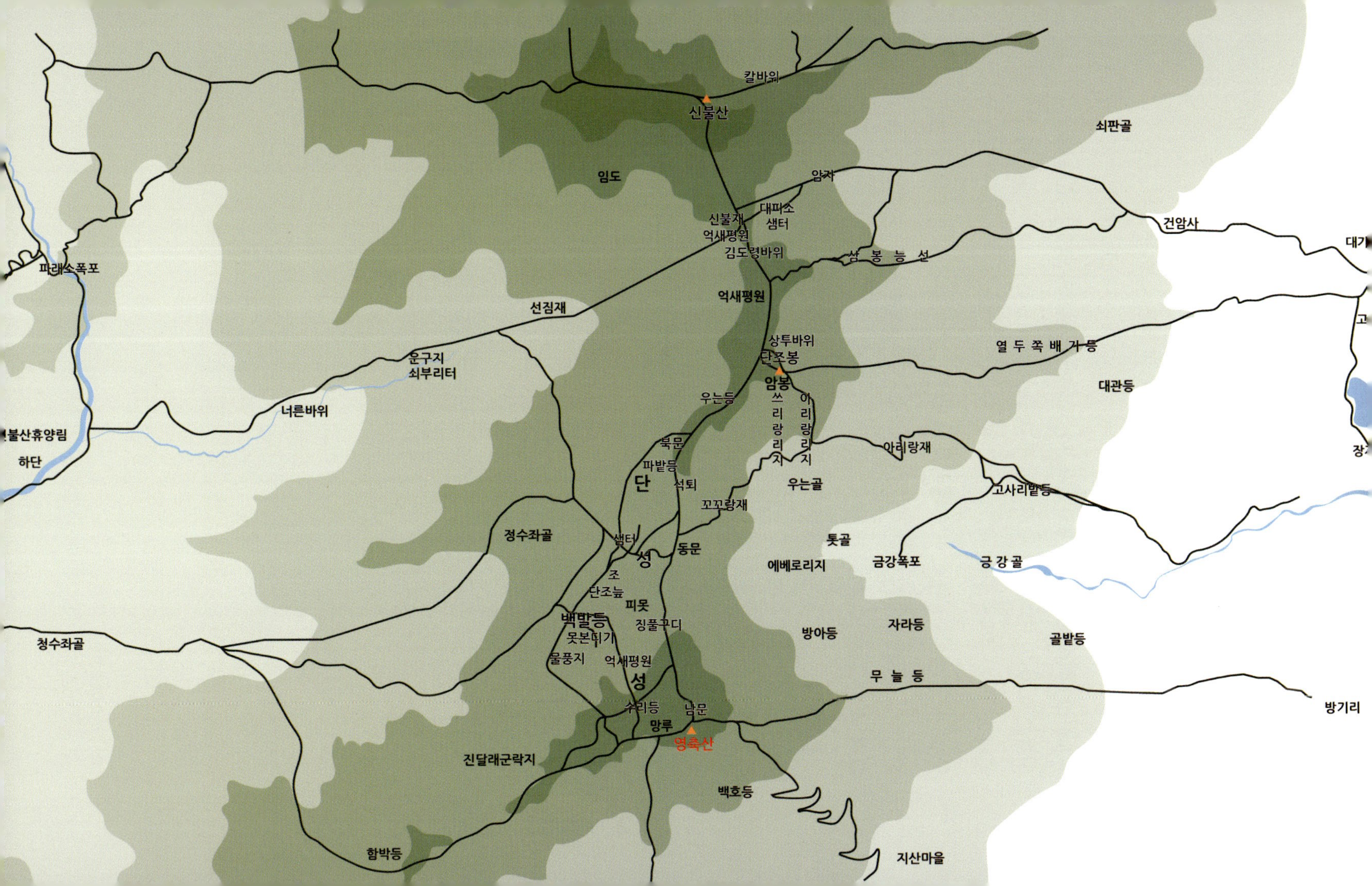

칼바위
신불산
쇠판골
임도
암자
신불재
대파소
샘터
억새평원
김도령바위
건암사
삼 봉 능 선
파래소폭포
선진재
억새평원
상투바위
단조봉
열 두 쪽 배 기 등
운구지
쇠부리터
암봉
대관등
너른바위
우는등
쓰리랑리지
아리랑리지
아리랑재
하단
북문
파밭등
단
석퇴
우는골
고사리밭등
꼬꼬랑재
정수좌골
샘터
성
동문
톳골
금강폭포
금 강 골
에베로리지
조
단조늪
피못
백발등
징풀구디
못본디기
방아등
자라등
골밭등
청수좌골
물풍지
억새평원
성
무 늘 등
수리등
남문
방기리
망루
영축산
진달래군락지
백호등
함박등
지산마을

11.
신불산상벌神佛山上伐 단조천지丹鳥天池

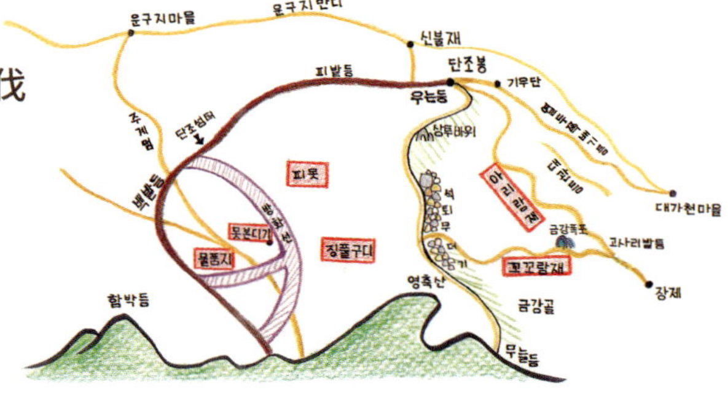

밤새 울부짖던 승냥이 울음소리가 그쳤다. 목기꾼은 쟁기 만들 목재를 구하기 위해 아들을 데리고 산을 올랐다. 쟁기는 야문 노각나무가 재목감이었다. 광활한 신불산상벌에 오른 부자父子는 만리성에 에워싸인 단 조천지를 갈마보았다. 단조천지에는 열 개의 질펀한 늪지가 있었다. 심한 바람이 불어 나무가 자라지 못하는 신불산상벌에는 온갖 기화요초와 나물로 반질반질하다가도 우수기에 접어들면 모를 심어둔 모판이 되었다. 부자는 당근과 감자를 심었던 백발등 못본디기로 어정어정 걸어갔다.

환상적인 가을 십 리 신불산상벌 억새길

그로부터 반세기가 지난 후, 나는 목기꾼의 아들 이우정(65세) 씨와 함께 단조천지를 올랐다. 이 씨는 아버지를 따라 신불산상벌을 쏘다니며 쟁

단조천지. 우물이 열 군데나 있을 만큼 광활한 단조를 억새꾼들이 걷는다.

기 짤 나무를 구해 날랐더랬다. 산에서 골병이 든 아버지가 짠 '홀찌기 쟁기'는 근동에서 알아주는 명품 농기구였다.

신불산에서 영축산으로 이어지는 가을 십 리 길을 앞장서 연 농부 이씨는 "세상에서 가장 아름다운 억새길일 것."이라 운을 뗀 뒤 "햇빛에 따라 억새빛이 변한다. 한낮에는 생갈치빛, 역광일 때는 물비늘빛, 저녁놀이 질 때는 온통 황금빛이다."며 탄성을 질렀다. 나역시 자욱한 구름 위를 걷는 양 황홀감에 도취되었다.

> 가을 십 리 신불산상벌을 걸으면 / 해가 떠도 좋고 / 달이 떠도 좋고 / 바람에 일렁이는 꽃을 봐도 좋고 / 어깨 맞댄 억새를 봐도 좋소 / 싱숭생숭 이내 마음 불질러놓은 / 그대 생각하면 좋고 또 좋소.

내가 어깨를 나풀대자 농부는 자지러지게 웃었다.

농부와 나는 임진왜란 당시 의병들이 허수아비를 세워두었던 동남쪽 버렁길을 내처 걸었다. '가을 십 리' 신불산상벌에서 내려다본 동녁의 조산朝山들은 신불산을 보고 엎드린 형세였고, 그 들녘은 부처님 손바닥이었다. 이 씨는 "가천 방기 넓다 해도 부처님 손바닥 안 아닌가." 일축하고는 "기가 센 신불산 산군은 부처님이 누워 있는 형상이다. 간월산은 부처님 머리통, 간월재는 목, 신불산은 몸통, 산상벌은 다리, 영축산은 부처님 발이다. 그래서 부처님 발아래 있는 통도사가 번창한다."며 그럴싸하게 산 형세를 해석했다.

여보게, 떠도는 자의 수양온 공염불일세

단조천지와 깎아지른 협곡이 보이는 버렁길은 아찔하였다. 벼랑 가까이에는 금강골 협곡을 타고 올라오던 왜적을 물리친 의병들이 방어용 무기로 썼던 석퇴가 무더기로 쌓여 있었다. 바로 그곳에 농부 이 씨가 세운 '단조봉에 올라' 팻말이 서 있었다.

> 사람이 못할 일을 신이 하네 / 멀리서 바라본 산 어머니 품속 / 두 차례 모진 전란 품어 안은 산 / 겨레에 바친 영혼 구국의 불씨 / 오백 년 향한 세월 남길 말 몰라 / 무너진 성돌만 그날을 알까 / 흐른 피 못 다한 삶 피못 된 사연 / 억새꽃 구름 같은 능선길 따라 / 무심히 오고 가는 산행길 가네
>
> _ 신불산 농부 이우정

신불산의 얼이 서린 농부시인의 시를 보고 있노라니 그동안 길에서 닦은 내 수양은 공염불이었다. 그러나 이 씨는 자신이 세운 팻말을 두고

그저 "내 좋아서 주절거리는 소리다. 아내는 미친놈 소리 듣는다며 하지 마라 하더라."며 객쩍어하였다.

피로 물든 단조천지 개구리는 배도 붉어

두 사람은 백발등으로 이어지는 억새밭을 해치고 들어갔다. 어깨 높이의 억새를 헤집고 가노라니 어디에서 북소리가 울리는 듯했다. 이어서 요란한 말 발자국 소리가 물밀듯이 밀려왔다. 목청 터져라 질러대는 함성에 이어 쏟아지는 비명과 울부짖음이 억새밭에서 들렸다.

억새밭을 해맨 끝에 오른 곳은 단조성을 지키던 의병들의 주둔지였던 백발등이었다. 두 사람은 백발등 산발치에서 단조천지를 굽어보았다. 못본디기와 물풍지 · 진풀못 · 피못은 분간할 수 있었지만, 나머지 여섯 개의 천지못은 어디에 있는지 알 수가 없었다. 이 씨는 "단조천지 사방 십 리가 물 구디였다. 우리 아버지는 여기에는 1년 내내 물이 마르지 않는 천지못이 열 군데가 있다고 했다."며 인생무상 〈백발가〉를 구슬프게 불렀다.

> 단조성이 우뚝 솟아 구름에 처져 / 오봉 안에 폭포소리 웅장하도다. 고서 고금 헤아리니 만 사람 백발이요 / 못 면할 손 죽음이라/ 원수로다 원수로다 백발등이 원수로다 / 새가 되어 날아가는 못본디기 원수로다.

두 사람은 피못등으로 조심스레 걸어갔다. 피밭등 아래 피못 안에는 사진 동호회 회원들이 희귀식물 립스틱 매화와 물매화를 촬영하려고 늪지를 무자비하게 밟고 다녔다. 오랜 세월 식물의 퇴적물로 형성된 이탄이 깔려 있는 고산 늪지에는 183종의 희귀식물, 13종의 척추동물, 51종의 곤충이 사는 생태보고였다.

신불산상벌 단조천지의 구름계단을 오르내리는 산행객들.

이 씨는 "이곳은 화전민이 묘를 쓰면 좋다는 곳이다. 묘를 쓰기만 하면 마을 사람들이 올라와 파냈다."며 피밭등과 피못 일대를 번갈아 보았다. 피밭 바닥을 살핀 이 씨는 "천지못 참새미에서 가재를 잡곤 했었다. 피못의 개구리는 배가 발갛더라."고 말했다. 그러고 보니 진풀이 누운 '피못'은 다른 곳에 비해 붉은색을 띠고 있어 억새 군락지와는 대조적이었다. 철분이 많은 탓이기도 하고, 임진왜란 당시 단조성을 지키던 의병들이 몰살을 당해 피로 물든 늪지라는 말이 전해오기도 하였다.

방화선 개설로 심각히 훼손된 단조천지. 땅을 잡아주는 억새 뿌리의 훼손으로 갈수록 사막화되고 있다.

막힌 하늘을 불로 뚫은 단조천지

그러나 단조천지는 영취산 일대를 무자비하게 밀어버린 방화선 설치로 물길이 달라지고 토사에 밀려 본 모습을 잃어가고 있었다. 워낙 고성(해발 940~960미터)이라 제대로 손을 써보지 못한 채 훼손은 가속화 되어갔다. 단조천지와 단조성이 손을 놓고 있을 수밖에 없는 것은 행정적 소관은 경남 양산 관할이었으나, 역사적 기록은 울산시 울주군 소관이라 사각지대에 놓여 있었기 때문이다.

한편, 오래전부터 이 일대에는 불이 잦았다. 이 씨는 "화전민들이 땅을 일구기 위해 만리성 억새만디에 횃불을 들고 올라가 불을 질렀다. 억새밭이 만리성 안에 있어 불이 산 밑으로 내려가지 않고 억새밭만 홀라당 태웠다."며 불 이야기를 실감나게 했다. 빠짝 마른 억새는 따닥따닥 소리를 내며 단조천지를 단숨에 집어삼켰다. 요원의 불길은 간월재, 사자평으로 번져 동짓달 내내 타들어 갔다. 꽃이고 억새고 불에 타고 나면 이듬해는 나물 천지가 되었다. 불구경만큼 볼만한 구경거리 없다는 말마따나 불바다로 변한 단조천지는 상상만 해도 장관이다.

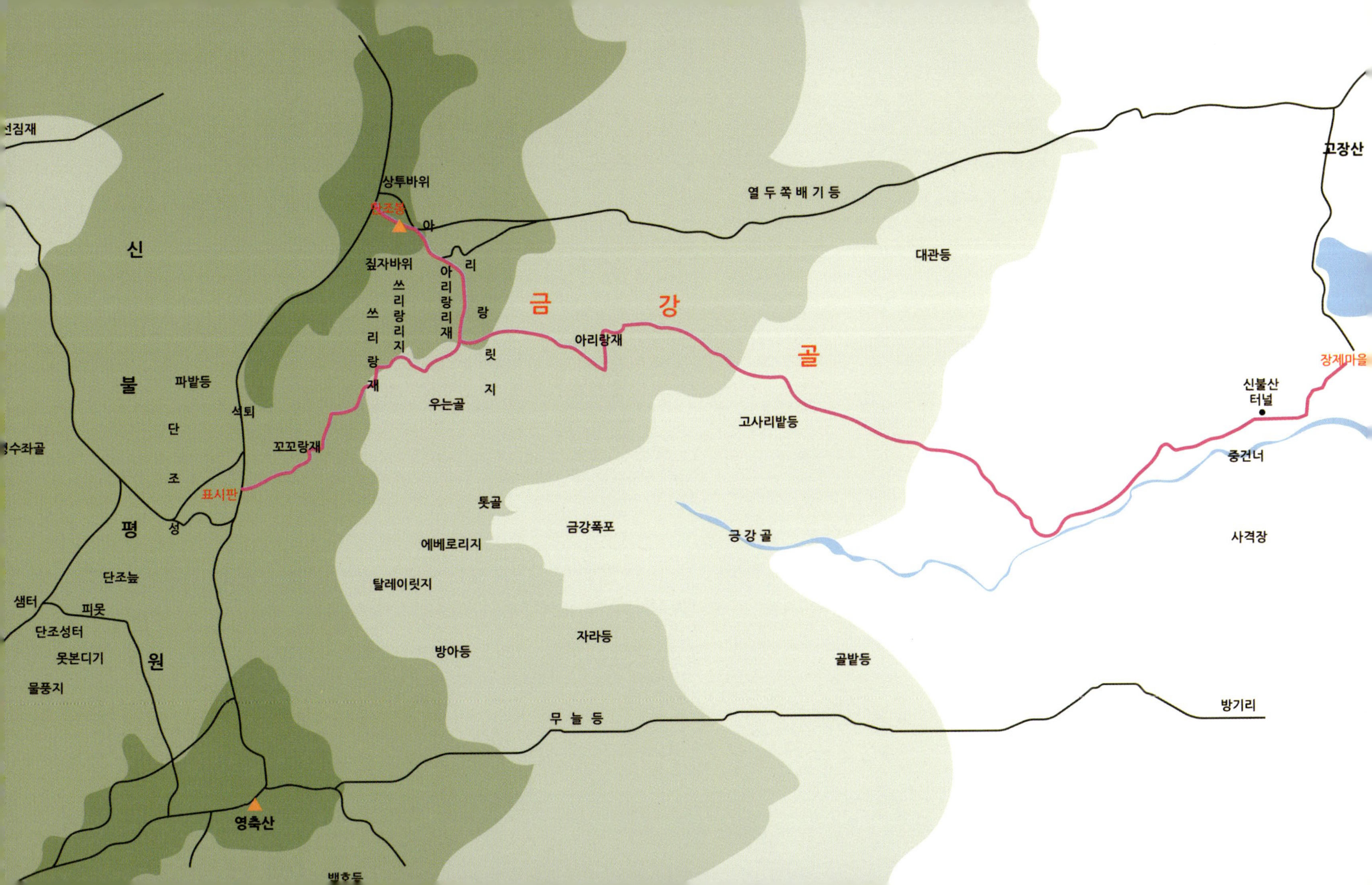
고장산
장제마을
신불산
터널
중건너
사격장
방기리
대관등
열 두 쪽 배 기 등
금
강
골
고사리밭등
궁 강 골
골밭등
아리랑재
금강폭포
자라등
무 늘 등
상투바위
야
리
짚자바위
아
리
랑
리
재
쓰
리
랑
리
지
쓰
리
랑
재
랑
릿
지
우는골
톳골
에베로리지
탈레이릿지
방아등
꼬꼬랑재
표시판
석퇴
파밭등
단
조
성
신
불
평
원
단조늪
샘터
피못
단조성터
못본디기
물풍지
영축산

12.
금강골 | 아리랑재와 꼬꼬랑재

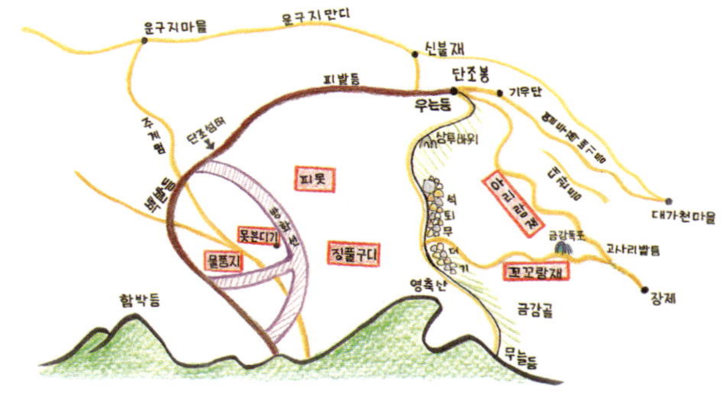

골병들기 딱 좋은 험로, 금강골 협곡

산 할아버지의 허락을 받아야만 출입이 되는 금강골을 찾아 나선 날, 때마침 한반도를 상륙한 마른 태풍이 그 위력을 과시하고 있었다. 일제강점기에 개설된 국도35호선 신작로에 도착할 무렵에는 급기야 산불산 도깨 비 바람이 삼동 들판을 우당탕 들었다 놓았다 했다. 폭풍우를 가르며 깊으내深川 상류 금강골을 향해 내처 걸었다. 폭염을 먹고 자란 괴물 태풍이 휩쓸고 지나간 고을은 쑥대밭으로 변했지만 군함같은 산이 막아주는 가천 들내는 거짓말처럼 멀쩡했다.

영취산이 올려다보이는 산발치 들입에서 하늘을 이고 있는 신불산상벌을 갈마보았다. 바로 아래에는 네 발로 기어올라야 하는 깎아지른 금강골 협곡이 있었다. 짙은 숲과 칼을 심어놓은 험상궂은 협곡이라 쳐다보기만해도 오줌이 찔끔거렸다. 예로부터 배내골로 통하는 배내오령 중에

금강골 입구 장자골에서 바라본 금강골. 한 농부가 영축산과 신불산 단조봉 사이의 잘록한 금강골재를 가리킨다.

서 가장 빠른 길이라, 갈 길 먼 길손들이 죽기 살기로 올랐던 험로였다. 더구나 암행어사 박문수가 '산성의 험준함이 한 명의 장부로도 만 명의 적을 당해낼 수 있는 철옹성'이라 했던 그 골짜기였다.

장수가 많이 난다는 장자골을 오르다가 포 사격장 모서리에 세워진 경고문을 읽는 순간, 그만 간을 졸였다. '경고. 불발탄 폭파 위험. 2005년 5월 산채 채취 중 40밀리 고폭탄 폭발로 민간인 손목 절단, 사격장 민간인 출입으로 허벅지 관통상…….'

우리의 옛길이 어쩌다 쓸개 빠진 사람 아니면 가지 못할 지뢰밭이 되고 말았는가. 나는 된숨을 몰아쉬며 짙은 그늘 드리워진 금강골을 향해 선 걸음을 놓았다.

배내오재증 가장 험한 금강골의 기구한 운명

울산과 함양간 고속도로가 개통되면 대문짝만한 바람 구멍이 날 기구한 운명에 놓인 금강골은 배내오재 중에서 험하기로 호가 난 잿길이었다. 활빈당이 통도사를 털기 위해 한 때 이곳을 점령하기도 했고, 임진왜란 때에는 왜적의 간담을 서늘하게 했던 철옹성이었으며, 한국전쟁 중에는 산불산 빨치산이 드나들며 장악하기도 했다. 빨치산 토벌작전에 돌입한 군인은 금강골 아래 사자벌에서 신불산을 향해 무차별적 포사격을 하였다. 그 당시 쏜 포를 맞아 세숫대야만 하게 파인 바위는 신불산 도처에 남아있다.

나는 임진왜란 당시 아낙들이 왜군을 물리치기 위해 행주치마에 돌을 날랐다는 '펑버등'을 지나 대낮에도 어두컴컴한 협곡에 들어섰다. 배가 큰 황소도 지나다닐 만한 길은 숲이 짙어질수록 등짐 진 보부상도 겨우 다닐 소로가 되더니, 급기야 나뭇가지가 배낭과 옷자락을 마구 잡아끌었다. 말갛게 밀린 '고사리밭등'은 콧등처럼 생겨 먹었고, '큰가그네등'은 대관을 쓴 형세였다. 올망졸망한 난두나무 비알('산기슭 아래'를 뜻하는 경상도 방언)과 '무늘등'은 금강골 협곡에 비해 그 산세가 밋밋한 편이었다.

낮인지 밤인지 분간할 수 없는 음곡에 들어서자 '우는골'과 '톳골'로 갈라졌다. 이곳 주민들은 우는골을 '아리랑재', 톳골을 '꼬꼬랑재'라 불렀다. 하지만 우리 선조들이 쓰던 순우리말을 두고도 '아리랑리찌'·'쓰리랑리찌'·'에베로리찌'라는 정체불명의 지명을 부르는 바람에 유서 깊은 우리 땅 이름은 말살되고 있다. 이를 보다 못한 신불산의 한 농부가 개탄시를 적어 우는골 너덜지대에 세워두었다. 분기가 서린 너덜지대는 뒤꿈치를 들지 않고 걷다가는 살아있는 돌무더기가 와르르 무너져 내릴 것만 같았다.

네 발로 기는 아리랑재 바위 군상은 소금강산

나는 비에 젖어 미끌미끌한 아리랑잿길을 네 발로 기다시피 올랐다. 걷는데 만큼은 날고 기는 보부상들도 두려워하는 험악한 암벽길이었다. 나는 클라이밍(암벽 타기)의 시작점인 '마당바위'에 올라섰다. 음침한 톳골과는 달리 장도칼을 맞아 나가떨어진 기암괴석이 있어 시야가 탁 트였다. 강풍에 서있기 아찔한 마당바위 위에서 협곡을 번갈아 보았다. 우, 우, 우, 까마득한 협곡에서 끊임없는 회오리바람, 철썩 철썩, 폭풍우 바람에 마당바위는 거룻배이듯 흔들거렸다. 백 리 길을 쉽게 여기는 내 아랫도리가 일순 후들거렸다. 안개비가 밀려와 고해苦海의 협곡이 되더니, 거짓말처럼 순식간에 사라져 영축산 청룡동과 대관등·금강폭포의 비경을 열었다. 저 고해의 협곡을 거룻배를 타고 건너고 있었단 말인가. 나는 떨리는 어금니로 중얼거렸다.

아리랑재 알머리인 '딱발꾸미'에서 내려다본 금강골은 장관이었다. '수백 개의 촛대 봉우리가 심어진 소금강산'이라는 말이 실감 났다. 군함 같은 바위, 거꾸로 정박된 거룻배, 망망대해를 떠도는 뗏목 바위……. 추풍낙엽처럼 난파한 기기묘묘한 바위 군상을 살피다가 암벽 끄트머리에 걸린 짚차에 눈길이 멈추었다. 한국전쟁 당시 신출귀몰하던 신불산 빨치산 남도부 사령관이 탔던 '남도부 짚차바위'는 암벽에 아슬아슬하게 걸려 있었다.

신불산의 한 농부의 시가 적힌 '신불산 아리랑고개' 팻말. 과거 우리 선인들은 '아리랑재', '꼬꼬랑재'로 불렀는데, 언제부터인가 '아리랑리찌', '에베로리찌'라는 정체불명의 이름이 붙어 이곳 주민들을 개탄스럽게 한다.

우는골은 맹수들의 소굴이었다. 그러나 보부상들은 빠른 길을 택했다. 벼랑을 타야 하는 아슬아슬한 상황에서도 덮치는 맹수가 없나 간 졸여야 했다. 황소만한 호랑이가 울면 협곡 바위가 흔들렸고, 승냥이 짖는 소리에도 메아리로 울려 보부상의 간담을 서늘하게 하였다. 그러나 짖는 맹수들은 정작 보부상을 물지 않았다.

천신만고 끝에 아리랑재의 꼭대기 '우는등'에 올라섰다. 이번에는귀신 곡하는 소리가 동풍을 타고 멀리 배내골에서 들려왔다. 귀신에게 사로잡힌 듯 하얗게 질려 앞뒤가 막힌 천질 협곡을 향해 "뫼산아!"하고 미친 듯이 함성을 질렀다. 협곡에 부딪친 함성은 "명산아!" 메아리가 되어 돌아왔다. 골병든 내 눈에 눈물이 괴었다.

맹수들이 설쳤던 금강골

이토록 험한 협곡을 장제마을에 사는 유갑순(81세) 할머니는 소를 몰고 올랐더랬다. 심천 못의 당수나무 그늘에서 만난 유 할머니는 "새벽 다섯 시면 밥초베기 싸매고 소밭길을 나섰다. 어린 나는 다리가 짧아 험한 칼등을 타기 어려웠지만 소는 오빠보다 더 잘 걷더라."고 했다. 유 할머니는 어릴 적 아리랑재를 타고 신불산상벌에 올랐던 시절을 생생히 기억했다. "우는등만디에 올라서면 만리성에 새피(억새)가 지천이라오. 소 등의 양쪽에 새피를 지워 야물게 매 가야 하는데 어설픈 사람은 하지도 못해."라며 다부진 어투로 말했다. 늙은 소는 넉 단을 매고 오빠는 한 단을 겨우 맸다. 유 할머니는 "늙은 소라고 괄시 마라. 남자 열 몫 함더."라 했다.

산에서 입살이를 하던 유 할머니가 아리랑재 출입을 끊게 된 것은 '딱밭꾸미'에서 표범을 만나고부터였다. "열여섯 살 아들과 '딱밭꾸미' 산죽을 따는데 바위 위에 갈가지(새끼 범)가 웅크리고 있더라. 다행히 우리가 먼저 봐서 살았지, 까딱했다가는 잡혀 먹혔을 거야. 갈가지가 으르렁거려 머리카락이 서고 온몸이 얼어버리어. 호랑이에 물려가도 정신만 바짝 차리면 된다. 다부진 마음 먹고 뒷걸음쳐 내려왔지. 갈가지에게 시껍하고 난 뒤로 다시는 나무하러 안 간다."며 긴박했던 당시를 떠올리며 가슴을 쓸어내렸다. 산신령이 먹을 걸 안 주었던지 갈가지가 낮에도 마을에 내려왔다며 "그나저나 이제 갈가지 없어졌으니 죽기 전에 만리성에 가보고 싶네." 하며 애절한 눈빛으로 금강골을 올려다 보았다. 큰 산밑에 큰 지게꾼 나고, 산이 커야 그늘이 크다는 신불산 나무꾼말이 딱 맞았다.

지뢰밭 금강골을 걷는 유령

금강골에는 두 개의 협곡이 있다. 가만히 있어도 귀가 울리는 V자 협곡을 '우는골'이라 부르고, 호랑이 아가리 같은 W자 협곡을 '톳골'이라 했다. 그리고 우는골에서 신불산상벌로 연결된 가파른 험로를 '아리랑재', 톳골에서 영축산으로 이어진 꼬불꼬불한 험로를 '꼬꼬랑재'라 불렀다. 두 협곡 모두 피를 부르는 계곡으로 알려진 데다가, 산발치 포 사격장에서 쏜 불발탄이 도처에 깔린 지뢰밭 같은 곳이라 유령 아니고서는 발 디딜 생각을 말아야 한다.

개 대가리 찜을 찌는 삼복더위가 지나고, 삼남 사자벌에 콩 타작이 시작 될 무렵이었다. 금강골 지리에 밝은 토박이와 함께 '꼬꼬랑재'를 찾아보기로 했다. 사방 어디서 봐도 꼭 같은 추임새인 고장산을 지나 사자벌로 향했다. 사자벌은 임진왜란 때 철옹성 금강골을 함락시키려던 왜군들이 진을 친 곳이다. 이번 금강골 길라잡이가 되어줄 김성균(85세) 씨 부부는 사자벌 들판 흙먼지를 덮어쓰고 콩 타작에 한창이었다. 알갱이를 털어낸 부대자루를 경운기에 싣는 김 씨에게 콩깍지는 어디에 쓰느냐고 물었다. "키우는 소 겨울 양식이다."는 짤막한 대답이 돌아왔다.

김 씨는 금강골 '주검치' 길을 열었다. 오그랑쪼그랑 온통 주름투성이에 허리까지 꼬부렁한 김 씨의 아내 대천댁이 어정어정 뒤따라왔다. 유방암 예방에 좋다는 '홀입나무'를 채취하기 위해 따라나선 걸음이었다. 통도사가 멀지 않음에도 과거 다섯 개의 암자가 있었던 금강골이 차츰 가까워지자 앞서 걷던 김 씨가 솟아 오른 암벽 전시장을 가리키며 "만리성(단조성) 오르는 길 중에서 가장 빠른길이 꼬꼬랑재다. 새피 베러 갈 때 패랭이 쓴 보부상들이 내려오는 것을 보았다."고 했다.

그러나 김 씨의 아내 대천댁은 "속지 마라. 돌산이다. 큰 돌, 작은 돌, 검은 돌, 흰 돌, 선 돌, 깎아지른 돌, 무시무시한 곳이라 잘못 짚으면 발목

영축산에서 본 호랑이 아가리 같은 금강골 협곡.

잘린다."고 으름장을 놓았다. 아내의 말을 듣고 있던 김 씨는 "그래도 어머니 젖줄 같은 금강골폭포에서 펑펑 쏟아지는 물로 지은 사자벌 농사는 풍년이고, 제조업체는 대박."이라며 공단으로 탈바꿈한 삼남 사자벌(현 삼성SDI 인근 들판)을 은근히 치켜세웠다.

푸짐한 밥상 신불산상벌 나물밭

한편, 나물 박사 대천댁은 걷는 내내 나물 타령이었다. "초봄에 큰골에서 두릅 따고, 고사리밭등에서 고사리, 평퍼등 꼬치미, 자라등 산멀구, 난두나무 비알에서 산부추, 가을이면 큰 가거내 송이버섯, 작은 가거내 사리버섯, 가천재 더덕, 운구지만디 반달비, 곤달비, 주계덤 참나물, 방아등

후방추, 골밭 배뱁추…….” 늘어놓는 나물 타령은 끝이 없었다. “그 다음 우는골에서 머루와 다래, 산초, 톳골에서 약초, 꼬꼬랑재 산삼, 아리랑재 상황버섯 따 돈 벌고…… 정말로 산은 푸짐한 밥상인기라요.” 숨이 넘어갈듯 너스레를 떨던 대천댁은 마른 입술을 닦아내고는 “산천을 헤맨 이 할매가 보통 할마시 아잉기라”며 각다분하게 중덜거렸다.

한눈에 봐도 일이 몸에 베인 대천댁은 가만있지를 못하는 성미였다. 일을 해야 허리가 덜 아팠고, 꼬꼬랑 허리가 펴졌다. “밀영장, 팔풍장, 구포장, 안강장, 산내장, 기계장, 청송장, 멀리 죽장장까지 안 가본 장이 없어요. 나중에는 언양장에 곡물전을 아예 차렸네요. 들내 방터 사람치고 팔도 방앗간 모르면 간첩이요. 까막눈인 날 보고 우리 아이들이 엄마 글을 알았으면 삼남들 다 팔아먹을 것이라며 글 모르는 게 천만 다행이라 합디다.”

세 사람이 ‘중건네’ 산기슭을 오르던 중에 나물 소쿠리를 들고 내려오는 한 주민을 만났다. 포 사격장에서 호루라기를 불어 도망치듯 내려오는 길이라 했다.푸짐한 밥상이었던 금강골이 어쩌다가 지뢰밭이 되었는지 안타까웠다. 이 길은 산에서 입살이를 하던 주민들이 드나들던 생명줄이다. 사내들은 만리성 억새밭에 올라 억새를 베 날랐고, 아낙들은 나물을 캤다. 거기에다 동네방네 아이들이 소를 몰고 오르던 소몰이 길이기도 했다.

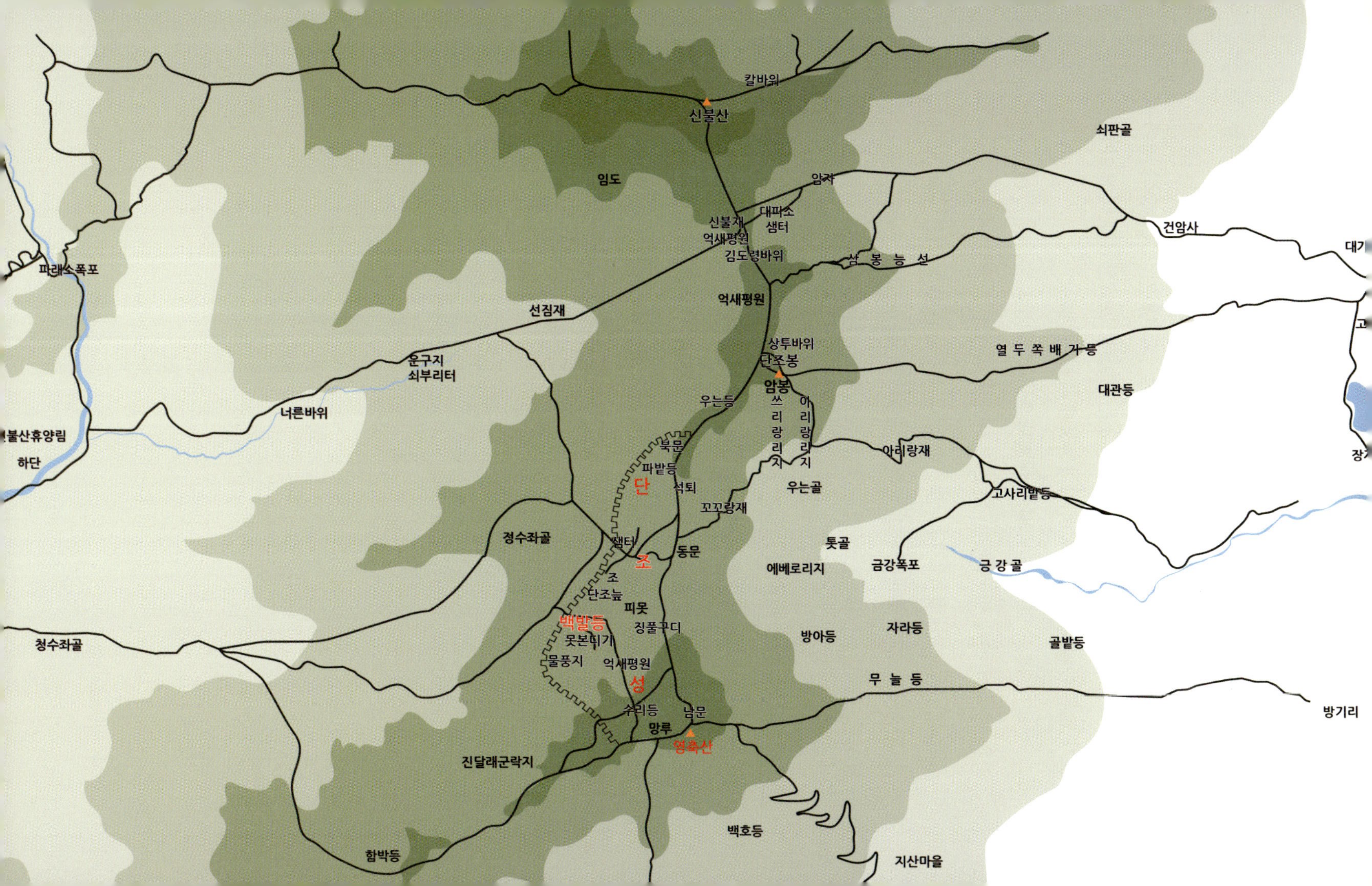
칼바위
신불산
쇠판골
임도
암자
대피소
샘터
신불재
억새평원
김도령바위
삼봉능선
건암사
파래소폭포
선짐재
억새평원
상투바위
단조봉
열두쪽배거름
운구지
쇠부리터
대관등
암봉
너른바위
우는등
쓰리랑리지
아리랑리지
하단
아리랑재
북문
파밭등
단
석퇴
우는골
고사리밭등
꼬꼬랑재
정수좌골
샘터
동문
툿골
조
에베로리지
금강폭포
금강골
조
단조늪
피못
백발등
징풀구디
방아등
자라등
청수좌골
못본디기
골밭등
물퐁지
억새평원
성
무늘등
수리등
남문
방기리
망루
영축산
진달래군락지
백호등
함박등
지산마을

13. 하늘이 감춘땅, 단조성

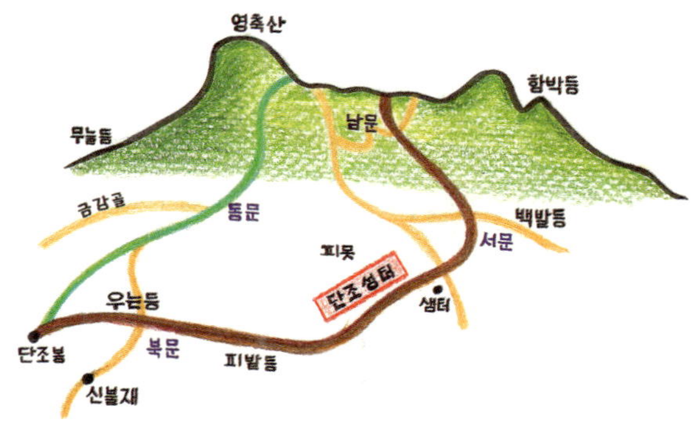

1859년, 짚신 발로 '하늘성'에 오르는 산꾼이 있었다. 우리 산 4440여 처를 두루 견문하여 지도를 그리는 고산자 김정호였다. "저 성이 하룻밤에 쌓았다는 하늘성이구나. 하늘을 나는 새도 범접하지 못하는 단조성이야말로 만 명의 적을 당해 낼 수 있는 철옹성이다."며 흥분된 목소리로 중얼거렸다. 산꾼은 언양현에서 단조성까지의 거리를 이십 리로 기록하고, 읍치邑治를 무성無城으로 분류하였다. 산꾼은 천화현의 뼈인 단조 고성을 향해 너부죽이 예를 올리고, 바지 대님과 들메끈을 고쳐 성곽을 묵묵히 걸었다.

하룻밤에 쌓았다는 단조성

그로부터 약150여 년의 세월이 흐른 후, 나는 독야청청 우리 땅 산뿌리를 찾아다니는 지독한 산꾼, 탑쟁이와 함께 단조성을 올랐다. 고산자 김

해발 1000미터의 분지에 축조된 영축산 단조성. 영축산 정상에서 백발등을 지나 단조봉으로 이어지는 단조성 성곽이 방화선 공사로 인해 훼손되었다.

정호가 그린 '대동여지도'를 들고 실타래 산길을 찾아다니는 산꾼 박의석 씨는 튼실한 두 발로 산경표山經表 편수에 뛰어든 인물이었고, 하늘의 별자리와 돌탑 자리를 찾아다니는 탑쟁이는 돌탑 자체가 신앙인 사람이었다. 선불산상벌에 올라선 우리 세 사람은 단조성을 향해 내처 걸었다. 산 아래 조산組山들은 영축산을 보고 일제히 엎드린 부복의 산이라 절로 어깨가 으쓱해졌다. 앞서 길을 연 산꾼은 "스스로 고개와 물을 가르는 우리의 산하는 과연 아름답다."고 탄성을 터트렸고, 단조성 산경을 살핀 탑쟁이는 "성은 돌탑을 품고, 산은 성을 품었다."고 음전하게 말했다.

우리 세 사람은 영축산 정상에서 서북쪽으로 이어진 단조성 성곽에 도착하였다. 해발 1000미터가 넘는 광활한 분지에 위치한 단조성은 남은 높고 북이 낮았으며 동은 험준한 암벽인 반면에 서는 평탄南高北低 東壁西伐한 단지 모양의 항성缸卿이었다. 영축산 남문南門에서 단조봉 북문北門 산봉까지 약 4,050자尺의 긴 벨트를 이룬 성안에는 60헥타르의 광활한 억새밭이 펼쳐져 있었다. 성 중간의 야트막한 민둥산(백발등 · 피밭등 · 수리등 · 우는등)에는 보초병이 지키던 망루도 보였다. 성 아래에는 억새와 진풀이 함께 우거진 열 군데의 늪지가 있었다. 옛 어른들은 단조성을 만리성이라 하였고, 어쭙잖은 데 있는 늪을 '징풀구디'라 불렀다. 아쉽게도 1980년대에 개설된 방화선에서 흘러내린 토사로 이 일대는 사막화가 가속되어 애기황새풀 · 꼬마잠자리 · 개불알난 같은 멸종 위기 식물이 위기를 맞고 있었다. 그러나 양산시와 산림청은 악천후 고산지대라는 이유로 복구를 하지 않고 30년 가까이 방치시켰다. 더구나 한 때 헬기 착륙지로 이용되기도 했던 억새밭을 산 아래 어느 대기업에서 축구장으로 이용해 빈축을 사기도 했다.

영남을 지켰던 철옹성과 구국결사대

하늘의 별만큼이나 무수히 많은 돌이 쌓여진 단조성은 가시밭길이나 마찬가지였다. 세모진 돌, 모난 돌, 구들장 돌, 창 같은 돌, 날카로운 돌, 모난 돌무더기가 지천으로 깔린 성 위에서 한눈이라도 팔다가는 발목이 성치 못할 성싶었다. 성의 높이는 대략 1~2미터 정도였고, 폭은 5~10미터로 편차가 컸다. 돌의 크기는 어른 머리통보다 컸고, 무게는 대체로 한두 사람이 맞들 수 있는 정도였다. 주민들은 이곳 돌을 삭도에 달아 마을에 내려 구들을 깔기도 하였다. 앞서거니 뒤서거니 걸으며 산경을 유심히 살피던 산꾼이 "이 성은 개똥벌레, 반딧불, 봉황의 별칭이다."고 말하였고, 탑쟁

『산경표』에 기록된 고성.
낙동 정맥을 따라 언양에서 약 이십 리로 기록되어 있다.

이는 “5~6세기에 쌓아 임진왜란 때 활용한 것으로 추정한다.”고 했다. 영남알프스 일대에는 세 개의 고성이 있었는데 모성인 언양읍성과 상북면 시루성은 각각 둘레 2,000자尺, 단조성은 둘레 4,050자의 큰 성이었다.

단조성은 임진왜란 당시 의병들이 죽기를 각오하고 조국을 지켰던 영남의 보루였다. 1592년 4월 동래성을 함락시킨 왜병들은 사흘만에 언양읍성과 시루성을 무너트렸다. 그러나 신광윤 장군과 뜻을 같이한 구국결사대가 지키는 단조성은 난공불락이었다. 이후 2만 2,000명의 왜병 2진이 금강골에 추가로 도착하였다. 신불산상벌에는 '용맹장군광윤勇猛將軍光胤'이라고 적힌 깃발이 펄럭였고, 금강골 협곡에는 구국결사대의 함성이 울려 펴졌다. 신 장군은 상투바위에 결사항쟁의 기도를 올리고 청솔가지에 연기를 피우게 했다. 밤이면 횃불을 든 허수아비를 신불산상벌 벼랑 끝에 세웠고, 낮에는 북을 치며 군사를 훈련시켰다. 수백 마리의 말을 사육하며 말 전술과 낙마전술을 연마했다. 지금도 신불산상벌 동남쪽 벼랑 끝에는 머리통만한 석퇴가 줄지어 쌓여 있는데, 임진왜란 당시 금강골을 타고 올라오는 왜적을 무찌르던 의병들의 방어용 무기였다.

세 사람은 서문 아래 후미진 곳에 있는 '샘터'에서 목을 축인 후 단조성 성곽을 종주했다. 영축산 정상에 가까운 남쪽 성벽은 그나마 옛 모습을 보존하고 있었으나, 백발등으로 올라갈수록 성벽이 조금씩 무너지기 시작하더니 백발등 산발치에서 성이 끊겼다. 1980년대 방화선 개설을 하면서 잘려진 것이다. 임진왜란 당시 왜적의 간장을 서늘하게 했던 단조성은 돌보는 이 없이 허물어져 격세지감을 느끼게 했다. 백발등 성곽에는 보초병 감시초소인 망루와 봉수대 · 돌탑과 돌미륵 · 돌장승이 눈에 띄었다. 망루는 돌로 쌓은 원통형이었고, 돌탑은 끝이 뾰쪽한 원뿔형이었다. 망루를 본 탑쟁이는 "황무지에 성을 쌓는 사람들은 개척정신이 뛰어난 사람이었을 것" 으로 추측했다.

단조성의 미스터리, 이 많은 돌은 어디에서 왔을까

그렇다면 누가 이 성을 쌓았을까? 상북 주민들은 단조성 돌이 백련천과 청수골 돌과 비슷하다는 근거를 제시하며 배내골에서 돌을 날랐다고 주장했다. 반면에 삼남 주민들은 아낙네들이 앞치마에 돌과 소금 간수를 이고 날랐다는 전설을 근거로 삼남의 돌이라고 주장했다. 앞치마에 돌을

영축산 단조성. 5~6세기에 축조된 것으로 추정되는 4,050자(尺)의 긴 벨트식 석성으로, 임진왜란 당시 영남을 지켰던 호국성이다.

안고 나르다가 전쟁이 끝나 돌을 버린 곳이 바로 금강골 '공군바위'라는 것이다. 그러나 거리상 멀고, 까무러칠 험로를 통해 돌을 날랐다는 것은 빗자루로 바위를 쓸어왔다는 언양 읍성의 전설과 다를 바 없었다.

우리 세 사람의 공통적인 의문은 하늘의 별만큼이나 많은 돌들이 어디에서 왔을까 하는 점이었다. 이 일대를 두루 살폈지만 성을 쌓을 만한 돌은 보이지 않았다. 그럼 돌은 어디에서 왔단 말인가. 불가사의한 일이었다. 전해오는 전설을 여차여차 꿰맞추면 이랬다. 산신 할매와 산신 할

배가 하룻밤에 쌓아 하늘성을 만들었다는 설, 임진왜란 당시 아낙들이 치마폭에 돌을 싸와서 모았다는 설, 천상 세계를 동경하는 집단이 쌓았다는 설, 절대자와의 소통 수단으로 축조했다는 설 등 여러 가지 전설이 떠돌았다. 일부에서는 백성들의 피눈물을 짜낸 가렴주구苛斂誅求를 주장하기도 했다. 백성들을 강제 노역 시켜 신불산과 영축산 산봉우리를 절개해 축조했다는 것이다. 어쨌든 군사적으로 영남의 방어와 감시의 목적으로 황무지에 세워진 하늘성임은 분명해 보였다.

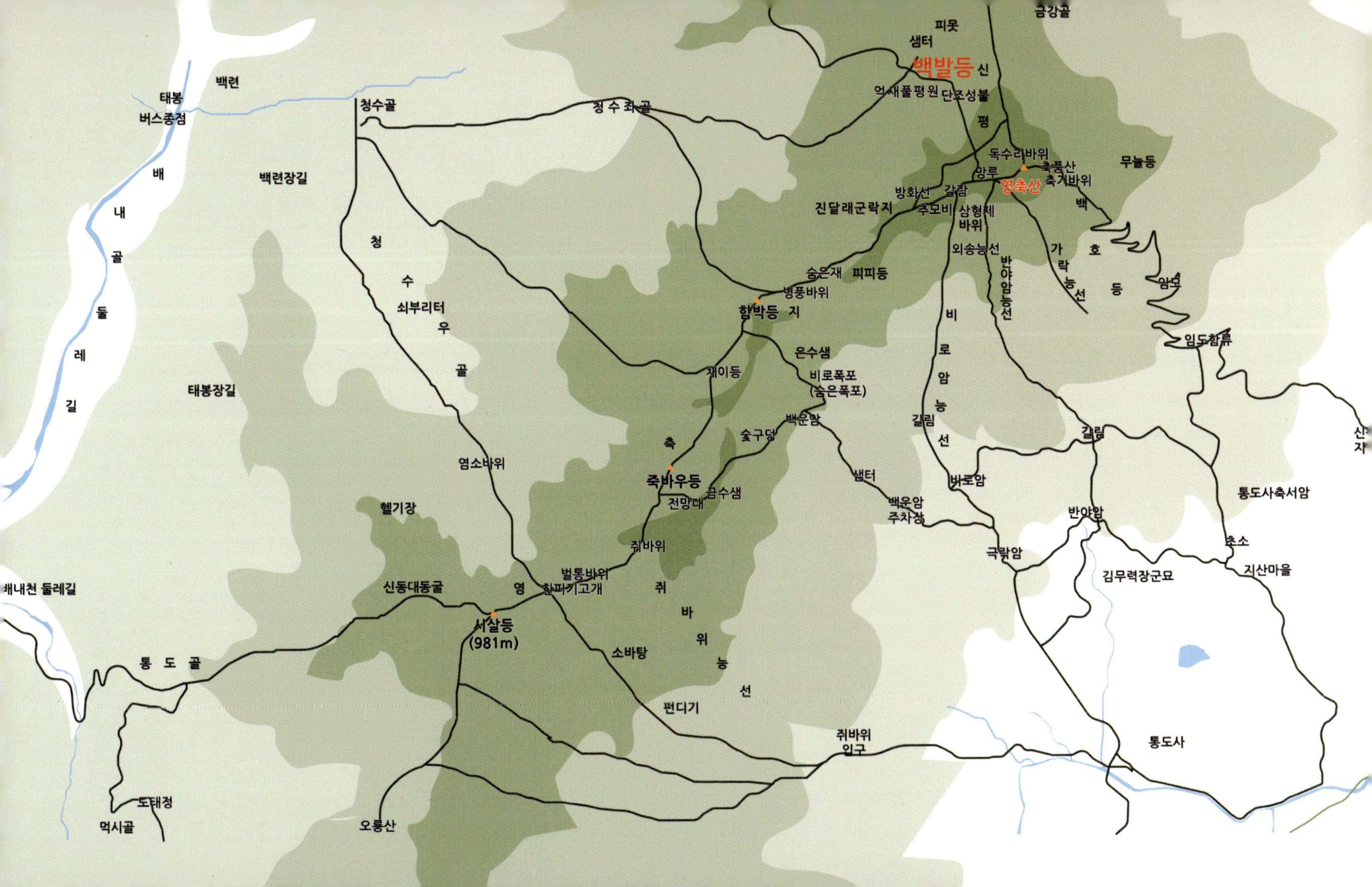

금강골
피못
샘터
백발등
신
억새풀평원
단조성불
평
청수좌골
청수골
태봉
버스종점
백련
배
내
골
둘
레
길
백련장길
태봉장길
독수리바위
축룡산
축기바위
무늘등
망루
영축산
방화선
갈람
진달래군락지
추모비
삼형제
바위
백
외송능선
반야암능선
가락능선
호
등
암모
숨은재
피피등
병풍바위
함박등
지
은수샘
비로폭포
(숨은폭포)
임도합류
청
수
쇠부리터
우
골
재이등
비로암능선
길림
백운암
숲구덩
축
죽바우등
금수샘
전망대
염소바위
샘터
백운암
주차장
바로암
길림
산
자
통도사축서암
반야암
헬기장
취바위
극락암
벌통바위
함피기고개
영
신동대동굴
서살등
(981m)
취
바
위
능
선
소바탕
김무력장군묘
지산마을
추소
배내천 둘레길
통도골
편디기
취바위
입구
통도사
도태정
먹시골
오룡산

14. 영축산 백발등

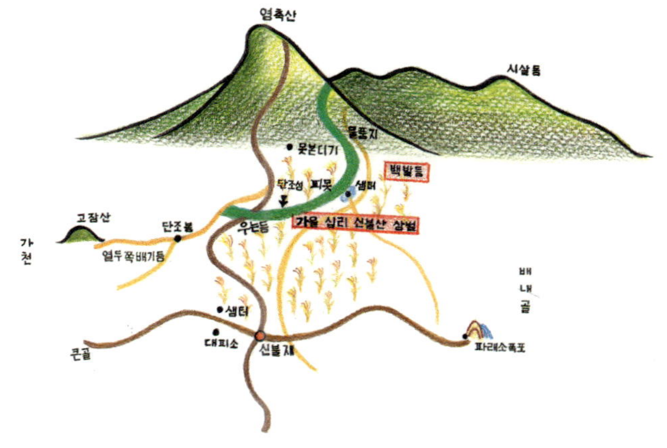

낮이면 군경, 밤이면 빨치산의 해방구였던 1950년 배내골, 그곳에 주둔한 군경 식량을 옮겨주고 돌아오던 짐꾼이 신불산에서 얼어 죽었다. 배고픔과 추위를 견디지 못해 동사한 것이다.

억새꾼이 시신을 찾아 신불산을 올랐다. 산지기 눈을 피해 억새를 베러 다녔던 억새꾼은 인동골에서 짐꾼을 용케 찾아냈다. 40대 나이의 짐꾼은 지게끈을 불끈 쥔 채 눈을 뜨고 얼어 죽어 있었다. 칡덩굴로 시신을 묶은 억새꾼은 관을 지듯이 지게에 졌다. 담력이 좋아 심장에 털 난 사람으로 소문이 난 억새꾼이었지만 짙은 산길은 두려웠다. 아무리 균형을 잡으려 해도 거적때기 없는 시신은 나뭇가지에 자주 부딪치곤 했다. 모퉁이에 박치기를 한 시신의 머리가 쿵 소리를 낼때는 끔찍이 가슴에 사무쳤다.

백발등에 올라서자 해는 서산에 그렁거렸다. 설핏 기운 황금 낙조에 외마디 비명을 지를 뻔한 억새꾼은 입을 가리며 마른 억새풀을 헤집고 나갔다. 산불산 갈산고지에서 총소리가 들렸다. 피도 눈물도 없는 전쟁이었

눈 쌓인 영축산 백발등.

다. 더 나갈 수 없다고 판단한 억새꾼은 버려두면 늑대밥이 될 수밖에 없는 시신을 매장하기 위해 땅을 팠다. 혹독한 추위에 산천초목이 얼어붙은 한겨울이었다. 얼마 후, '빨갱이마을'로 낙인찍힌 배내골은 소개령이 내려져 불길에 휩싸였고, 피난길에 오른 억새꾼은 "이놈들아, 실컷 싸질러라. 불 난 마을은 잘 산단다"고 울분을 터트리며 산속으로 사라졌다.

사람의 간섭은 백발등을 바꾸고

그로부터 반세기가 흐른 동짓달, 하늘이 숨긴 땅 영축산 백발등을 찾아 나섰다. 백발등은 삼동 고을에서 보면 감춰진 땅이지만, 배내골 산발치에서 올려다보면 호호백발 산봉우리다. 나는 백련천 골짜기에서 높드리 잿길을 올라 '운구지' 화전촌에 들어섰다. 과거 신불산 일대에는 두 곳의 화전촌이 있었는데, 쇠를 녹이며 화전을 일구던 '운구지', 그리고 해발 1,000미터 고산 분지에 모를 심고 살았다는 백발등의 '못본디기'가 있었다. 지금도 운구지에는 수천 평의 밭뙈기와 쇠를 굽던 흔적들이 너부러져 있다. 그런데 그곳에서 뜻하지 않는 일이 벌어졌다. 쇠를 굽던 쇠부리터를 돌아 보던 중에 길바닥에 떨어져 있는 핏자국을 발견한 것이다. 무심코 핏자국을 따라갔더니 어쭙잖은 곳에 고라니 한 마리가 죽어 있었다. 아, 신불산은 살아 있구나. 놀라움보다는 탄성이 터졌다. 주변에는 핏자국이 낭자했고 뽑힌 털은 여기저기 흩어져 지난밤에 다녀간 죽음의 흔적을 읽을 수 있었다. 죽은 고라니를 뒤집어보니 창자는 산짐승에게 고스란히 먹혔고, 뜯겨나간 몸뚱아리는 성치 않았다.

영축산 산정에서 서북쪽으로 난 돌무더기 벨트아래에 있는 야트막한 민둥산이 바로 하늘이 숨긴 땅, 백발등이었다. 백발등에 오른 나는 사방 십 리가 늪지인 신불산상벌神佛山上伐 주변을 보았다. 내 눈에 비친 삼 형제봉(영축산 · 신불산 · 간월산)은 좌청룡 우백호의 산경이었다. 신불산은 용머리, 영축산은 독수리 머리, 그 중간의 만경창파 신불산상벌은 날갯죽지를 떼어낸 형상이었다. 영축산 산정에서 시작된 단조성은 백발등을 만나 '주계덤'이라는 능선을 타고 배내골로 흘러내렸다. 맑은 날이면 멀리 지리산까지 보여, 신라인이 가야국을 견제하기 위해 단조성을 쌓았다는 설을 뒷받침하게 했다.

신불산 '운구지마을'에는 과거 토철을 녹였던 쇠부리터 흔적이 남아 있다.

임진왜란 당시 비밀 통로였던 백발등

영축산 독수리 이마에서 흘러내린 백발등은 임진왜란 당시 죽기를 각오한 의용군들이 생솔가지를 태우며 의식을 올렸던 단조봉까지 길게 이어져 있었다. 임진왜란 당시 비밀 통로를 찾아낸 왜군은 영축산 뒷산 청수골 · 주계덤 · 선짐재 · 신불재를 통해 물밀듯이 진격해왔고, 시살등으로 퇴각하던 의병들은 활을 쏘며 최후의 응전을 한 것으로 알려졌다. '피못'은 이 백발등 단조성을 지키다 장렬히 전사한 의병이 뿌린 피로 채워진 곳인데, 이곳에 사는 비단개구리의 배는 붉어졌고 단조성 수호신인 매는 산더미로 쌓인 의병 시신을 너무 많이 파먹어 날지 못했다.

나는 뒤로 돌아누운 황소 형상의 백발등을 천천히 걸었다. 다른 곳에

백발등의 임자 없는 무덤. 억새 우거진 황무지의 무명 묘지가 멀리 재약산 사자평을 바라보고 있다.

비해 유난히 붉은 땅과 마른 억새로 조화로운 백발등 서쪽에 무덤 한 기가 보였다. 전쟁이 끝난 후 조선포졸이 왜군에게 비상 통로를 가르쳐준 화전민을 문초하자 "나는 왜군을 본 적이 없다. 못 보았다."고 발뺌하여 '못본디기'라는 이름이 붙여진 곳이었다. 사람이 살지 않는 하늘성 황무지에 무덤을 쓰다니…… 사람이 놀라면 하룻밤에 백발이 된다는 말마따나 놀란 내 머리에 무서리가 내려앉는 느낌이었다.

무덤이 있는 곳을 향해 우적우적 걸어갔다. 큰물에 실려온 모래로 사막화된 질편한 습지는 억새 · 진풀 · 돌배나무 · 싸리나무까지 무성해 가시덤불보다 더 걷기 버거웠다. 무덤은 큰 소리로 우는 바람의 언덕 '우는등'을 등지고 있었다. 이름 없는 무덤은 멀리 재약산 사자평을 정면으로 바라보았고, 돌과 흙으로 쌓은 봉분은 바람에 깎인 탓인지 밋밋한 편이었다.

황무지나 다름없는 이곳에 묻힌 무덤의 주인공은 누구란 말인가? 짐꾼? 화전민? 보부상? 빨치산? 그러나 무덤은 아무 대답이 없었다. 이곳 주민들 말로는 못본디기에 묘를 쓰면 좋다고 하여 눈을 피해 외지인이 묘를 쓰곤 했는데, 그때마다 주민들이 올라와 파낸다.

살기 위해 죽고, 죽었다가 부활하는 억새

겨울에는 눈 세상이지만 봄이 되면 봄이 왔다고 먼저 알리는 곳이 백발등이다. 백발등 단조늪 일대를 '징풀구디'라 부르는 이곳 주민들은 봄이면 나물 세상인 백발등에 살다시피 했다. 백발등을 오르기 전에 윗방기마을에서 만난 수남댁(81세)은 "징풀구디 은빛 반달비가 바람에 살랑살랑 춤을 추면, 햇빛 먹은 곤달비는 반질반질 물이 오른다. 피못에 쪼그려 앉아 반달비 따다가 나도 몰래 백발등까지 올라가지더라. 나중에는 나물보따리를 이고 오지 못해 굴려서 내렸다."고 나물 타령을 했다. 한마을에 사는 강당댁(85 세)은 "간장에 저린 징풀구디의 나물은 둘이 먹다가 하나 죽어도 몰라" 하며 자랑을 늘어놓고는 "징풀구디 나물 아니면 언양장이 안 열린다는 말도 있었다. 그 많던 나물들 다 어디로 갔을까."고 되물었다.

강한 바람에 나무도 자라지 못하는 백발등에 나물이 많았던 것은 잦은 불 때문이었다. 불은 억새를 솎아주는 역할을 했다. 예를 들어 태화강 '십리대밭'을 간벌하는 것이 대를 굵게 해주듯이, 백발등의 불은 억새를 튼튼하게 해주었다. 산을 움켜쥔 억새는 순과 눈만 타 거름이 되었다가 그 이듬해 다시 싹을 틔웠다. 살기 위해 죽고 다시 시작하는 억새는 영남알프스의 의용군이다.

· 2부 ·

영남알프스 오랜 여행

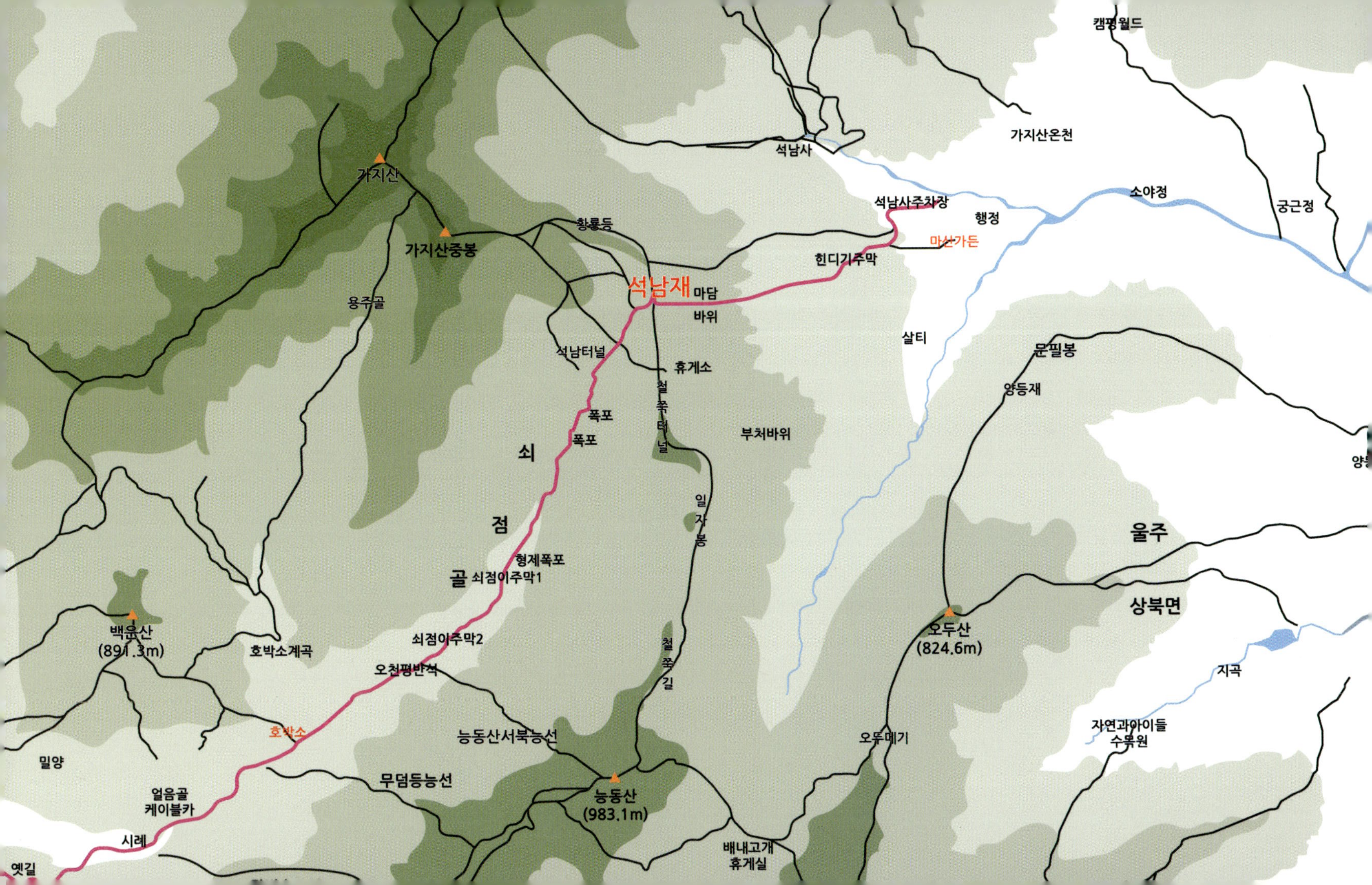

캠핑월드
가지산온천
석남사
가지산
석남사주차장
행정
소야정
궁근정
마산가든
가지산중봉
황룡등
힌디기주막
석남재
마담
바위
용주골
살티
석남터널
휴게소
문필봉
양등재
철쭉터널
폭포
폭포
부처바위
쇠
점
골
일자봉
울주
형제폭포
쇠점이주막1
상북면
백운산
(891.3m)
쇠점이주막2
오두산
(824.6m)
호박소계곡
오천평반석
철쭉길
지곡
호박소
능동산서북능선
오두메기
자연과아이들
수목원
밀양
무덤등능선
능동산
(983.1m)
얼음골
케이블카
시례
배내고개
휴게실
옛길

1.
능동산 오지 | 문화의 교역로, 석남재

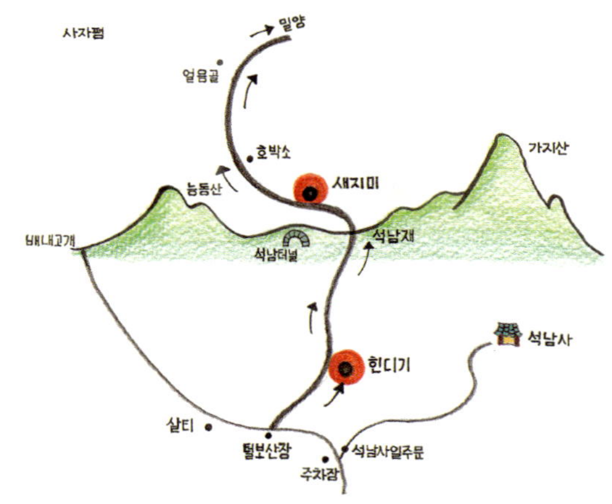

송아지 달린 암소 한 마리면 골짜기 논 두 마지기를 살 수 있었던 시절만 해도 '석남재'를 넘어야 밀양 내지로 갈 수 있었다. 요즘에야 터널이 뚫려 단숨에 통과할 수 있지만, 당시에는 하늘을 찌르는 태산을 죽기 살기로 올라야 했다. 배내고개에서 얼음골로 질러가는 지름길이 있기는 했으나, 칼을 심어둔 벼랑길을 잘못 타다가는 황천길이 될 수 있는 험로라 대부분 높은 석남재를 넘었다.

울산 염포와 오대 오천에서 생산된 소금을 등짐 진 소금장수들은 밀양, 청도, 자인, 대구를 비롯하여 멀리 죽령까지 나갔다. 그래서 '죽령 이남 사람치고 울산 소금 안 먹어본 사람 없을 것'이라는 말이 생겨났다. 지게에 진 두 섬의 소금 가마니는 쌀가마니보다 무거웠지만, 고생만큼 이문 역시 짭짤해 이를 악물고 오를 수 있었던 것이다. 이들은 소금뿐만 아니라 갯가 물목인 건어물도 함께 내지로 날랐더랬다. 미역 · 전복 · 젓갈 · 고래고기 · 마른 멸치 등을 유통시키고 돌아올 때는 산채 · 꿀 · 인삼 · 버섯 · 목기 따위를 가지고 들어왔다.

밀양 내지로 나갔던 울산 소금장수가 넘던 '구름만디'

나는 소금장수 출신 윤삼철(79세) 씨의 길라잡이로 소금 깨나 뿌리고 다녔던 오지마을을 돌아볼 기회가 있었다. 가지산 비알에 거주하는 윤씨는 오척 단신의 왜소한 체구에도 불구하고 60킬로그램의 소금 가마니를 등짐 지고 태산 같은 잿길을 넘나들었던 울산의 소금장수였다. 산길에 익숙할 뿐 아니라, 만고풍상을 겪어 맛깔나고 걸쭉한 이야기로 숨바꼭질하듯 숨어 있는 오지를 찾아다니는 내 발걸음을 가볍게 해주었다.

윤 씨와 함께 찾아간 곳은 가지산 석남재 아래에 있는 '힌디기'였다. 힌디기의 초입은 석남사에서 배내고개로 이어진 국도 69호선 도로변으로, 천주교 성지인 살티마을에서 가까운 곳이다.

힌디기 잿길을 연 윤 씨는 "석남재 올라가는 이 작전도로는 한국전쟁 무렵에 닦았고, 배내골 산판길은 왜정 시절에 닦았다."고 유래를 귀띔해주었다. 산중 과수원을 지나자 좁은 산길에 접어들었다. 밭뙈기와 천수답이 널린 계곡에 앞뒤가 틀어막힌 독가촌 '힌디기'가 나타났다.

사라진 독가촌 '힌디기'와 '쇠지미'

윤 씨는 장정 열 명이 들어가는 봉놋방이 있었던 주막집으로 들어갔다. 시끌벅적하던 힌디기 봉놋방은 자취를 감추었지만, 이 빠진 돌담과 감나무는 오랜 정취를 간직한 채 마당을 지키고 있었다. 힌디기 주막은 빡빡머리 신차돌 씨 부부가 운영했었다. 새경을 주지 않는 지주 집을 박차고

천황산에서 본 가지산 석남재. 중간에 난 길이 석남고개로 향하는 도로이다. 상북 힌디기를 올라 석남재를 넘으면 밀양 얼음골로 이어진다.

나와 객꾼들을 잠 재워주고 밥과 술을 팔았는데, 방세가 따로 없는 대신 국밥 값을 더 받았다.

과거 석남재에는 세 곳의 주막집이 있었다. 잿마루를 넘기 전인 '힌디기'에 한 곳, 재 넘어 '쇠지미'에 두 곳이 있었다. 소장수 · 보부상 · 장꾼 · 길손들 뿐만아니라 언양장에서 소를 팔고 송아지를 몰고가는 촌로, 혼담을 주선하는 상북 중매쟁이 역시 쉬어갔다. 눈이 내리는 날이면 거북이걸음이었다. 울주 상북에서 꽃가마를 타고 밀양 가인으로 시집 간 죽남댁은 "오전 열 시에 출발한 가마가 저녁 해거름에야 시댁에 도착했다."고 밝혔다. 두 사람은 힌디기를 빠져나와 가지산 중허리를 휘감는 석남잿길을 내처 올랐다. 멀리서 보면 누운 소등같이 원만해 보였지만, 막상 걸어보니 의외로 가파르고 빡셌다. 맨몸으로도 오르기 힘든 잿길을 무거운 소금 가마니를 지고 올랐다니 도저히 믿기지가 않았다. "말도 마소. 소금 가마니를 지고 '구름만디' 넘으려면 국밥을 두 번 먹어야 했다. 힌디기 주막에서 한 번 먹고, 고개 넘어 새지미 주막에서 또 먹었다."며 너스레웃음을 띤 윤 씨는 이어서 "힘이 부칠 때는 쪽지게로 반 가마니씩 나누어 날랐더랬다." 고 말했다. 지금이야 공짜로 준다고 해도 소금 가마니를 지고 오를 사람이 없겠지만, 당시에는 '울산 소금'이 먹고사는 입살이라 어쩔 수 없었다. "어떨 때는 소금 가마니를 지고 수백 리를 갔더랬다."고 밝힌 윤 씨는 거짓말 조금 보태자면 가파른 산길을 비호처럼 날아다녔다.

비만 오면 애간장 녹는 소금장수

두 사람은 석남재 고갯마루에 올라섰다. 가지산과 능동산이 만나는 잘록한 고갯마루에는 무사 안녕의 행로를 기원하는 돌무더기가 집채만 하게 쌓여 있었다. 앞이 탁트인 마당바위에서는 상북 고을이 한눈에 내려다보였다. 밀양장에서 백 리, 언양장에서 삼십 리, 울산장에서 팔십 리 떨어진 석남재(해발770.6미터)는 울산과 경남의 도계였다. 얼추 1년의 반은 구름에 에워싸여 있어 '구름재' 또는 '천화재'라 부르기도 하는데, 일부에서는 가지산 정상과 중봉 일대 혹은 운문재(해발 649미터)를 몽땅구리 합쳐 구름재로 부르기도 한다.

윤 씨는 먹장구름에 에워싸인 봉우리를 살피더니 곧 소나기가 퍼부을 것이라며 길을 재촉했다. '비가 올라나 말라나, 소금쟁이한테 물어봐라'는 말처럼 소금장수들은 천기를 관찰하는 비상한 눈썰미가 있었다. "소금

소금장수 윤상철 씨가 소금 가마니를 지고 산을 오르고 있다.

쟁이, 못 해먹을 짓이다. 등짐은 땀 때문에 녹아내리지, 소낙비에 녹아내리지…… 소금 한 가마니가 비를 맞으면 반 가마니도 남질 않았다"며 비만 오면 애간장이 타들어 가던 시절을 기억했다. 야물게 짠 가마니라도 등짐에 찬 땀에 소금이 녹아내렸고, 소낙비를 흠뻑 맞으면 소금은 더 빠르게 녹아 죽을 둥 살 둥 잰걸음을 놓아야했다.

석남재를 넘어서자 밀양과 울산을 관통하는 '석남터널'에서 잿길이 끊겨 있었다. 가지산이 도립공원으로 지정된 뒤, 밀양과 상북을 잇는 총연장 26킬로미터의 도로가 개통되면서 가지산 허리가 잘려나간 것이다. 할 수 없이 돌무더기 쌓인 쇠점골 계곡으로 내려갔다. 소금장수들이 쇠점골에서 얼음골까지 가려면 다섯 개의 징검다리를 건너야 했다. 오천평반석, 호박소, 얼음골로 이어진 조물주의 걸작이다

쇠점골에 내려서자 녹음이 우거져 서늘한 응달길이 이어졌다. 냉골바람이 부는 응달길에 '쇠지미' 독가촌이 나왔다. 에어콘이 가동되는 빙곡氷谷에 자리 잡은 쇠지미 주막집이 있었던 곳이다. 석남재를 힘겹게 넘어온 소금장수들이 또 다시 쉬어가곤 했던 초가삼간 주막집은 사라졌지만, 냉골 추위를 견디기 위해 두텁게 쌓은 돌담과 구들장 일부는 남았다. 수많은 길손들의 애환이 서린 힌디기와 쇠지미는 1969년 정부의 독가촌 이주 정책으로 역사의 뒤안길로 사라졌다.

골병만 들고 돈 안 되는 소금장수

"골병만 들고 돈 안 되는 게 소금장수다."

소금 가마니를 지게에 지고 사흘 두루 석남재를 넘나들었던 울산 소금 장수 윤삼철(79세) 씨가 한 말이 었다. 태산 같은 잿마루를 죽기 살기로 오르다 보면 허리는 저절로 굽어졌고, 코는 땅에 닿아 초죽음이었다. 석남사 경내 마을인 '모과나무걸'에서 청춘을 보낸 윤 씨는 사찰에 땔감 대는 일을 하는 불목지기였다. 논을 경작하는 대가로 사찰에 바치는 1년 세금은 콩 한 말에 보리쌀 서너 말.

혼례를 치른 후 석남사 경내에서 1,000미터 바깥 마을로 이주한 윤 씨는 닥치는 대로 살아야 했다. 손재주가 좋아 석남사에 구들을 놓기도 했고, 부인과 함께 산골마을을 돌아다니며 장사를 하기도 했다.

울산 소금장수 윤삼철 씨. '전봇대 다람쥐'라 불리는 윤 씨는 맛깔나고 걸쭉한 이야기로 발걸음을 가볍게 해주었다.

"갈치 사소! 과메기 사소! 해삼 사소!"

아내는 양동이에 해삼을 이고, 남편은 생선상자에 갈치, 고등어, 과메기를 지고 동네방네 돌아다녔다. 윤 씨는 "생선이 귀한 시절이라 밀양 사람들은 언양 갈치가 맛있다며 환장을 했다."고 너스레를 떨었다.

소금장수 윤 씨를 알게 된 것은 '천화현 옛길'을 찾아다니던 중이었다. 운문산과 가지산의 험로를 쏘다니던 나는 허기진 배를 채우려고 석남터널 주차장에 있는 어느 국수집을 찾게 되었다. 마침 '창녕상회' 국수집을 운영하는 분이 윤 씨의 아내였다. 이런저런 이야기 끝에 석남재의 내력을 잘 아는 분을 묻자 서슴없이 남편을 소개해주었다. 운 좋게도 산산골골에 숨은 오지마을을 제집처럼 드나들었던 소금장수와 인연이 닿은 것이다.

윤 씨가 사는 살구정마을로 곧장 달려갔다. 석남사 입구에 있는 살구정마을은 '힌디기' 옛길과 연결된 오지마을이었다. 쓰러질 듯 기운 오막살이와 고물집들이 수두룩했다. 조선솥이 걸린 아궁이, 희미한 백열 전구를 쓰는 집도 보였다.

마침 콩 타작을 하던 할머니가 보였다. 염소똥 같은 검은콩을 타작하던 할머니는 "올해는 가뭄으로 콩 씨알이 잘다."고 투덜거렸다. 잠시 후 뒷짐을 진 토박이 금산댁이 어정어정 걸어왔다. 소금장수 집을 찾는다고 말하자 윤 씨 집을 일러주며 "그 영감 소금 가마니 지고 구름재 넘으면 돈 가마니 지고 내려오더라."고 중얼거렸다.

윤 씨를 만났다. 나는 그를 보자마자 소금 가마니를 지고 험하기로 호가 난 잿길을 넘나들던 전설적인 인물임을 한눈에 알아보았다. 뼈 가죽만 남은 체구는 산을 타는 데 제격이었고, 차돌처럼 야물고 재빨라 도저히 팔순 노인네라고는 믿기지 않았다. 미군 부대 복무 시절에 미군이 지어주었다는 '전봇대 원숭이'라는 그의 별명에서도 읽을 수 있듯이 날래고 재빠른 사람이었다.

며칠 후, 나와 윤씨는 소금가마니를 지고 소금장수들이 넘나들던 옛길을 직접 걸어보았다. 손재주 좋은 윤 씨가 짠 지게 위에는 소금 가마니가 실렸고, 지게 아랫도리에는 꼬막 옹기도 달았다. 꼬막 옹기는 장로에 나선 소금장수들이 노상에서 밥을 해먹던 질그릇의 일종이다. 두 사람이 출발한 곳은 석남사 위 살티마을 인근으로, 구름재를 오르는 산발치 '힌디기'의 입구였다. 무거운 소금 가마니는 두 사람이 번갈아가며 지고 앞서거니 뒤서거니 걸었다. 힌디기를 오르는 중간중간에 논과 숯가마터가 보였다. 아버지에게서 숯가마 짓는 방법을 배운 윤 씨는 '숯가마의 달인'이기도 했다. 배꼽 높이로 돌을 쌓고, 지붕은 나무를 얼기설기 엮은 나무 지붕 위에 흙을 덮어 가마 형태를 만든 후, 불을 밀어 넣는 불문을 내고, 뒤에는 굴뚝, 양옆에는 귀문을 여는 작업이다. 윤 씨는 새로 만든 숯가마에서 숯을 구워 내기까지는 약 한 달이 걸린다고 했다.

힌디기를 지나 무당바위에 오를 쯤에는 어깨가 뭉개지는 것처럼 아팠다. 지게를 내리고 어깨를 살펴보니 벌건 멍울이 들어 있었다. 소금장수

골병든다는 말이 실감났다. 이토록 무거운 소금 가마니를 지고 어떻게 올랐을까? 윤 씨는 "소금 가마니 지고 백 리 길은 겁 안 낸다."고 잘라 말하고는 "60킬로그램 소금 가마니 짊어지고 태산을 넘으려면 초죽음이야. 주막에서 술 안마시면 재를 넘지를 못한다." 했다.

구름만디의 거센 바람을 안고 팔랑개비 인생을 살았던 윤 씨는 1986년 석남터널이 개통되면서 소금장수를 그만두고 염소장수로 변신했다.

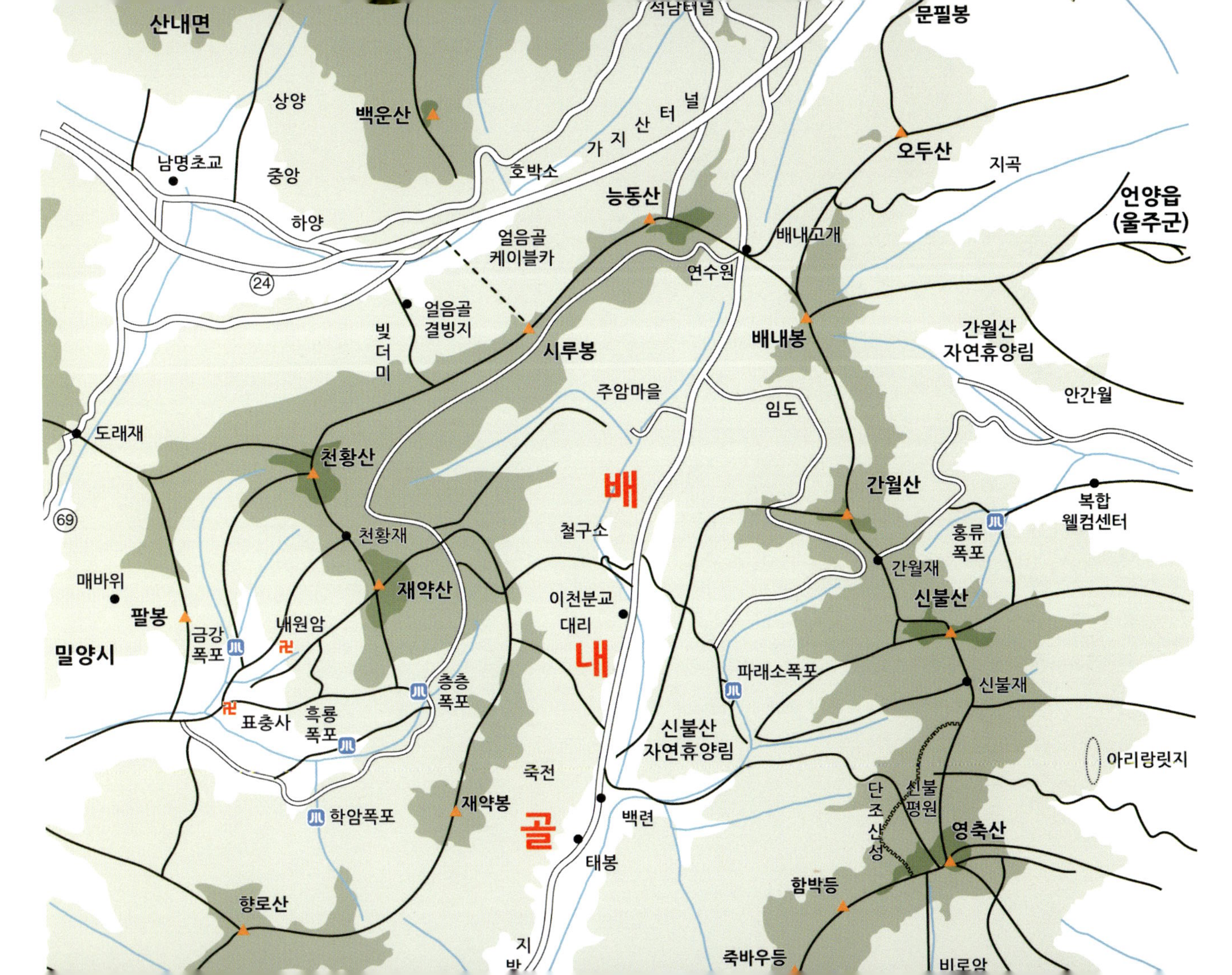

산내면
석남터널
문필봉
상양
백운산
가지산터널
오두산
지곡
남명초교
중앙
호박소
능동산
언양읍
(울주군)
하양
얼음골
케이블카
배내고개
연수원
24
얼음골
결빙지
빗더미
시루봉
배내봉
간월산
자연휴양림
주암마을
안간월
임도
도래재
천황산
배
간월산
복합
웰컴센터
69
천황재
철구소
홍류
폭포
간월재
매바위
재약산
이천분교
대리
신불산
팔봉
내원암
금강
폭포
밀양시
내
파래소폭포
신불재
층층
폭포
흑룡
폭포
표충사
신불산
자연휴양림
아리랑릿지
죽전
단조산성
신불
평원
재약봉
학암폭포
백련
골
영축산
태봉
함박등
향로산
죽바우등
비로암

2.
신불산 오지 | 독안에 든 늙은쥐, 배내골

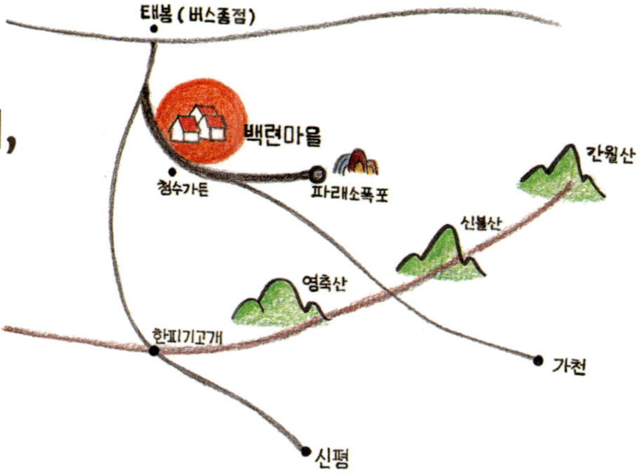

독 안에 든 오지마을 배내골

울산역을 출발한 버스가 한국전쟁 당시 빨치산 해방구였던 배내골에 도착했다. 영축산 · 백발등 · 시살등 · 향로봉 · 재약산 · 천황산 · 능동산 · 배내봉 · 간월산 · 신불산…… 하늘을 찌르는 준봉들로 에워싸인 산을 보던 눈이 배내골에 멈추었다. 배내골은 독 안에든 오지였다. 배내천을 건너 백련마을로 걸어갔다. 파래소폭포로 가는 길목에 위치한 백련천은 울산과 양산의 경계를 이루는 계곡이다.

마을 어귀에서 할머니 한 분을 만났다. 마을에서 소토댁이라고 불린다는 김복남(83세) 할머니였다. 배내 칠십 리 중에서 중간쯤인 이곳 마을사람들은 어느 장을 다녔는지 궁금했다. 할머니는 맞은편에 있는 마늘 쪼가리처럼 생긴 시살등 한피기고개를 가리키며 "말도 마라. 첫닭 울면 집 나서 별 보고 들아왔다. 산평장에 갔다 오는 그날은 죽다가 사는 날 아닌교."

간월산 995고지에서 바라본 배내골.

라고 말했다.

할머니는 험한 산길을 넘던 기억이 되살아났던지 손사래부터 쳤다. "아이고, 지금이야 등산화라도 있지, 그때는 고무신도 귀했지를. 밀리고 벗겨져 고무신에 노끈을 단단히 묶었다."고 했다. 이곳에서는 영축산 한피기고개를 넘는 신평장길과 간월재를 넘는 왕방골, 또 신불재를 넘어 삼동 가천으로 가는 선짐재 등 서너 갈래의 산길이 있었다. 어느 길을 가든 준봉을 넘어야 하는 험난한 산길이었다.

별 보고 돌아오던 신평장 고갯길

낯설던 느낌이 수그러들자 소토댁은 하늘을 찌르는 영축산을 넘어 신평장을 넘나들었던 이야기보따리를 풀기 시작하였다. 할머니는 태봉, 장선 아낙들과 만났던 산중턱을 가리키며 "장에 갈 때 빈손으로 가지 않아. 콩 보따리는 이고, 감은 손에 들고 꼬불꼬불한 산길을 죽자 살자 걸어야 했어. 해가 빠질까 봐 헐값에 얼른 던져주고 와야지, 어정거리면 캄캄한 밤에 돌아와. 그래도 신평장에 가면 배내골 물건 좋다고 얼른 사가더라." 며 산간 오지 배내골 자랑을 늘어놓기도 했다. "산만디에 벌통바위라고 있어. 갈길 먼 아낙들이 밥초베기(도시락) 숨겨놓던 곳이야. 돌아올 때는 허기진 배를 벌통바위 아래 샘물로 채웠어. 기운이 없어 다시 국물 낼 멸치 두 마리만 까먹고도 힘이 나더라."며 오소소 웃었다. 그러고는 마을 뒷산을 가리키며 "산에 숨어 있던 빨갱이가 마을에 내려오면 동네 계집 숨겼던 동굴이 저 골짜기에 있다."고 말했다.

소토댁이 일러준 대로 신평장을 가는 한피기고개를 넘었다. 가파른 산을 넘고, 길 없는 숲 속을 헤맨 끝에 고갯길을 찾아냈다. 신평장 가는 고갯길은 지도에도 없는 옛길이었다. 해발 1,000미터 가까운 고갯길은 경사지고 가팔라 네 발로 기어오르다시피 했다. 그러나 동네 계집들을 숨겨두었다는 동굴은 눈을 닦고 봐도 찾을 수가 없었다.

명포수 삼대를 괴롭힌 전쟁의 상처

백련마을은 첩첩산중에 있는 오지마을인지라 일화가 많았다. 그중 어느 포수가 맨손으로 호랑이를 잡았다는 일화는 유명하다. 사나운 맹수도 벌벌 떨었다는 김 포수는 이미 작고하였고, 아들인 김영대(51세) 씨가 집을 지키고 있었다.

김영대 씨는 아버지 김진택 포수가 망원경으로 사냥감을 관찰하는 사진 한 장을 보여주었다. 어릴 때부터 영남알프스 일대를 다람쥐처럼 돌아다니던 김영대 씨는 사냥꾼이었던 아버지를 따라다니며 사냥길과 빨치산

백련마을과 백련천.

아지트를 알게 되었다. 그의 집 뒤로 난 가파른 길이 빨치산이 마을로 내려오던 통로였다. 그의 아버지는 사냥 가는 곳마다 봉우리 이름, 골짜기 이름, 길 이름을 깨알 같은 글씨로 적어 사냥지도를 만들었다. 빨치산 아지트도 소상히 일러주었다.

김 포수는 멍울진 소년 시절을 보냈다. 한국전쟁 당시 빨치산이 내려와 마을 이장이었던 아버지의 거처를 물었다고 한다. 끝까지 발설하지 않자 손찌검 당해 귀가 멀었다. 한평생 한을 품고 귀머거리로 살아온 김영대의 아버지는 울분을 삭히지 못해 김영대 씨 어머니에게 화를 풀었다. 그의 아버지는 짐승 가죽을 벗겨 울분을 달랬고, 피는 상처 치료에 좋다며 약으로 썼다. 김영대와 어머니는 낫으로 죽인다고 덤비는 아버지를 피해 다녔다. 전쟁의 상처는 삼대를 괴롭혔다.

김진택 포수는 담력이 좋고 끈기가 있는 목포수 출신이었다. 목포수란 짐승이 다니는 길목을 지키는 노련한 포수다. 길목을 잘 아는 김 포수는 재약산 골짜기에 올무를 놓았다. 어느 날은 그가 놓은 올무에 걸려 상처가 썩고 있는 표범이 달려든 적이 있다. 겁을 먹은 김 포수는 마을로 돌아가 장정들을 데리고 올라갔다. 장정들조차 맨손으로 감당할 수 없어 총잽이 부산 포수들을 불러 잡았다.

혁명의 산중도반 신불산 파래소

김영대 씨와 함께 파래소 옛길을 걸었다. 파래소폭포 물은 백련천을 따라 낙동강으로 흐른다. 김 씨는 "영축산에는 구룡이 있었다. 그중에 다섯 용은 오룡골로 갔고, 삼룡은 배내골과 통도골로, 눈먼 용 한 마리는 통도사 불이문으로 갔다."며 마을에 전해 내려오는 전설을 전해주었다.

그때, 마늘쪼가리처럼 생긴 앞산에서 경쾌한 새소리가 들렸다.

배내골의 상징인 돌배나무.

"홀딱 벗고, 홀딱 벗고~"

김 씨에게 무슨 새소리냐고 물었다. 그는 이곳에서는 홀딱새(일명 동검은까마귀)로 불린다고 일러주었다.

마늘 쪼가리처럼 생긴 산은 신불산 옥봉이다. 이곳에 올라서면 마을뿐만 아니라 영남알프스 준봉을 한눈에 내려다 볼 수가 있다. 지형적으로 난공불락과도 같은 신불산 배후에 위치해 있어 임진왜란 당시부터 많은 희생을 치른 곳이기도 했다. 이 일대를 점령하지 않고서는 영남을 장악했다고 할 수 없었던 왜군은 삼남 가천의 금강골을 오를 수 없자 이곳으로 우회하여 단조성을 지키는 의병을 몰살시켰다고 한다.

또한 한국전쟁 당시에는 신불산 빨치산 지휘부가 자리 잡기도 했다. 한국전쟁 당시 배내골은 빨치산의 해방구였다. 특히 백련천과 파래소, 왕방골은 그 중심에 있었다. 토벌작전으로 피로 물든 백련천, 빨치산 취사장이었던 파래소폭포, 군사훈련장이었던 왕방골, 야전병원이었던 죽림굴, 그리고 갈산고지에는 군관학교, 남도부가 이끄는 유격대 사령부, 동부지구당이 있었다.

파래소에 울려 퍼지는 풀피리 악사의 하모니

김영대 씨는 인근에 있는 휴양림의 숲 해설가였다. 그는 편백나무 그늘 아래에서 풀피리를 선보였다. "악기는 어디 있어요?" 하고 묻자 "나뭇가지에 걸린 잎이 악기."라며 큰 손으로 나뭇잎 하나를 뚝 땄다. 양손으로 나뭇잎을 입술에 갖다 대 휘파람을 불듯이 풀피리를 불기 시작했다. 이어서 숲 해설가로 일하는 동료들이 풀피리를 합창했다. 앞산에서는 홀딱새가 "홀딱 벗고, 홀딱 벗고" 옥타브가 울렸다. 풀피리 악사 3인방이 들려주는 자연의 소리는 감동적이었다. 풀피리 연주에 홀딱 반한 나도 덩달아 풀피리를 불러보았지만 방귀 뀌는 소리를 냈다. 김영대 씨에게 풀피리를 배운 한 여성동료는 꽃잎으로 만든 엽서를 내게 선물했다. 양지꽃, 붓꽃, 불두화로 정성껏 만든 엽서를 건넨 그녀는 '사랑하는 사람에게 보내면 감동할 것'이라 귀띔까지 해주었다.

한편, 신불산 넘어 언양장으로 가는 폭포 옛길은 선인들의 발자취가 역력했다. 백발등 아래 인등골 계곡에서는 공룡 발자국을 목격하기도 했다. 신불산 이곳저곳에서는 빨치산 아지트도 확인할 수 있었다. 백련마을은 그 중심에 있었다. 60년 전, 치열한 좌우대립으로 거대한 싸움터가 되었던 신불산. 1,000번을 올라도 울분으로 얼룩진 신불산의 통곡을 느끼기란 쉽지 않다. 1,000번을 올라 못 느끼면 3,000번을 올라야 한다.

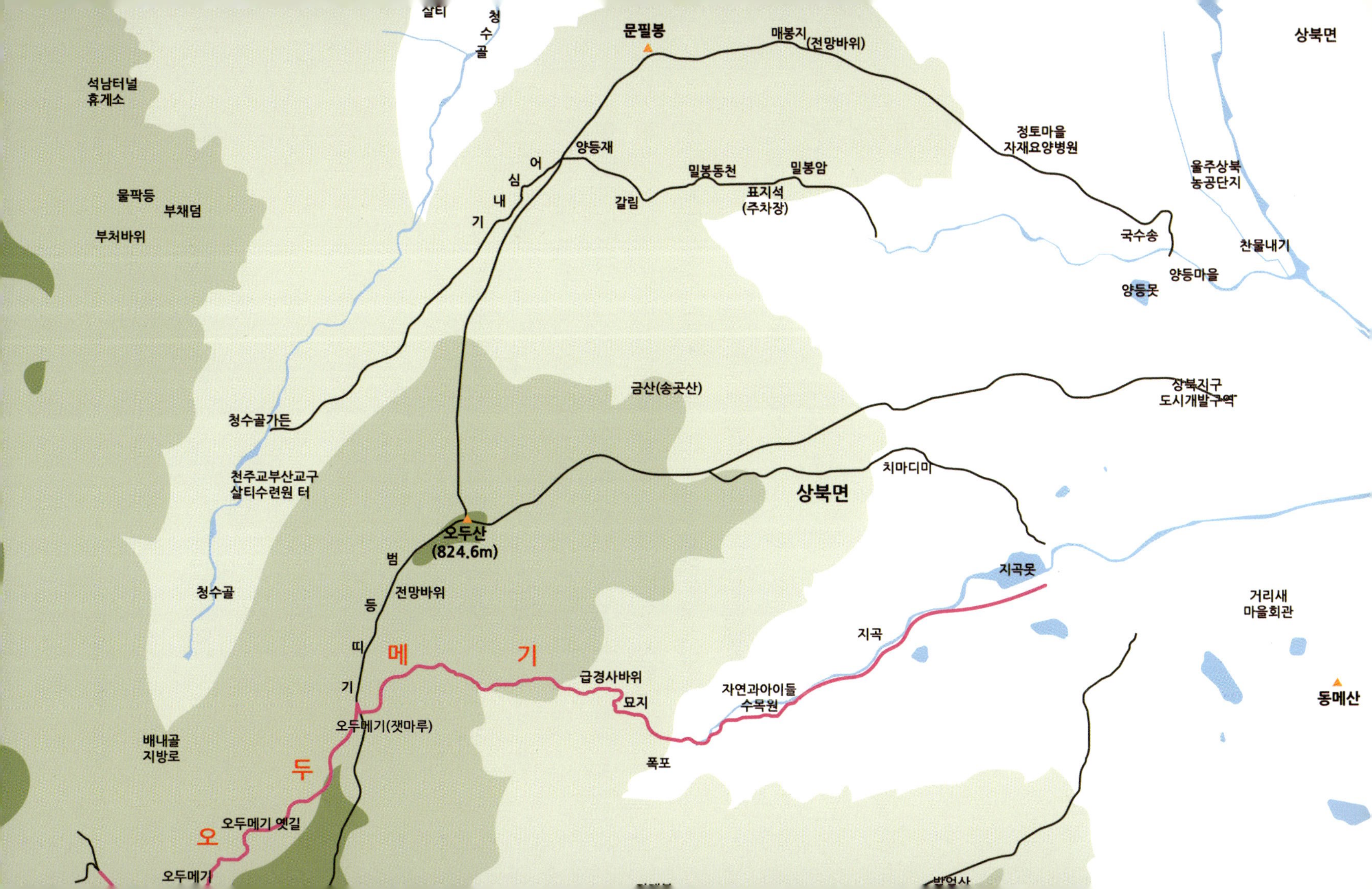

살티
청수골
문필봉
매봉지(전망바위)
상북면
석남터널
휴게소
양등재
어심내기
정토마을
자재요양병원
울주상북
농공단지
밀봉동천
밀봉암
갈림
표지석
(주차장)
물팍등
부채덤
부처바위
국수송
찬물내기
양등마을
양등못
금산(송곳산)
상북지구
도시개발구역
청수골가든
천주교부산교구
살티수련원 터
치마디미
상북면
오두산
(824.6m)
범등띠기
전망바위
청수골
지곡못
거리새
마을회관
지곡
메기
급경사바위
묘지
자연과아이들
수목원
동메산
오두메기(잿마루)
배내골
지방로
폭포
두
오두메기 옛길
오
오두메기

3. 오두산 오지 | 영남알프스의 우마고도, 오두메기

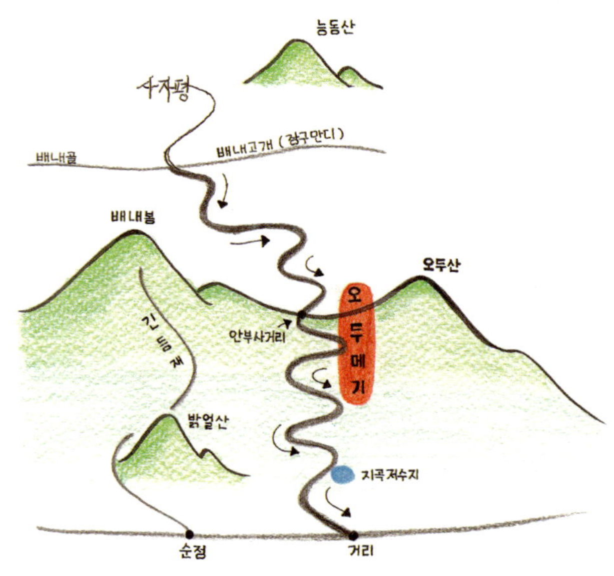

배내골 칠십 리에 고로쇠가 철철

가당찮게 추웠던 배내골에 달짝지근한 고로쇠 바람이 불기 시작할 무렵인 3월 초입. 울주군 상북면 석남사에서 양산 원동까지 배내골 칠십 리 길을 허적대고 걸었다. 이곳저곳 산비탈에는 고로쇠 수액을 받는 호스가 거미줄처럼 처져 있었다. 주암계곡의 솔방한 오르막길에서 만난 한 노파는 "숨이 차고 다리가 아파 금덩어리를 준다 해도 못 가겠다"며 등에 진 고로쇠 말 통을 내리고 바위에 걸터앉았다. 노는 김에 이 잡는다고 나도 덩달아 퍼질러 앉고는 "고로쇠 철에 재미 좀 보았느냐?"고 넌지시 물었다. 노파는 "아따, 알뜰하게 물어본다. 춥고 가물어 물이 말랐다."는 엄살을 떨었지만 내심 재미가 쏠쏠한 눈치다.

노파는 사방으로 뻗어 있는 고로쇠 호스를 가리키며 "이래도 물을 탄다고 의심을 한다."며 억울한 표정을 지었다. 눈여겨보니 고로쇠나무에서

오두메기.

오두메기를 오르내린 어느 할머니의 신발.

한방울씩 흘러나온 수액은 호스를 타고 집수통인 플라스틱 물통에 모여들었다. 물통에 열쇠를 달아둔 이유를 묻자 "지나가던 사람들이 몰래 빼먹기 때문."이라 했다. 그러고는 "보자니까, 야매 길로 다니는 아자씨도 수상한 냥반이네."며 내 행색을 훑어 내렸다. 느닷없는 노파의 된소리에 주눅이 든 나는 쫓기듯 일어섰다.

큰 마을인 이천마을의 고로쇠 작목반장 정복조(73세) 씨 부부를 따라 고로쇠 채취 현장을 돌아보았다. 사자평 깊은 계곡은 보기와는 다르게 어둡고 비탈진 골짜기였다. 지게에 말 통을 짊어진 정 반장은 자생 고로쇠나무를 찾아 험한 산악지대를 다람쥐처럼 돌아다녔다. 기껏해야 두 달이 성수기라 꾸물거릴 여유가 없단다. 고로쇠나무에 전기드릴로 구멍을 뚫고 코르크를 박아 호스에 수액을 받아내는 작업을 이어갔다 호스 총연장은 원선과 가지선을 합해서 약 3킬로미터 남짓. 남의 손을 빌리는 사람도 있지만 정 반장은 온 산을 이 잡듯이 뒤지고 다니며 직접 호스를 깔았다. 정 반장은 "남의 손을 빌릴 게 뭐 있남, 집사람하고 하는 게 속 편해."라며 발걸음을 옮겼다.

빼내골 사람들의 바깥세상 통로

나는 배내고개에 올라섰다. 해발 700미터가 넘는 배내재는 천황산, 능동산, 배내봉, 오두산을 이어주는 하늘 길의 연장이다. 한때는 밀양 단장면과 언양장을 오가던 보부상들의 통로이기도 했다. 멀찍이서 보면 뱃길처럼 생긴 배내골 칠십 리를 따라 '낙동강 물고기가 올라왔다'던 소문이 빈말은 아닐 성싶다.

마침 불쏘시개 땔감을 이고 오는 할머니에게 언양장으로 가는 옛길을 묻자 "오두메기 말이가? 말도 마라. 그 길을 갔다 오는 날이면 반죽는 날이다."는 답이 쏜살같이 되돌아왔다. 할머니는 이어서 "이미 수십 년 전부터 사람이 드나들지 않아 길이 끊겼을 것."이란 귀띔도 해주었다.

머리에 땔감을 이고 위태위태 걷던 할머니에게 무겁지 않느냐고 묻자 푸념 섞인 말이 돌아왔다.

"이 정도야 아무것도 아니다. 예전엔 젖먹이 등에 업고, 장 담글 소금 자루 이고, 꼬불꼬불 일흔아홉 고개를 걷고 또 걸었다. 못 생기고 티눈 박인 발을 보면 지금도 눈물이 핑 돈다."

자신의 택호가 가천댁이라 밝힌 할머니는 작심한듯 옛 고생담을 풀어놓았다. "날도 안 샌 새벽녘에 집 나서면 족히 서너 시간 걸어야 언양장에 도착할 수 있었다. 팔아봐야 몇 푼 안되는 콩자루 이고 오두메기 넘으면 얼마나 숨이 차던지 하늘이 노랗더라. 간월재 산길 우적우적 넘어오면 한밤중이다. 솜 틀어막은 기름병에 붙인 불이 행여 꺼지기라도 하면 누가 뺨을 후려쳐도 모를 칠흑 같은 밤길을 걸어야 했다."

할머니의 눈빛은 갈수록 형형해졌다. "어디 그뿐인가, 오두메기 겨우 넘어 집에 도착하면 그때부터 밥 안치고, 바느질하고, 식구들 뒤치다꺼리에 잠 잘 여가가 없었어. 참말이지 죽도 살도 못해 이 골짝에 여즉 살았다." 회상도 힘겨웠던지 할머니는 끝내 눈시울을 적셨다.

오두메기마을에서 만난 풍경.

꼬불꼬불 숱한 사연 엮인 옛길은

나는 할머니를 따라갔다. 할머니는 늙은 엄나무 두 그루가 대문처럼 서있는 오막살이집으로 들어갔다. 1949년 소개령이 내려져 빨치산을 소탕하던 경찰이 불을 질렀다는 아픈 과거사를 간직한 집이다. 대문 밖으로 구름에 걸린 간월재가 보이고, 마당 수돗가 대야에 물이 콸콸 쏟아지고 있었다. 산간 오지에 사는 특권이라 굳이 수도꼭지를 잠글 필요는 없었다.

이고 있던 땔감을 헛간에 내린 할머니는 생면부지인 내게 목을 축이라며 고로쇠 물을 한 대접 내밀었다. 달짝지근한 뒷맛에 혀가 부드러워지고 속이 말개졌다. 내다 팔 힘이 없어 장 담그고 마실 양만 간신히 받는다 했다. 질녀에게 고로쇠 물로 장을 담가주었더니 "장맛이 기가막힌다."며 주변에서 야단이라고 한다. 부탁도 많이 들어왔지만 "무릎이 아파서 팔 것도 오그릴 것도 없다."며 아예 거절했단다.

할머니는 두 아들 얘기에 이르자 기어이 울음보를 터트렸다. 배내골에서 식당을 운영하던 큰아들이 가게 문을 닫으면서 할머니가 살고 있는 집까지 경매에 넘어갔다. 빚에 시달리던 큰아들은 결국 객지로 떠난 뒤 여태 무소식이고, 보증을 선 작은 아들은 형이 진 빚을 떠안은 바람에 마흔이 넘도록 결혼도 못했단다. 할머니는 가슴이 북받칠 때마다 말끝을 놓고 긴 한숨을 내쉬며 겨우 다독였다.

고산준봉에 가려 캄캄하고 막막한 배내골. 이 척박한 골짜기에서 어떻게 살았을까 싶지만 반세기 전 세월에 보복이라도 하듯 시퍼렇게 살아 있다. 그들의 존재는 뼈아픈 역사를 대변하고 있다.

영남알프스의 우마고도牛馬高道 '오두메기'

나는 두 할머니가 일러준 오두메기를 찾아 나섰다. '오두메기'는 산간오지 배내골 사람들이 바깥세상을 드나들던 통로로, 배내봉과 오두산 사이의 갈마처럼 잘록한 고개를 넘어 거리로 가는 지름길이었다. 맨몸으로도 다니기 어려운 가파른 산길을 무거운 짐을 이고 어떻게 걸었을까 싶을 정도로 오두메기 고갯길은 험난했다. '죽도록 걷고 또 걸었다'던 가천댁 할머니가 놀라울 따름이었다.

'오두메기'는 거리오담(간창, 거리 하동, 지곡, 대문동, 방갓)에서 오두산(해발 824미터) 기슭을 감고 돌아 배내고개를 잇는 꼬불꼬불한 고갯길이다. 상북 고을 사람들뿐만 아니라, 밀양과 원동에서 물목을 거두어들인 언양장꾼들의 주요 통로다. 최근에는 배내고개에서 배내봉으로 오르는 등산로에 팻말이 세워져 찾기가 한결 쉬워졌다.

언양 소장수 출신인 김정두(86세) 씨는 “언양장꾼들이 밀양 소를 몰고 넘던 길이다. 간월산 넘는 산길 중에서 그나마 가장 좋은 길.”이라고 했다. 김 씨는 소장수답게 목청 좋고 내노라하는 거간꾼이었다. 밀양, 원동, 경주, 청도 등 영남알프스 일대의 산간 오지마을을 내 집처럼 드나들며 사들인 소를 몰고 ‘오두메기’를 넘었던 김 씨는 어릴 때부터 동네 뒷산에서 소와 함께 단련되었다. “일등 소는 소털이 윤기가 나고 뼈대가 좋아. 육안으로 보기 좋은 소가 육질도 좋다.”며 소 가리는 법을 설명하기도 하였다.

‘오두메기’는 듣던 대로 숨이 넘어갈 만큼 가팔랐다. 이토록 험한 산길을 소를 몰고 어떻게 넘었을까? 김 씨는 “소 갈 데, 말 갈 데 따로 있나? 길이 있으니 가는 거지.”라고 잘라 말했다. “산짐승 울어대는 야밤에 천황산 사자평을 지나오던 기억 난다.” 김 씨는 소 떼를 몰고 가다 맹수를 만났던 긴박했던 상황을 털어놓았다. “겁이 많은 소는 산짐승 나타나면 발굽을 떼지 않으려 한다. 아무리 뚝심 좋은 장꾼이라도 그럴 때는 긴장한다. 한 사람은 횃불 들고 짐승을 쫓고, 다른 한 사람은 가죽채 들고 재근 했다.”고 말했다. 폭설이 내릴 때는 소의 코에 굴레를 끼워 가죽채를 내리쳤고, 멀리 갈 때는 소에게 짚신을 신겨 들메끈을 조았다. “그래도 사람보다 소가 잘 걷는 편.”이라는 김 씨는 구름처럼 떠돌던 시절을 마냥 그리워하였다.

영남알프스의 우마고도牛馬高道로 알려진 오두메기는 시공여행의 통로였다. 청이끼 낀 옛길을 아무 생각 없이 걷다 보면 소를 몰고 오는 우직한 장꾼을, 철쭉 만발한 하늘만디에서는 새색시가 탄 꽃가마를 만날지도 모를 일이다.

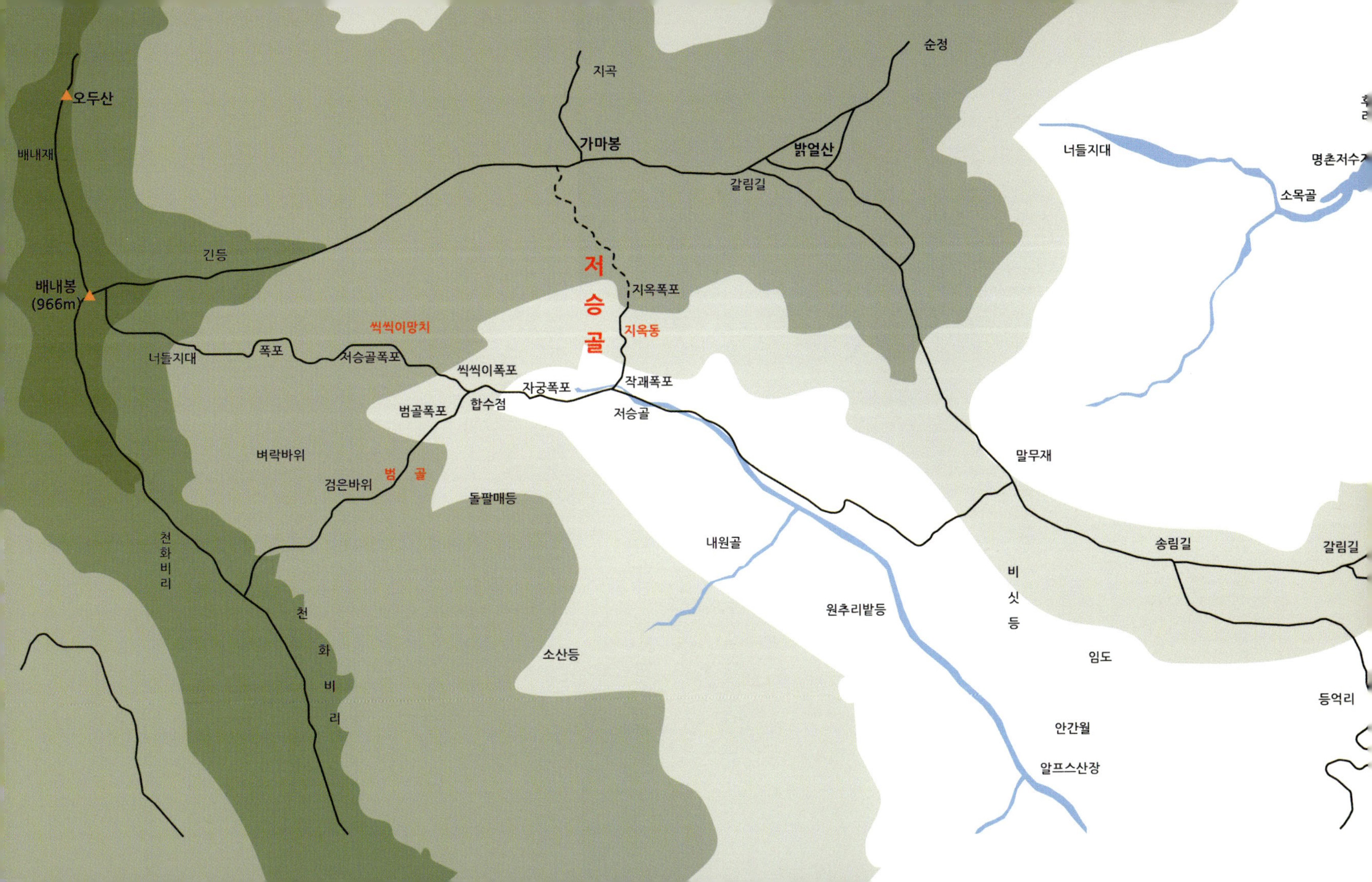

순정
지곡
오두산
가마봉
밝얼산
배내재
갈림길
너들지대
명촌저수지
소목골
긴등
저
승
골
지옥폭포
배내봉
(966m)
씩씩이망치
지옥동
너들지대
폭포
저승골폭포
씩씩이폭포
자궁폭포
작괘폭포
합수점
범골폭포
저승골
벼락바위
말무재
검은바위
범 골
돌팔매등
천화비리
내원골
송림길
갈림길
비
싯
등
원추리밭등
천
화
비
리
소산등
임도
등억리
안간월
알프스산장

4. 간월산 오지 | 죽음의 계곡, 저승골

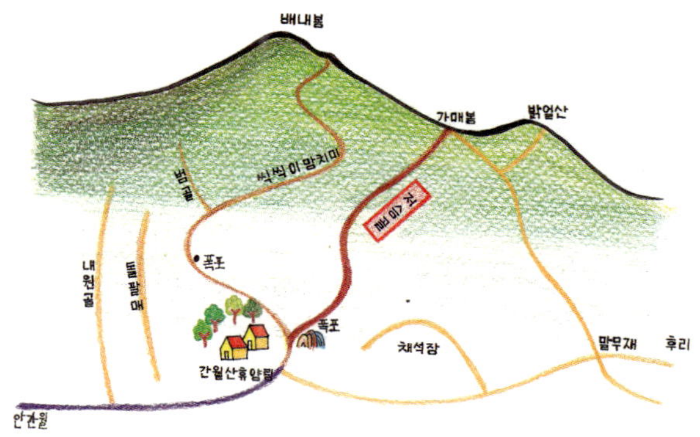

들어가는 사람은 보아도 나오는 사람은 못 봤소

이번 저승골 탐방은 많은 사람이 말렸다. 고자 처가 드나들 듯 하다가 알게 된 간월마을 구멍가게 주인 정태근(76세) 씨는 "들어가는 사람은 보아도 나오는 사람 본 적 없다는 곳이다. 죽으려고 애쓰지마라."며 신소리를 냈다. 간월마을에서는 전통적으로 저승골 출입이 금기시되어왔던 것이다. 오다 가다 안면을 튼 마을 노인네들은 "그 낭반 얼굴이라도 함 더 봐두자."며 사지死地로 떠나는 빨치산 아들 보듯 너스레를 떨었다. 그때마다 나는 '물속인들 어떻고 불속이라고 못 뛰어들랴' 거드름스레 저승골로 향하곤 하였다. 하지만 저승골엔 실성기 있는 노인네를 고려장시킬 일이 아니라면 들어가지 않는 게 좋다. 객기로 들어갔다가는 살아 있는 돌 지뢰에 화를 당할 수 있다. 간월산 일대에는 금기시된 두 위험지대가 있다. 묘를 쓰면 역적이 난다는 '역적치발등'과 죽음의 계곡으로 불리는 '저승골'이 그

죽음의 계곡, 저승골.

곳이다. 저승골은 상북면 등억리 안간월에 있는 깊고 가파른 암곡巖谷으로, 불에 데인 용이 움츠린 형상을 하고 있다. 거기다 막다른 골짜기라 호리병 입구만 틀어막으면 암흑지대가 된다. 멋모르고 들어간 사람들은 간월산 산자락인 줄 알고 허덕대다가 혼쭐이 나기 일쑨데, 실제로는 배내봉에서 밝얼산으로 뻗은 긴등長登의 협곡이다.

저승골 토박이 '조리쟁이'의 협곡 사냥술

저승골의 채꾼(길잡이)이 되어준 사람은 '조리쟁이' 윤개똥 씨였다. 윤 씨는 저승골 외딴집에서 산죽으로 쌀을 이는 조리를 만들며 살았다. 간월산 일대에 서식하는 일년생 산죽을 쪄서 칼로 쪼갠 후 조릿대를 짰고, 정월 보름날에는 손수 짠 복조리를 나눠주기도 하였다. 또 간월재 억새로 덕석(멍석) 따위를 얼기설기 짜기도 하였다. 조리는 100개 단위로 묶어 짐바에 지고 언양장에 내다팔았다.

모두가 발 디디길 꺼려하는 곳에서 숙명처럼 살아온 윤 씨는 저승골의 내력을 하나씩 밝혔다. "여긴 들어왔다 하면 나갈 수 없는 가막소(감옥)라 앞 못 보는 늙은이를 고려장시켰던 곳이다." 저승골을 감옥에 빗댄 윤 씨의 우스갯말은 그럴싸했지만, 고려장을 시킨 곳이라는 말은 충격적이면서도 긴가민가했다. "저승골은 쫓기는 죄인들이 살기에는 그저 그만이었다. 입구에 풀어놓은 사나운 개가 순사를 보고 짖어댈 때 저승골로 숨어버리면 귀신도 못 찾아낸다카이."라 말한다. 작달막하고 마른 편인 윤 씨는 이어서 "일제강점기에는 벌목꾼과 숯쟁이들 사는 개딱지 움막이 골짜기마다 들앉아 있었고, 난리통에는 빨갱이들이 우글거려 피난갈수 밖에 없었다."고 했다.

윤 씨는 저승골만의 독특한 사냥술을 설명하기도 했다. 산으로 에워

천화현 불등에서 내려다본 저승골. 채석장 바로 옆 옴푹 파인 골짜기가 영남알프스에서 가장 신비롭다는 '지옥동'이고, 앞에 있는 골짜기가 씩식이골과 범골이다. 대기업에 의해 무참히 잘려나간 저승골 훼손 현장이 한눈에 내려다보인다.

쌓인 저승골에 들어온 짐승은 가마솥 협곡을 빠져나가기 어려운 점을 이용해 사람들은 북을 치며 가파른 협곡으로 짐승을 몰아 절벽 아래로 떨어지게 했다. 그러다가 물에 비친 달을 잡으려다 떨어져 죽는 원숭이 꼴이 되는 사람도 있었다. 윤 씨는 저승골을 찾아가는 내게 "저승골에 가면 지금도 떨어져 죽은 짐승이 여럿일 것."이라 했다.

산지기 선조로부터 대물림받은 단소를 꺼내든 윤 씨는 "이 신죽神竹을 불면 천질바위와 저승골바위가 일어난다."며 외딴 집을 나서는 내게 단소를 불러주었다. 과연 저승골로 울려 퍼지는 단소 가락은 흐느껴 우는 소리인 듯 구성졌다.

사방팔방이 틀어 막힌 호리병 골짜기

저승골은 인적이 드물고 후미진 곳이었다. 수십 년 전 대기업으로 개발권이 넘어간 뒤로 계속되어왔던 암반 발파가 일시 중단되었다. 입구는 채석장에서 친 철망으로 굳게 닫혔다. 채석장 안에는 돌을 잘게 부순 석재가 산더미로 쌓였고, 야금야금 잘려나간 산자락은 흉측스러운 괴물의 얼굴로 변하였다.

할 수 없이 저승골 우회로를 찾아보기로 하였다. 간월산 내원골과 연결된 소로小路, 배내봉 정상과 이어진 험로, 광대고개에서 채석장으로 개설된 임도, 저승골에서 말무재로 드나들었던 옛길을 돌아보았다. 그러나 저승골 협곡에서 말무재 8부 능선으로 연결된 오래된 저승길은 사람이 다니지 않아 산죽에 묻혔다. 저승골은 방향에 따라 산주름이 변화무쌍하다. 천화현 불등에서 내려다보면 골짜기가 쏟아지는 형상인 반면에, 반대편인 밝얼산 긴등 능선에서 바라보면 현란한 산세를 띠었다.

앞 못 보는 부모 고려장시킨 씩식이 망치

저승골 상류 계곡은 거칠다. 작수폭포 우측 계곡은 저승골 관문이고, 좌측 계곡은 '씩식이 망치(식식이골)'골이다.

우선 씩식이 망치에 있는 저승문부터 열어보기로 하였다. 과거 산판이었던 울창한 숲길을 오르자 염소막과 숯가마터가 띄엄띄엄 눈에 띄고,

산판길 끄트머리쯤에서 저승문이 나타났다.

자궁 같은 저승문에서 대얏물이 펑펑 쏟아졌다. 상류는 두 개의 계곡으로 갈라졌고, 한참을 오르자 또다시 두 계곡이 터져 있었다. 돌은 살아 있는 듯 불안하고, 깎아지른 바위는 이내 자빠질 것 같았다. 범이 새끼를 키우던 범굴이 보였지만 청이끼 낀 장대한 폭포를 기어 오를 재간이 없었다. 기력이 쇠한 노인네를 버리고 달아나기엔 더없이 좋은 골짜기다. 노부모를 버리려고 사전 답사를 나온 아들 마음인 양 괜스레 초조해졌다.

하늘이 가려진 음산한 골짜기에서 불어오는 바람소리는 '조리쟁이' 영감의 단소 가락이듯 흐느꼈다. 이곳에서 멀지 않은 상북 고을 천전고개의 고려장이 땅을 파서 구덩이에 사람을 넣어 그 위로 돌을 얹는 형식이라면, 이곳의 고려장은 생사람을 내려다 놓고 줄행랑치는 것. 밖으로 나갈 수 없는 노인네들은 굶어 죽거나, 맹수의 밥이 되었다.

제발 저승골에 가지 마시라

한편 작수폭포 우측에 있는 저승골을 정복하려면 위태위태한 여러 협곡을 지나야 했다. 첫 관문인 지옥문을 들어서자 폐쇄판이 철컥 닫힌 감옥이 되었다. 이제 입구는 막혔고, 출구는 V자 협곡이다. 가랑이가 찢어지도록 V자 협곡을 타고 올랐다. 블랙홀 같은 깊은 협곡 속으로 빨려들수록 도깨비 협곡은 점점 깊어졌다. 식은땀으로 멱을 감으며 깎아지른 암벽을 악착같이 올랐다. 이어서 구렁이 협곡이 나왔다. 매끌매끌한 구렁이 암벽을 끌어 안으려 해도 마땅히 잡을 만한 데가 없다. "이럴 땐 손발이 문어 빨판이면……." 하고 속으로 뇌었다.

마지막으로 좌우 두 개의 폭포를 거느린 죽음의 협곡이 펼쳐졌다. 이 협곡만 넘어서면 배내봉을 오르는 말무재 8부 능선길을 만날 수 있다. 폭포와 폭포사이에 병풍처럼 펼쳐진 죽음의 암벽을 오르는 내내 물보라에 눈을 뜰 수가 없었다. 발아래로 굉음을 내며 떨어지는 돌은 바닥에서 박살이 났다. 아차 하는 순간 골통이 부서질 징조였다. 체력이 차츰 소진되어 손발이 떨렸다. 까악, 까악, 어느새 머리맡으로 날아든 까마귀가 유혹 하였다. 독기를 품는 내 눈을 본 까마귀는 "독종이네." 하며 동녘으로 횡 하니 날아갔다. 수직 암벽에 달라붙어 내려가지도 올라가지도 못하는 진퇴양란 상황. 그 때, 발을 헛디딘 고라니 한 마리가 까마득한 협곡 아래로 곤두박질을 쳤다.

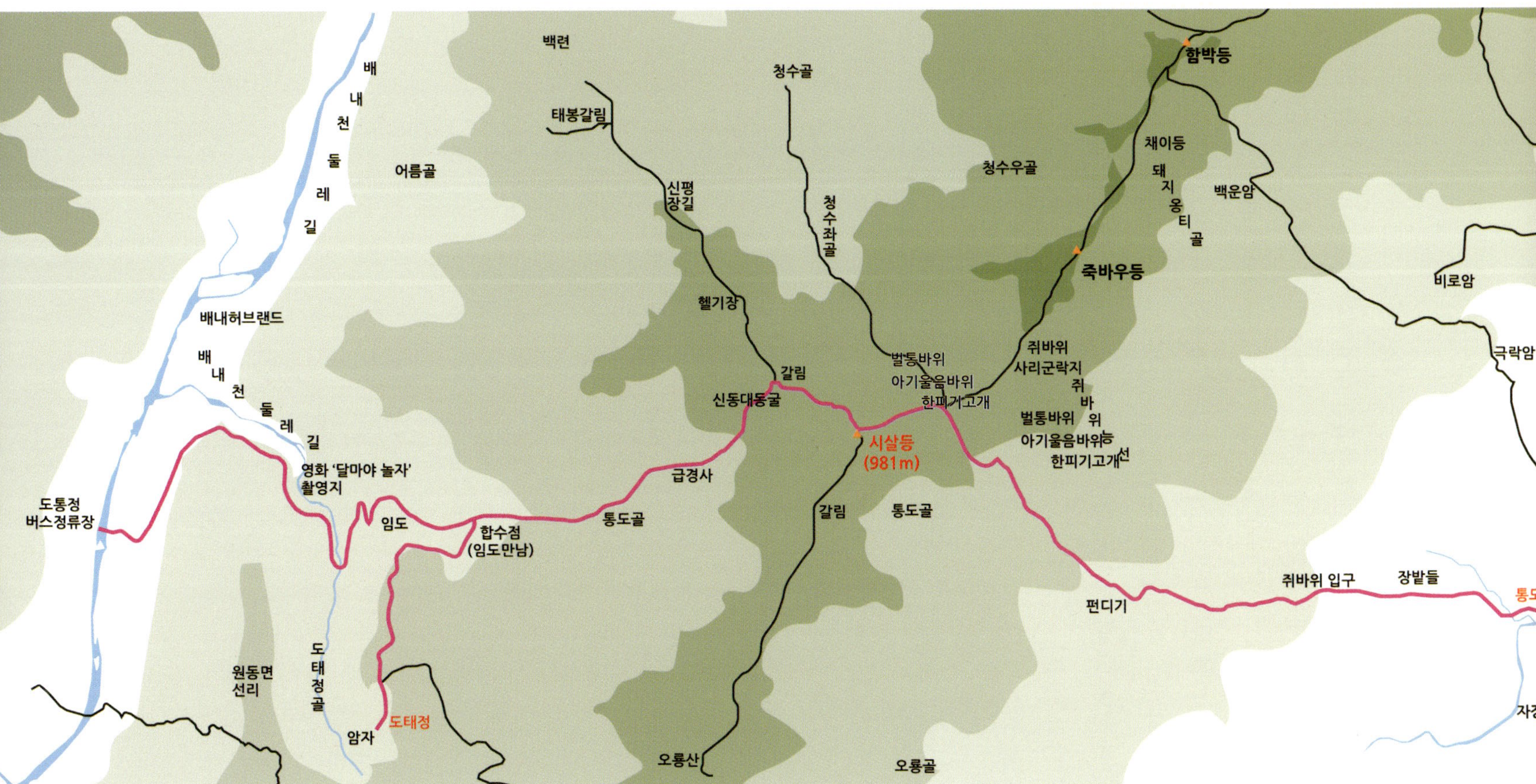
백련
청수골
함박등
태봉갈림
채이등
청수우골
신평
장길
청수좌골
돼지옹티골
백운암
어름골
배내천 둘레길
죽바우등
비로암
헬기장
배내허브랜드
쥐바위
사리군락지
극락암
갈림
벌통바위
아기울음바위
한피기고개
신동대동골
쥐바위능선
벌통바위
아기울음바위
한피기고개
시살등
(981m)
영화 '달마야 놀자'
촬영지
급경사
도통정
버스정류장
갈림
통도골
임도
통도골
합수점
(임도만남)
쥐바위 입구
장밭들
통도
편디기
원동면
선리
도태정골
자장
도태정
암자
오룡산
오룡골

5.
영축산 오지 | 걷기만 해도 도를 트는 도태정

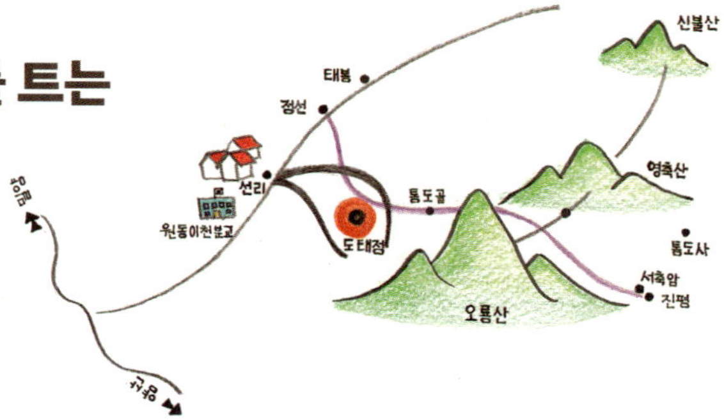

산속에 섬이 있었네

그곳에는 전기가 없다. 내비게이션에도 나오지 않고, 핸드폰이 터지지도 않는 산간 오지다. 교통이 불편하여 찾는 사람은 드물고, 펜션이나 달콤한 주말 별장이 없어 눈이 편안하다. 완벽하게 문명이 단절된 산속의 섬. 그런 곳이라면 누구나 저잣거리 생활을 청산하고 마음을 내리고 싶어 한다. 하지만 도시에서 접근성이 좋아 베일에 가려지지 않으면 망가질 가능성이 높다. '들어서기만 해도 도가 튼다'는 도태정을 예로부터 '도터징골'이라 불렀다. 도태정道太井의 뜻을 새겨보면 깨우침을 받은 골짜기, 도가 통하는 골짜기로 전해진다. 이 곳을 가려면 배내골에서 영축산 방향으로 약 십 리 산길을 들어가야 한다. 지금은 임도가 개설되었지만, 90도 가파른 옛길을 걸어야 제대로 득도를 할 수 있다. 선리양조장 막걸리를 짊어지고 신평장을 넘다가 지치고 힘들면 차라리 마시고 넘는다는 험난한 고갯

최후의 오지마을. 도태정.

길이다. 산을 넘으면 통도사로 곧장 이어지고, 시살등 능선을 따라 걸으면 영축산과 신불산으로 간다.

마을은 험악한 산새에 가려져 외부에서는 전혀 보이지 않아, 은둔지로 최적지이다. 임진왜란과 천주교 박해를 피했던 은신처였으며, 한국전쟁 때는 신불산 빨치산의 은거지가 되기도 했다. 빨치산을 토벌하기 위해 1949년 소개령이 내려져 마을에 불을 지르자, 겁에 질린 이곳 사람들은 마을을 떠났다. 전쟁이 끝난 뒤에도 들어오지 않아 유령촌으로 버려지면서 이곳은 영남알프스 최후의 오지로 남게 된 것이다.

과거 스무 가구가 살던 도태정은 한국전쟁 이후 유령촌이 되었다.

고립무원의 외로움에 생긴 우울증

울산과 양산의 경계 지점인 도태정은 해발 600미터가 넘는 산중에 위치해 있다. 옛길을 넘어서면 고립무원의 세상을 만난다. 높은 산(오룡산, 해발 945미터)에 가려져 시내보다 기온이 낮아 마을 자체가 자연 냉장고이다.

금방 찍어낸 시루떡에서 나는 김처럼 산벚나무 꽃잎이 분분히 흩날리는 마을로 들어갔다. 경사지고 옴팡진 마을 속에는 버려진 집터와 돌담, 그리고 민가 서너 채가 띄엄띄엄 나타났다. 흑염소를 키우며 아들과 함께 갈대지붕 집에 살던 할머니는 몇 해 전에 마을을 떠나셨다.

과거 스무 가구가 살던 마을의 중간에 있는 당수나무 위 외딴집이 보였다. 비록 오두막 처소지만 불편해 보이지 않는다. 외딴집 문지방에는 '신이시여, 내일도 이 방문을 드나들게 하옵소서'라는 글귀가 새겨져 있다.

마침 흑염소를 풀어놓고 돌아오는 외딴집 주인 이강수(63세) 씨를 만났다. 염소 때문에 매일 집으로 오지만 쌀말이나 팔기 위해서 직장을 얻어 이틀에 한 번은 집을 비운다.

이 씨는 본디 입이 무거운 양반이었다. 뒷짐을 지고 먼 산을 바라보고 서 있는 이 씨에게 나이를 묻자 "산에 살다보니 나이를 잊었다."고 했다. 그의 얼굴에서 서러움이 비쳤지만 숙명처럼 삶을 견디어온 넘볼 수 없는 범상함이 느껴졌다. 이 깊은 산골에서 어떻게 살까 싶지만 달을 촛불로, 구름을 병풍으로 삼아 외로움을 숙명처럼 견딘다. 하지만 그의 외딴집 방에는 우울증 약이 있다. 세상을 벗어난 오지는 없다. 산속을 벗어나지 못한 그는 세상을 등지고 살려고 했으나 너무 외로운 나머지 우울증에 걸린다.

영남알프스는 도망치고 있다

10여 년 전만 해도 영남알프스 일대에는 수많은 산간 오지가 있었다. 그러나 길이 나고 레미콘 차가 들락거리면서 시멘트 문화로삭막해졌다. 그중에서 대표적인 곳이 재약산과 신불산이 충돌하여 갈라진 배내골이다. 살아남기 위해 숨어 살던 골짜기에 길이 나면서 집짓기 대회라도 열린 양 거창한 펜션 전시장이 된 뒤로는 '배내똥'이라는 좋지 못한 별명을 얻었다. 한복 상의에 양복 아랫도리 의관을 한 어정쩡한 차림새다.

전교생이 여덟 명인 원동 이천분교에 자신의 세 자녀를 빼고 나면 폐교가 된다는 김상규(47세) 씨는 "아이가 없어 폐교 위기에 처한 이천분교를 위해서라도 홀로 둔 집에 제발 들어오지 마시라."며 똑 부러지게 말했다.

영남알프스 오지마을은 왜 사라지고 있는 걸까. 영남알프스를 둘러싼 울산, 양산, 밀양, 청도, 경주 등 5개 시군의 정책이 이와 무관하지 않다. 죽은 자의 땅인 정족산에 비해 신불산은 산 자의 레저타운으로 조성이 되면서 영남알프스의 숨겨진 속살이 송두리째 드러나고 있는 것이다.

찾아가기 힘들수록 멀면 멀수록 오지의 묘미가 있고, 자연은 살아남기 마련인데 사람들은 가만두지 않는다. 영남알프스 공룡능선에 시멘트가 발라지고 케이블카가 세워지면 굳이 등산화에 땀방울을 떨어트릴 필요 없이 정상에 편안히 앉아 하이힐에 묻은 흙먼지를 닦으면 될 일이다.

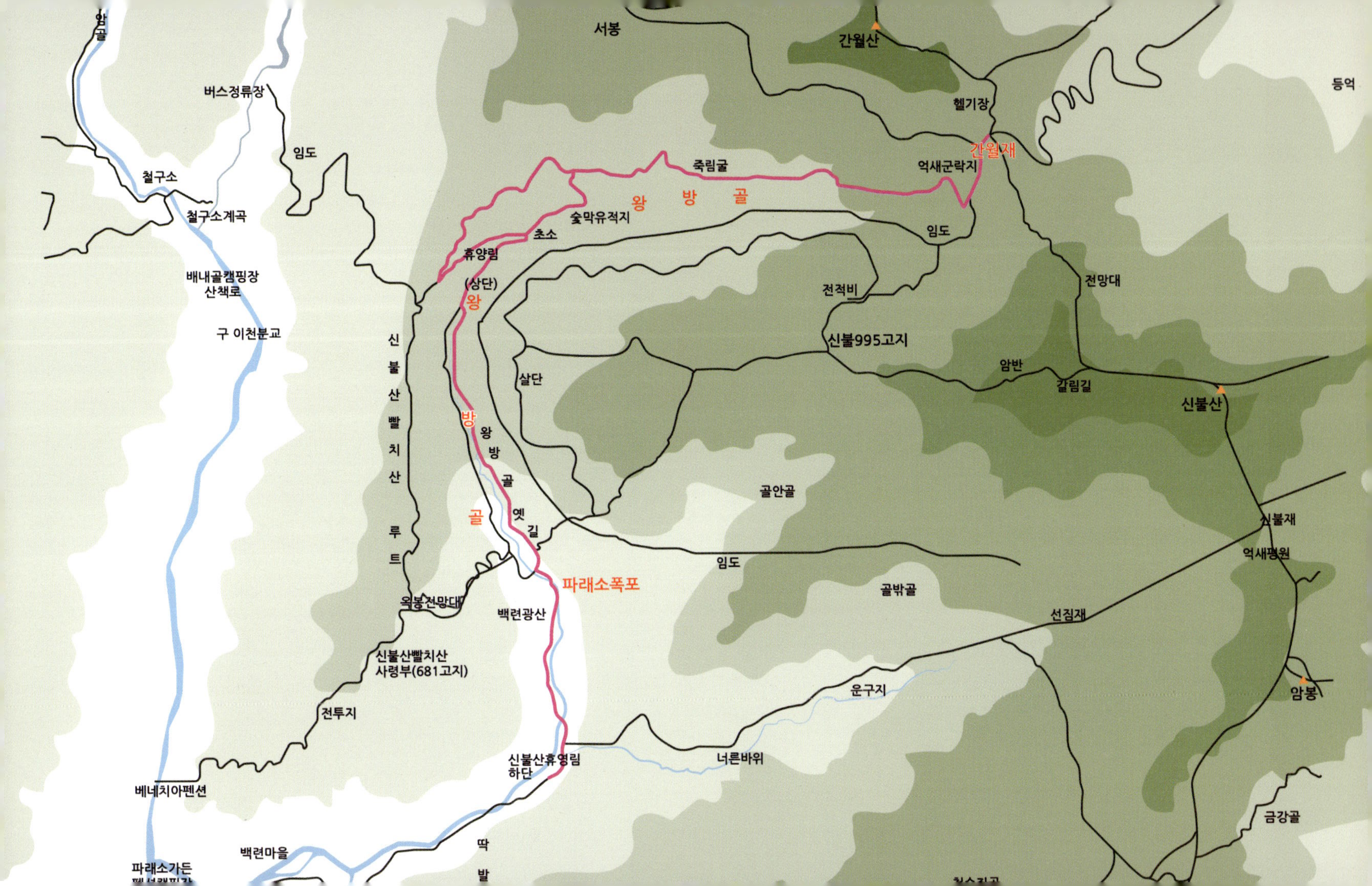

암골
서봉
간월산
등억
버스정류장
헬기장
간월재
임도
철구소
철구소계곡
억새군락지
죽림굴
왕 방 골
숯막유적지
초소
휴양림
(상단)
배내골캠핑장
산책로
전망대
전적비
구 이천분교
신불995고지
암반
갈림길
신불산
신불산빨치산 루트
살단
왕방골 옛길
골안골
신불재
억새평원
임도
파래소폭포
옥봉전망대
백련광산
골밖골
선짐재
신불산빨치산
사령부(681고지)
운구지
암봉
전투지
신불산휴양림
하단
너른바위
베네치아펜션
금강골
백련마을
딱발

6.
신불산 오지 | 철의 로드, 왕방골

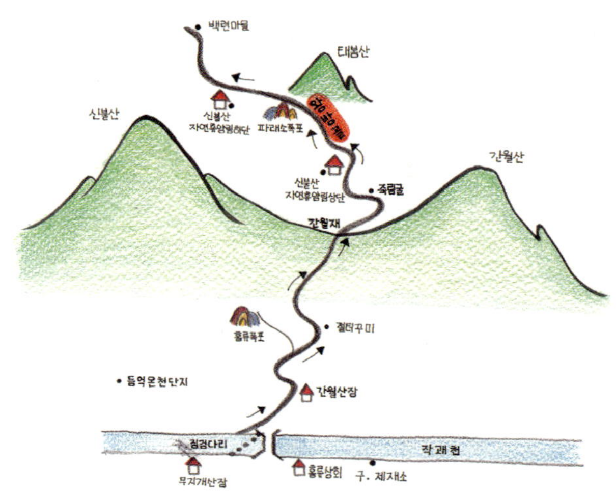

불과 쇠의 산 신불산

잠꼬대 같은 말 같지만 신불산 골짜기에 철 제련소가 있었다는 사실을 아는 사람은 드물 것이다. 울산 농소 달천과 신불재 '쇠판골'에서 출토되는 광석은 비철 성분이 많아 전국에서도 알아주었다. 영남알프스 철의 로드를 따라 광석을 운반하였던 어느 태가꾼은 "달네쇠골 광석을 사용하여 쇠를 녹이던 점터가 신불산 일대에만도 수십 군데를 헤아렸다."고 말했다. 죽령 이남 사람치고 울산 소금 안 먹어본 사람 없듯이 영남 일대에서 울산 쇠 안 쓴 갈고랑이 없었다. 조선 후기 나라법이 바뀌어 경상좌병영에서 관리하게 된 달천 광석은 신불산 일대에서 판장쇠로 녹여져 무기, 농기구, 솥을 만드는데 사용되었다. 무기나 농기구는 대장간에서 담금질되었고, 무쇠솥은 점바탕 등에서 만들었다.

1905년 조선이 외교권을 박탈당하면서 일제는 조선인의 총포 소지뿐

천황산에서 바라본 왕방재.

만 아니라 쇠붙이로 무기를 만드는 작업을 전면 금지시켰다. 무력 저항을 원천 차단한 것이다. 농소 달천의 광석은 조선총독부의 허가를 받은 일본인이 야금야금 캐 먹더니 대동아전쟁 무렵에는 대대적인 수탈을 일삼기에 이르렀다. 토석을 쇠로 녹이려면 불과 목탄, 물이 필수적이었는데, 산중도반山中道伴 신불산 왕방골은 그런 조건을 두루 갖춘 골짜기였다.

분기憤氣로 무쇠 녹인 저항의 산, 신불산

나는 철의 로드를 따라 오지 탐방길에 나섰다. 왕방골의 길라잡이가 되어준 김호길 씨는 울산 '달네쇠골'에서 신불산으로 원석을 나른 태가꾼이었다. 태가꾼駄價夫이란 요즘으로 치면 철 원석을 운반하는 택배 기사인 셈인데, 그는 떠꺼머리총각 때부터 무쇠솥을 만드는 '점바탕'에서 허드렛일을 하다가 바지게에 광석을 져 나르는 태가꾼이 되었다. 그는 무게에 따라 운임을 매겨 짐승 우는 밤길도 마다하지 않고 우직하게 걸었다.

나는 태가꾼 김 씨가 광석을 져 날랐던 영남알프스 철의 로드를 거슬러갔다. 농소 달천 진덕고개에서 출발하여 범서 척과를 거쳐 진목 태화강 아우리지를 건너 언양 땅에 접어들었다. 또 다른 길은 달천에서 치술령 고개를 넘어 연화산 바람골, 소암골, 반구천으로 가는 철의 루트가 있다. 과거 신불산 왕방골 점터로 가는 태가꾼들은 상북 등억 간월재로 길을 잡았고, 조선솥을 만드는 운문면 솥계마을 점바탕 가는 태가꾼들은 운문령으로 향하였다.

맨손으로도 오르기 힘든 왕방재(해발 907미터, 현재는'간월재'로 지명이 변경됨) 잿길을 무거운 광석을 지고 오르는 일은 까무러칠 지경이었다. 거기에다 사나운 맹수가 설쳐 길손이 여럿 모여야 출발할 수 있었다. 하늘을 찌르는 왕방재를 넘는 사람들로는 배내골에서 숯을 굽는 숯쟁이와 갯가 건어물을 내지로 나르는 울산 보부상褓負商들이 있었다. 이들이 등에 진 멸치, 전복, 미역, 간고등어 등은 밀양, 청도, 가인, 대구로 나갔고, 돌아올 때는 버섯, 송이, 삼베, 목화를 교환해 왔다.

나는 왕방재로 향했다. 혼을 빼는 귀신 소리가 들린다는 으스스한 광대 고개를 넘고 화천마을 징검다리를 건너 도치메기로 내처 올랐다. 뱀이 바글바글한 폭포골 옆사리길을 땅꾼처럼 조심스레 발을 내딛었다. 홍류폭포 아래 5000평 규모의 밭뙈기는 과거 화전민들이 살던 곳이었으나, 일제강점기에는 누운등(신불중앙능선)과 소밭등에서 벌채한 통나무를 무더기로 쌓아두 었던 집목장集木場으로 쓰였다. 조선총독부 영림청의 허가를 받은 일본인들은 산판꾼을 동원하여 열 척이 넘는 아름드리 육송을 마구잡이로 끌어내렸다. 현재 간월산장에서 홍류폭포로 오르는 골짜기길이 바로 통나무를 끌어 내리던 화물차가 다니던 통로였다. 통나무는 천상골 '돈터' 나무공장에서 다듬어졌다.

불과 물의 골짜기 왕방골

절터꾸미(현재 정씨 묘터)를 지나 간월산 열두 암봉 도치매기등(간월공룡능선)을 타고 고갯마루에 올라섰다. 형제봉인 신불산과 간월산 사이에 있는 왕방재는 갈마처럼 잘록한 '억새만디'다. 지금은 동네 뒷동산으로 전락하고 말았지만 백악기 시대에는 공룡의 놀이터였던 곳이다. 아침저녁으로 올려다 보면 늘 그리운 산이다.

하지만 기를 쓰고 오른 고갯마루에는 부처님 목에 걸린 가시 같은 콘크리트 건물이 들어서 있었다. 선인들은 간월산을 부처님 머리통, 간월재를 부처님 목, 신불산을 몸통, 신불산상벌을 다리, 영축산을 발로 보았다. 그도 그럴 만한 것이 언양 읍성에서 산군을 올려다 보면 흡사 부처님이 누운 형상이다.

나는 한 덩어리로 춤을 추는 억새의 춤사위를 감상하며 거북이바위 아래에서 잠시 잠에 빠졌다. 꿈길에서 지게짐을 진 사내가 땀으로 멱을 감으며 억새밭을 열고 나왔다. 허리가 휘는 무거운 짐을 져 등태기 찌그둥한 품새나, 뒤뚱거리는 걸음새로 다가오는 사내는 쇠부리 점터를 다니며 쇠를 거두는 태가꾼 김호길 씨가 틀림없었다. 그가 지게에 실은 푸르스름한 판장쇠는 광석을 녹인 쇳덩어리라 무거워 보였다. 짐꾼 신세인 김 씨는 1년 내내 볕 안 드는 골짜기로 터벅터벅 걸어 다녔다.

달콤한 단잠에서 깨어난 나는 태가꾼 김호길 씨가 내려간 왕방골 골짜기로 향했다. 산주름 깊어 어두컴컴한 왕방골에는 쇠부리꾼이 움막을 치고 살 던 곳이다. 숲이 울창해 쓸만한 원목이 많았고, 골짜기 또한험해

왕방골(현 간월재). 촛대바위와 거북바위가 지나가는 산행객을 내려다보고 있다.

영림청 단속을 피하기에 적지였다. 요즘으로 치면 신불산 자연휴양림 상단 골짜기로, 숯막으로 쓰던 돌담은 일부 남아 있었다. 쇠부리꾼 대부분은 변변찮은 사람들이었다. 화덕을 끌어안고 쇠를 녹이는 터라 삿빠(일본식 팬티)만 차고 일을 했던 쇠부리꾼들은 쇠를 굽는 일이 힘에 부쳤다.

쇠부리꾼이 살았던 움막으로 내려갔다. 얼기설기 돌로 쌓은 숯막은 그런대로 원형을 간직하고 있었지만 쇠를 굽던 쇠부리터는 거의 원형을 잃어가고 있었다. 일이 힘에 부쳐 시커먼 작업복을 입은 채 개딱지 숯막에서 잠을 자던 쇠부리꾼들은 밤이면 온갖 짐승들의 괴성을 자장가로 삼아야했다.

인동골 운구지 쇠부리터에 울려 퍼지는 '불매꾼' 노래

계곡을 낀 소래길을 따라 내려갔다. 한참을 내려가자 백련광산이 나왔다. 광산에서 캔 아연 원석을 바지게에 지고 드나들었던 개미 떼 인부들은 보릿고개를 넘기 위해 낯설고 물 설은 곳에서 말로 표현할 수 없이 고생했다. 발을 헛디뎌 30미터 높이의 광산에서 떨어져 골병이 든 인부도 있었다. 이곳에서 채굴한 아연과 쇠는 산판에서 벌채한 아름드리 거목과 함께 원동으로 나갔다.

잠시 후 천둥 떨어지는 물소리를 내는 파래소폭포에 도착했다. 농소 달네쇠골에서 백 리 길이다. 폭포가 한눈에 보이는 산발치에 서서 명주실 두 타래도 모자란다는 깊은 물속을 내려다보았다. 파래소 물속 동굴은 배내골 철구소와 밀양 얼음골 호박소로 연결되어 있어, 자라 100마리에 성취하고 싶은 내용을 적어 파래소에 풀어놓았더니 호박소에서 나왔다는 전설이 전해온다.

파래소폭포에서 다시 신불재로 오르는 잿길을 가로질러 인등골 화전촌에 들어섰다. 과거 불매(풀무질)를 올렸던 곳이라 그런지 마을 입구부터 불기운이 화끈거리는 느낌이 들었다. 신불재를 오르는 중간쯤에 있는 인동골 운구지는 과거 다섯가구가 살았던 오지마을로, 주민 대부분은 쇠를 녹이는 쇠부리꾼들이었다. 나는 쇠부리터 일대를 천천히 돌아보았다. 양지바른 곳에 옹기종기 모여 있던 억새 지붕 집터에는 주춧돌만 남아 있었고, 쇠를 녹이는 도가니가 걸린 점터 주변에는 잡철 뭉치와 쇠똥이 너부러져 있었다. 쇠대장이 선거리로 불매 노래를 부르면 다른 쇠부리꾼들이 후거리로 부르던 불매꾼 노래가 들려왔다. 이 노래는 소설가 김수용의 소설 「불매」에 인용된 노래를 개사해 놓은 것이었다.

불매야 불매야 이 불매가 어디 불매냐 신불산 대불이다 / 어야여루 불매야

쇠부리꾼들이 기거하던 왕발골의 둘무더기 돌막.

어얼시구 불매야 / 쇠는 어디쉰고 달내쇠골 토철이다/ 어얼시구 불매야 저절시구 불매야 / 숯은 어디 숯인고 왕방골 참숯이라/ 어야여루 불매야 어얼시구 불매야 / 이 쇠 녹여 백동화로 만들고/ 어얼시구 불매야 저절시구 불매야 / 저 쇠 녹여 조선 솥 만들어라 / 어야여루 불매야 어얼시구 불매야

태가꾼 김 씨는 달천 쇠골에서 광석 공급이 중단된 후 배내골 숯쟁이로 생을 마쳤다.

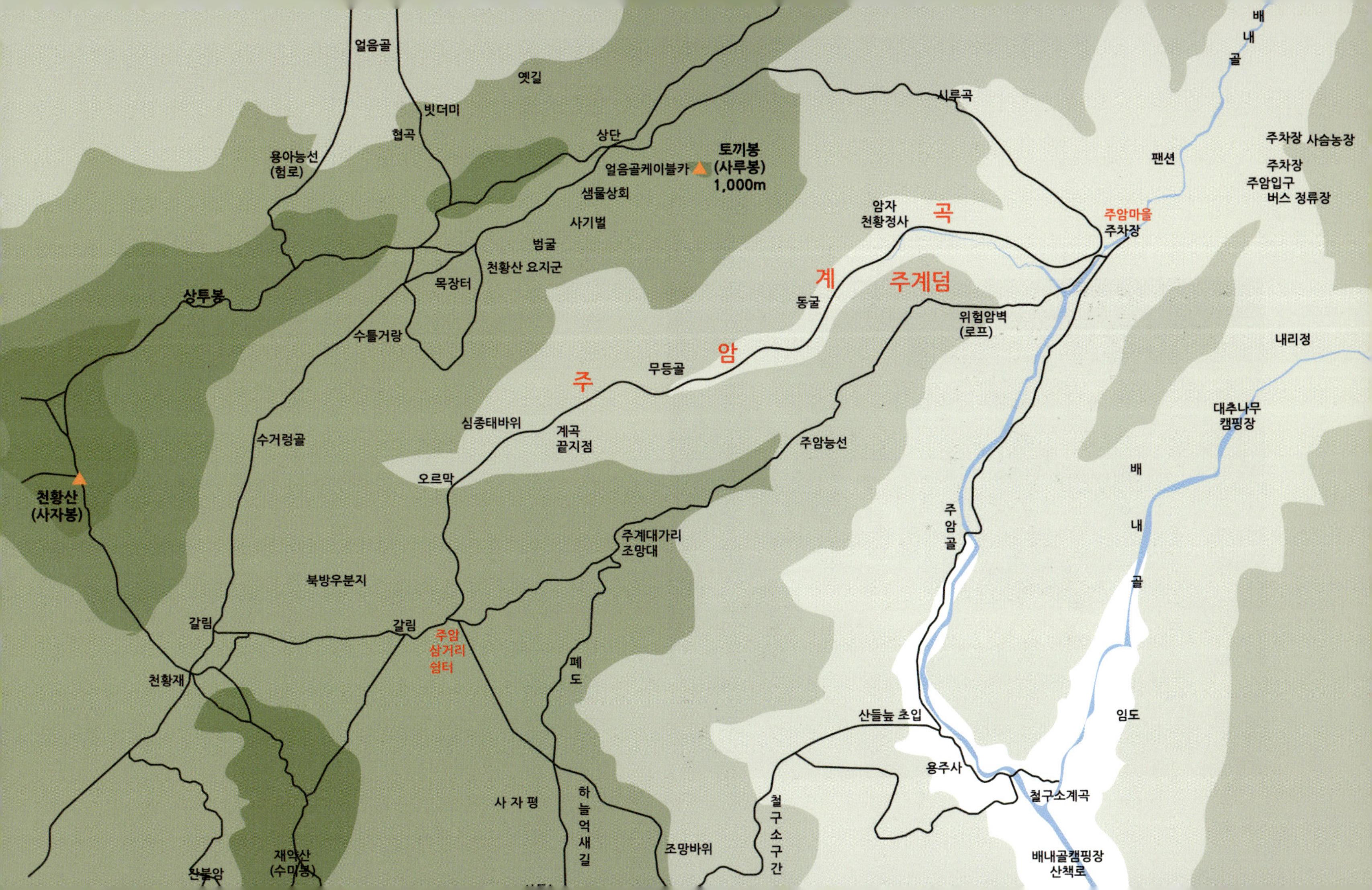

얼음골
옛길
빗더미
협곡
용아능선
(험로)
상단
토끼봉
(사루봉)
1,000m
얼음골케이블카
샘물상회
사기벌
범굴
천황산 요지군
목장터
상투봉
수틀거랑
수거렁골
천황산
(사자봉)
시루곡
암자
천황정사
주암계곡
주계덤
동굴
무등골
위험암벽
(로프)
심종태바위
계곡
끝지점
오르막
주암능선
주계대가리
조망대
북방우분지
갈림
갈림
주암
삼거리
쉼터
천황재
폐도
사 자 평
하늘억새길
조망바위
재약산
(수미봉)
산들늪 초입
용주사
철구소계곡
철구소구간
배내골캠핑장
산책로
임도
주암골
배내골
대추나무
캠핑장
내리정
주차장 사슴농장
주차장
주암입구
버스 정류장
팬션
주암마을
주차장

7.
배내골 오지 | 통속마을 주계덤

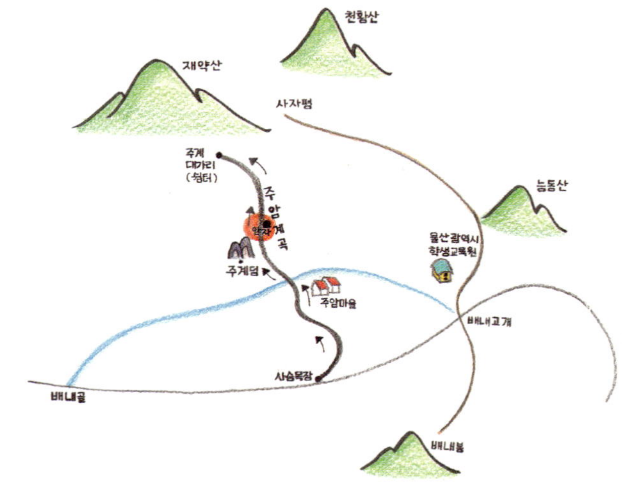

열린 호박도 썩는 주암골

배내골에는 응달 물이 좋은 아홉 개의 골짜기, 즉 배내구곡梨川九谷이 있다. 그중에서 주암골은 하늘이 막힌 골짜기라 열린 호박이 익기도 전에 썩어버리는 오지이다.

나는 육지의 섬으로 향하는 버스를 탔다. 입춘 무렵인데도 산봉우리 알머리에는 잔설이 쌓였고, 골바람은 쌀쌀했다. 버스는 배내오령 중의 하나인 배내고개(일명 장구만디)에 올라섰다. 멀리 배내골 오십 리 수계는 실 배암처럼 꾸물댔고, 이십 리 밖의 재약산 '북방우분지' 일대와 천황산 '사자평'에는 잔설인지 억새인지 설핏 봐서는 구분 지을 수 없는 실루엣 물결이 펼쳐져 있었다.

가볍고 야문 배내골 나무바가지

나무바가지로 입살이를 했던 신기택(89세) 씨가 살고 있는 개울가 집으로 내려갔다. 대문도 없는 개딱지 움막 앞에서 인기척을 내자 노부부가 방문을 열었다. 의심이 많은 화전민과는 달리 눈빛이 선해 보이는 노인네였다. 신 씨는 이곳에서 목기장으로 입살이를 해왔다. 신 씨에게 나무바가지를 써본 사람의 소개로 왔다며 인사를 건넸다. 치아가 빠져 볼이 홀쭉한 신 씨는 "이제 나이가 많아 바가지는 만들지 않는다."며 대수롭지 않게 받아들였다.

손재주가 뛰어난 신 씨는 나무를 다듬어 다양한 목기들을 만들었다. 귀가 달린 함지 · 나무바가지 · 주걱 · 나무 절구통 · 똥장군등 대부분 삶에 도움을 주는 생활용품이었다. 통나무의 속을 파서 주름을 넣어 만든 주름함지박과 나무바가지는 근동에서도 알아주었다. 이 목기들은 주로 천황산에서 벤 소나무와 참나무를 사용했다. 참나무 바가지 한 개를 만들기 위해서는 진종일 공들여야 했고, 소나무 함지는 송진을 빼기 위해 쪄서 수공으로 제작, 다시 불에 굽는 복잡한 과정을 거쳐야 했다.

신 씨가 만든 참나무 바가지를 만져보았다. 수십 년이 지난 나무바가지였지만 표면이 매끄럽고 결이 고왔다. 귀가 어두운 신 씨의 아내는 "가볍고 야물다는 소문이 대구 남문시장까지 났었다."며 둥근 나무바가지 꽁무니를 어루만졌다.

하지만 산간 오지였던 배내골에서는 내다 파는 게 문제였다. 마무리 손질이 끝난 나무바가지는 스무 개 단위로 지게로 날랐다. 잰걸음을 뗄때마다 나무바가지 부딪치는 소리가 울렸다. 언양장을 나갈 때는 내리정 선짐이 질등을 넘어야 했고, 팔풍장 갈 때는 천황산 얼음골을, 밀양장 갈 때는 재약산을, 통도사 신평장으로 나갈 때는 영축산 한피기고개를 죽기 살기로 넘어야했다.

배내봉 정상에서 바라본 주계덤. 중간에 주걱처럼 생긴 산더미가 주계덤이고. 그 아래 산간 오지 주앙마을이 보인다. 재약산 산들분지와 천황산 사자평이 하늘을 이고 있다.

멧돼지와 살아온 나무바가지 장수의 설움

한국전쟁 무렵의 혼란스러웠던 배내골 상황을 조심스럽게 물었다. 한참 뜸을 들이던 신 씨는 "그때 나는 산판일을 했다. 천황산 '깨밭타령'에서 사슴 목장으로 삭도를 연결해서 벌채한 원목을 끌어내렸다. 난리통에는 '경사쟁이'들이 몰려와 숯을 굽기도 했다."고 말했다. '경사쟁이'란 알아들을 수 없는 사투리를 쓰는 외지인을 말하는데, 보릿고개를 넘기 위해 들어온 떠돌이나 피난민을 부르는 말 같았다.

신 씨는 "이 골짜기에는 목 없는 귀신이 바글바글하다."며 미처 생각지못한 이야기를 불쑥 꺼냈다. "철구소沼의 이무기 꼬리에 침을 놓아 용이 못된 한을 내가 풀어주었다. 그 이무기에게 양처럼 살라고 타일렀다."며

주암마을의 민가.

남이 알아듣지 못할 말을 혼자서 곱송그렸다.

주암계곡은 한국전쟁 개전 직후인 1950년 7월, 이북 회령에서 남하한 신불산 빨치산의 최초 아지트였다. 당시 소개령이 내려져 이곳 주민들은 대처로 피난을 갔었다. 난리통에 설움 받던 피난살이를 회상한 신 씨는 "대처 사람들은 산돼지와 함께 사는 배내골 사람에게는 방도 안 주었다."며 멸시받던 당시를 잊지 못하는 것 같았다.

역사적으로 저항의 산이었던 신불산, 그 중간을 가르는 육지의 섬 배내골에는 수많은 회생과 멸시의 시대가 있었다. 임진왜란 당시에는 헤아릴 수 없이 많은 의병들이 몰살했고, 조선조 말에는 천주교 교인들의 순교가 끊이지 않았으며, 일제강점기에는 쫓기던 자들의 목숨이 산화되었던 곳이다.

또한 한국전쟁 당시에는 이데올로기의 거대한 싸움터가 되어 숱한 젊은 이들이 목숨을 잃었다. 한국전쟁이 종료된 후 1956년, 부산 감전동에서 배내골로 이주한 한 태극교 신도는 "목 없는 빨치산을 무더기로 매장한 사슴 목장 골짜기에서 밤마다 '내 목 내놓아라'는 울음소리가 들려 공포에 떨었다"며 아연실색을 했다.

한국전쟁이 끝난 후 주민들이 다시 배내골로 돌아왔을 때는 사방 칠십 리가 잿더미로 변해 있었다. 논밭에는 총알 · 박격포 · 수류탄이 박혔고, 골짜기에는 목 없는 시신이 무더기로 묻혀 있었다.

서늘한 기운이 감도는 주암 계곡 십 리

신 씨의 집을 나와 사자평을 향해 내처 걸었다. 주암계곡 입구에는 주걱 형태의 거대한 산더미인 '주계덤舟係'이 하늘을 찌를 듯 서 있었고, 깊은 골짜기에서는 서늘한 기운이 감돌았다. 주계덤은 낙동강에서 올라온 배

왼쪽은 기계가 만든 바가지, 오른쪽이 신 씨가 팠던 나무바가지.

를 묶었다는 전설이 있는 산더미이다. 그러고 보니 배내봉에서 건너다보면 흡사 휘어진 주걱 모양이었던 것이, 천황산 방향에서 내려다보니 배가 떠내려가는 형상을 하고 있었다.

계곡 하류를 벗어나자 화전촌이 나왔다. 외딴 집터는 돌담만 남아 있었고, 화전민이 일구던 논밭은 우묵땅으로 변했다. 신 씨가 살던 산중 목기막과 '경사쟁이'와 숯쟁이들이 임시로 지은 움막은 허물어져 그 흔적만 보였다.

한편, 주암계곡에는세 개의 비밀 동굴이 있었다. 비밀 동굴을 추적하던 중에 만난 무심도인無心道人은 토굴 생활을 하며 염소를 키우는 사람이었다. 그가 기도하는 도량인 냉돌 토굴은 캄캄했다. 무심도인은 "이 골짝에는 냉돌 토굴 외에 황금 동굴과 빨치산 아지트 동굴이 있다. 빨치산 동굴은 입구가 겨우 한 사람이 들어갈 정도로 좁지만, 안은 100명이 들어갈 수 있는 큰 동굴이고, 황금 동굴에는 일본천황의 금괴와 황금 덩어리가 보관되어 있어 산 이름도 천황산이다."고 했다. 그러나 빨치산 동굴과 황금 동굴은 흙과 낙엽에 묻혀 있어 그림의 떡이다. 행여 일확천금을 꿈꾸며 황금 동굴을 찾으려면 목 없는 귀신의 넋부터 추이고 나설 일이다.

상운산
운문재
서나무낭게
주막
삽재 광바우골
이아구
주막
가마귀숲골
장까마귀숲골
캠핑월드
헬기장
불골
쌀바위
돼지옹티골
돼지골
밭배나무정(갈림길)
폭포골
반서방
온서방바위
석리
까치만리
가지산북능
진 등
불당골
더운골
강산
가지산
흰바위
옥류동
석남사
옥류동천
석남사주차장
500년
왕철쭉
철쭉군락지
황 룡 등
행정마을
가지산중봉
안영장골
한디기 주막 터
마당바위
살티
용수골
석남재
영장골
전망바위
매봉지
문필봉
휴게소
철쭉
수목원
물팍등
백 호 등
부채덤
입석봉
부처바위
참새미골
양등재
매봉암
국수
양등
쇠점골
어
심
내
기
짝방골
참새미골
가지산

8. 가지산 오지 | 석남사 경내마을 불당골

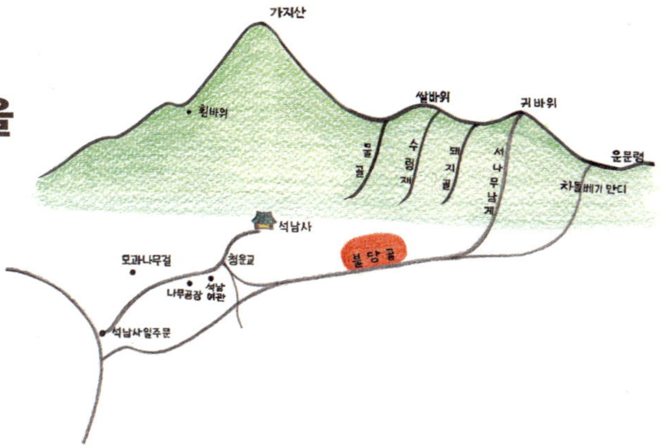

석남사가 숨긴 오지마을을 찾는 시공여행

가지산 석남사에서 때 아닌 목도 소리가 들렸다. "영차, 영차, 어기야 영차!" 무거운 통나무를 목도질하는 인부들이 걸음걸이를 맞추는 소리였다. 인부들은 물레방아 도는 징검다리를 건너 나무 공장으로 운목運木 했다.

그로부터 반세기가 지난 후, 나는 백발이 성성한 세 어른들과 함께 석남사를 찾았다. 석남사 경내에서 45년간 여관을 운영했던 최기윤(89세) 씨와 나무 공장 작업반장으로 일했던 윤홍걸씨, 그리고 일제강점기에 송유공장(일명 소까시 기름 공장)에서 일을 했던 장태조 씨였다. 신사풍인 최 씨는 무던한 편이었고, 중노동으로 눈이 옴폭 들어간 윤 씨는 얼굴이 퀭했다. 장태조 씨는 방 구들에서 몸져누워 있다가도 사물놀이 소리만 나면 벌떡 일어나 덩실덩실 춤을 추는 신명 좋은 인물이었다.

만고풍상을 겪은 세 사람을 모시게 된 것은 일제강점기 때부터 석남

국도 24호선 상북 소야정에서 본 가지산.

사 경내에 있었던 절 마을인 '불당골'과 '모과나무걸'을 알아보기 위해서였다. 과거 석남사 경내에 유일무이하게 여관과 나무 공장, 송유 공장이 있었다는 사실을 아는 사람은 드물었다. 여관과 나무 공장(울산목재)은 사이좋게 이웃했는데, 일주문에서 절을 오르다 보면 청운교 약간 못 미친 쯤에 위치했다. 또 '모과나무걸'과 '불당골'은 외부인의 눈에 잘띄지 않는 산기슭에 숨어 있다.

석남사 일주문 노송은 신음하는 백성의 얼

세월을 거슬러 오르듯 석남사 일주문을 지나 소나무길을 천천히 걸어 올랐다. 일주문 초입에는 열 척 스무 척 소나무가 무더기로 우거졌다. 앞서거니 뒤서거니 길을 열던 윤 씨와 장 씨가 껍질이 벗겨져 흉측스럽게 일그러진 여러 소나무들을 유심히 살폈다. 소나무 아랫도리에 V자로 벗겨진 상흔을 발견한 작업반장 윤 씨가 "소까시(송유) 기름을 짠다고 파낸 흔적."이라며 나를 불렀다. 그러고 보니 V자로 껍질이 벗겨진 소나무가 곳곳에 있었다. 아름드리 소나무가 껍질이 벗겨지고 난도질당한 상흔은 일제강점기하에 신음당한 백성들 모습인 양 안쓰럽다.

밑동이 실한 왕 소나무 곳곳에서 똑같은 상흔을 발견한 장 씨는 "V자로 벗긴 껍질 밑에 깡통을 매달아두면 한 달에 한 통 정도의 송진이 나왔다. 그 송진은 불당골 기름공장에서 시커먼 송유로 짜냈다."고 덧붙여 설명했다. 일제강점기 조선총독부는 대동아전쟁에 사용할 송유를 수탈하기 위해 혈안이 되어 있었는데, 소나무 군락지마다 주민들을 강제 동원하여 일을 할당했다. 송진을 빼앗긴 소나무는 고사되기 일쑤였고, 살아남은 소나무는 흉측한 모습으로 일그러졌다. 그 수탈의 흔적은 석남사뿐만 아니라 운문사 입구에도 고스란히 남아 있다. 당시 불당골 송유 공장에서 기름 짜는 일을 했던 윤 씨 는 "여기서 짠 기름은 일본 관리가 도라꾸(화물차)에 실어 부산으로 가져갔다."고 기억했다.

세 사람과 함께 고즈넉한 소나무길을 빠져나와 영장골 '모과나무걸'로 걸어갔다. 이곳에 있었던 마을은 이미 오래전에 사라졌지만 다행히 석남재를 오르는 힌디기로 가는 지름길은 희미하게 남아 있었다. 석남사 경내에는 오래전부터 두 마을이 있었다. 1년 땔감을 해주고 절땅을 경작하던 불목지기가 살았던 '모과나무걸'과 석남사 대처승 식솔이 거주하던 '불당골'이었다. '모과나무걸'은 여관이 사라질 무렵에 도매금으로 사라졌으나,

석남사 옥류동천

열두가구가 살던 '불당골'은 지난 30년 전부터 한두 가구가 나가기 시작해 이제는 달랑 두 가구만 남아 멸촌滅村의 운명에 놓이고 말았다.

경내에 있었던 '석남 여관'과 '나무 공장'

'모과나무걸'을 빠져나온 세 사람은 이번에는 나무 공장이 있었던 곳으로 이동하였다. 일주문에서 큰 절로 가는 고즈넉한 길가에 구름다리라 불리던 청운교 밭뙈기가 눈에 들어왔다. 석남 여관과 나무 공장이 있었던 곳이다. 개울을 건너기 직전의 밭뙈기에서 발길을 멈춘 세 노인은 세월의 무상함에 젖은 듯 주변을 두리번거렸다. 나그네들이 조용히 묵고 가던 여관은 밭뙈기로 변하였고, 나무 공장은 공중화장실로 바뀌어 있었다. 과거 여관은 방 여섯 개 달린 목재 주택이었고, 나무 공장은 제법 큰 구모의 제재소였다. 여관을 운영했던 최 씨는 "마루타(통 나무) 실어 나르는 산판꾼들이 도꾸이(단골)였다. 한국전쟁 당시 이북에서 피난 온 피난민도 더러 자고 갔지만 떠내기라 누가 누군지잘 모른다."고 했다. 최 씨는 무던해 보이는 외관과는 달리 별난 이력을 가진 사람이었다. 여덟 살 때 어머니를 따라 '석남여관'으로 들어간 그는 열여섯 살에 석남사에 출가하여 재무스님이 되었다. 그 당시만 해도 석남사는 대처승이 주지로 있는 궁핍한 말사에 불과했다. 한국전쟁이 터

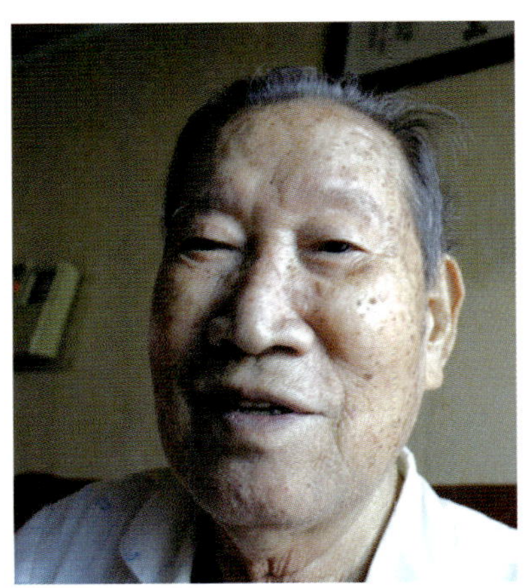

석남사 경내에서 45년 동안 석남여관을 운영했던 최기윤 씨. 여덟 살 때 어어니를 따라 석남사에 들어온 최 씨는 나무 공장과 송유 공장, 불당골 일대를 정확히 기억했다.

져 '신불산 빨치산'이 신출귀몰하자 군경은 울산 밀양, 청도 일원에 소개령을 내려 강제 이주를 시켰다. 배내골 입구에 있는 석남사 역시 예외가 아니어서 사흘 두루 밤손님(빨치산)이 내려와 총부리를 겨누는 바람에 몇 차례 죽을 고비를 넘겼다. 그는 승려생활을 미련 없이 버리고 어머니가 운영하던 석남 여관을 물려받았다.

그러나 한국전쟁이 끝난 후인 1957년 무렵, 대처승이 주지로 있던 석남사가 비구니절이 되면서 경내에 있던 남정네들과 외부인들은 일주문 1000미터 밖으로 쫓겨나야 했다. 최 씨는 "남자 스님들이 있던 석남사는 이승만 정권 때 불교 파동 이후 비구니절로 바뀌었다. 경내에 있는 남자들을 꺼려하는 비구니들 때문에 여관은 1000미터 밖으로 나가고, 남자들은 뿔뿔이 흩어졌다."고 말했다. 작업반장 윤 씨는 나무 공장이 문을 닫자 인근 마을로 이주하였고, 마땅히 오갈 데 없는 토박이 장 씨는 불당골에 그대로 눌러 앉았다. 최 씨는 일주문 밖 인근에 논 세 마지기를 구입하여 방 열다섯 칸 여관 영업을 이어갔다. 그로부터 10년이 지난 후 재건축을 하던 중에 석남사의 반대로 공사가 중단되는 사건이 터져 55년간 운영하던 석남여관은 문을 닫았다.

처자 거느린 대처승들의 속가였던 '불당골'

세 사람과 함께 구름다리를 건너 동쪽으로 난 한적한 외길로 들어갔다. 외길을 꺾어 들자 방정맞은 염소 울음소리와 함께 산으로 에워싸인 흑백 마을이 나타났다. 쌀바위 · 귀바위 · 물팍등 · 물골 · 돼지골 · 수렁재 · 차돌베기……. 병풍처럼 둘러쳐진 산세와 깊은 산주름에 압도 당할 지경이었다. 생각도 못한 오지마을을 맞닥뜨린 나는 까치집 같은 불당골을 잠시 나와 석남사 큰절을 돌아보았다. 큰절과는 불과700미터 거리였다. 이곳에서는 운문사로 가는 '귀바위', '학심이골', 한양 가는 옛길인 '서나무낭게' 길과도 연결되어 있었다.

불당골이란 흔히 절 앞에 였는 마을을 일컬었는데, 이곳은 과거 처자를 거느린 석남사 대처승들이 가족을 숨겨둔 속가였다. 누구보다 이 일대에 밝은 작업반장 윤 씨는 "아내가 있는 대처승은 절 지붕에 비가 새도 안 고친다는 말이 있더라. 중질하던 영감이 마누라와 자식은 숨겨 두었던 마을이다."고 밝혔다. 절에 입살이를 하며 살아온 장 씨는 난데없는 말에 다소 심기가 불편한 듯했다. "구린게 있기는 하지만 거느린 처자를 먹여 살려야 하는 건 누구나 똑같다."며 딴죽을 걸고는 "불당골 사람들 고생 무지했다. 아녀자들은 절 공양이나 빨래를 하고, 남정네 대부분은 산에서 숯을 구워 연명했다." 혼잣말처럼 주절대는 장 씨의 쉰 소리를 염소 울음소리가 앗아가고 있었다.

불세출의 애환이 서린 가지산 기슭의 민초들

마을을 가로질러 송유 공장으로 발길을 옮겼다. 마을 우물을 지키는 회나무 인근에 두 채의 민가와 늙은 감나무가 띄엄띄엄 서 있었다. 이곳이 기름을 짜던 송유 공장이라 할 수 있는 흔적은 어디에도 찾아볼 수 없었다. 할 수 없이 가지산에서 벌목한 통나무를 내렸던 집목장集木場으로 걸어 올라갔다. 불당골 윤 씨는 "전쟁이 막 끝난 뒤라 경사쟁이들이 일감을 찾아 떼거리로 몰려들었다. 험한 일을 하는 산판꾼이나 목도꾼들의 역할은 경사쟁이가 맡았고, 주민들은 장작 태가를 했다. 산판꾼들이 수텅재에서 삭도(일병 덴사코)에 통나무를 달아 집목장에 내리면 목도꾼들은 나무 공장으로 날랐다. 열 척 통나무가 빠른 속도로 내려올 때는 불빛이 번쩍거렸고, 떨어지는 순간 지축을 울리는 굉음이 들렸다."고 했다. 말을 듣고 있던 작업반장 윤 씨가 이어서 "나무 공장 인부들이 통나무를 가슴팍에 걸고 발동기 톱날을 향해 밀면 두 줄로 도드라지게 캐지더라. 땔감이 귀한 시절이라 작은 나무는 장작으로 썼다."는 윤 씨는 회상도 버거운지 퀭한 얼굴을 찡그렸다. 집목장을 돌아보고 나오는 길에 불당골 마을 어귀에 있는 아름드리 미인송을 만났다. 족히 200년은 됨직한 노송인 것으로 봐서는 불당골이 이곳에 터를 잡은 지 오래된 것이 분명했다. 그중 한 그루는 벼락을 맞은 고사목이었다. 휠대로 휘어진 미인송은 보면 볼수록 매력적이었다. 첫눈에 반해 홀린듯 미인송에게 다가갔더니 아뿔싸, 송유를 짜낸 V자 상흔이 쌍심지를 켜고 노려보는 것이 아닌가.

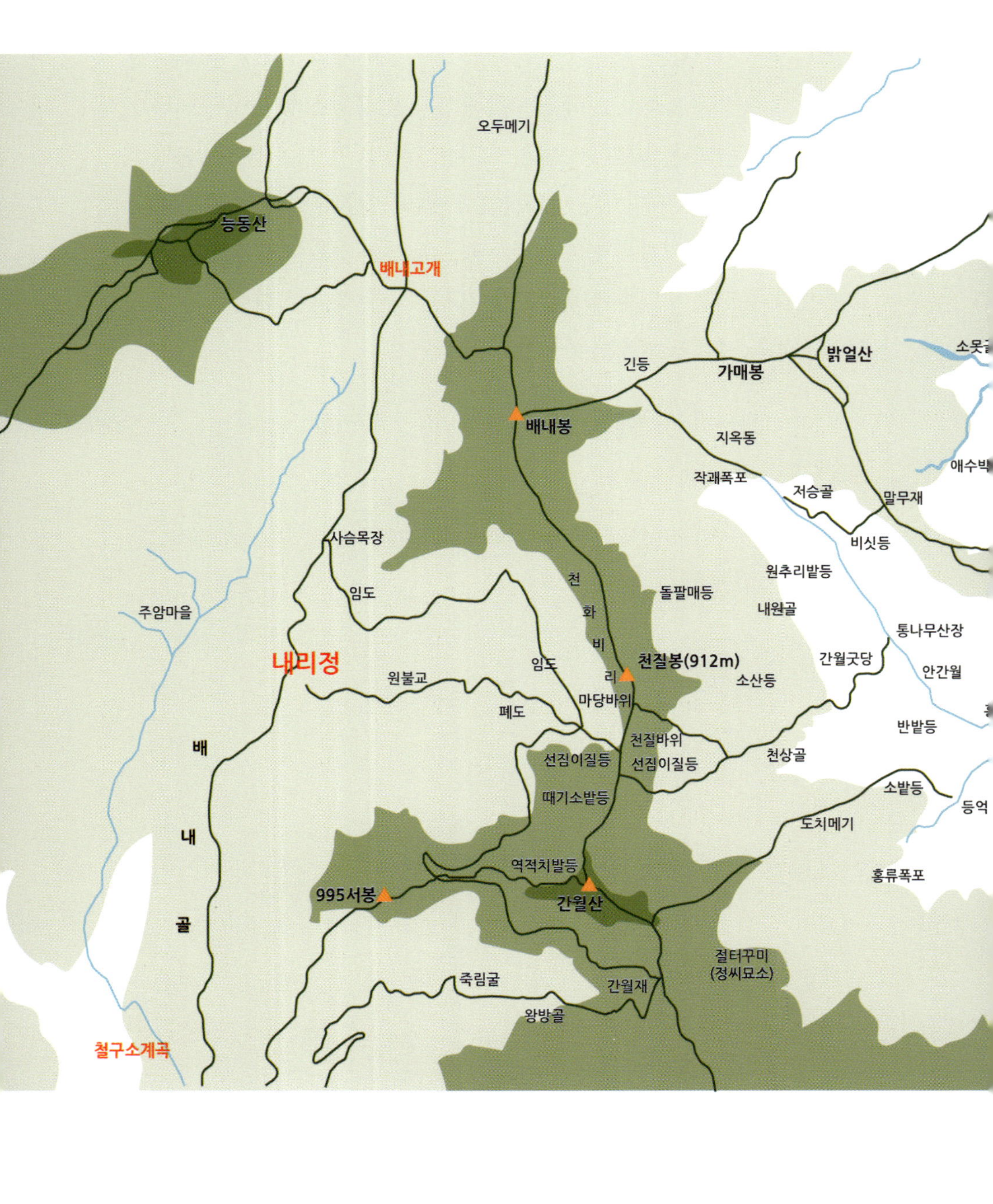

오두메기
능동산
배내고개
긴등
가매봉
밝얼산
배내봉
지옥동
작괘폭포
저승골
말무재
비싯등
사슴목장
임도
원추리밭등
돌팔매등
내원골
주암마을
천
화
비
리
천질봉(912m)
통나무산장
내리정
원불교
임도
간월굿당
소산등
안간월
마당바위
폐도
반밭등
배
내
골
천질바위
선짐이질등
선짐이질등
천상골
소밭등
때기소밭등
도치메기
등억
역적치발등
홍류폭포
995서봉
간월산
절터꾸미
(정씨묘소)
죽림굴
간월재
왕방골
철구소계곡

9.
간월재 오지 | 육지의 보트피플, 내리정

육지의 섬을 떠도는 보트 피플

1949년 음력 9월 26일, 육지의 섬 배내골에서 마지막 피난 행렬이 빠져나갔다. 소개령이 내려진 배내골 사람들의 기약 없는 강제 이주였다. 주민들 대다수는 가파른 간월재(해발 900미터)를 걸어서 넘어야 했다. 맨몸으로도 오르기 힘든 태산길을 이삿짐을 지고 넘는다는 것은 까무러칠 일이었다. 간월산을 넘은 배내골 피난민들은 가까운 친척 집에서 더부살이를 하거나, 아니면 남의 집 셋방살이를 전전했다. 그러나 집주인들은 빨갱이 동네라며 배내골 사람들에게는 셋방 주기를 꺼렸다.

한편, 신불산 빨치산 토벌 작전에 돌입한 군경은 빨갱이 마을로 지목된 배내골을 초토화시켰다.

역사적으로 배내골은 비운의 땅이었다. 임진왜란 당시에는 왜군에 쫓긴 의병들이 숨어 살았고, 조선 후기에는 핍박받던 천주교 교인들의 은둔

처였다. 또한 일제강점기에는 독립군들이 의협심으로 입산하였으며, 한국전쟁 때에는 빨치산의 해방구가 되기도 했다. 척박한 땅에 뿌리박고 살던 배내골 주민들은 혼란기 때마다 이리 뛰고 저리 뛰는 '보트피플'이 되었다. 망망대해를 떠도는 보트피플은 기약 없는 난민 신세가 됐다.

배내골 피난민 중에는 만삭인 임산부도 있었다. 내리정에 살던 이승달 영감의 며느리는 출산이 임박해 버티는 데까지 버텼지만 군경의 최후통첩에 집을 비우지 않을 수 없었다. 밤이면 빨치산이 설쳤고, 낮이면 군경의 눈빛이 두려웠다. 밤낮 가리지 않는 무법천지라 손가락질에 목숨이 왔다 갔다했다.

이 영감의 일가족은 간월산을 넘어 며느리 친정집으로 피난길에 나섰다. 이삿짐을 옮기기 위해 관에서 동원한 짐꾼들이 앞장서 길을 열었고, 살림 꾸러미를 꾸린 이 영감 일가족이 그 뒤를 따랐다. 만삭인 며느리는 까풀막진 선짐재를 기다시피 올랐다. 이 영감 일가족이 선짐재 잿마루에 올라서자 배내골은 불바다가 되었다. 이 영감이 살던 내리정은 물론 큰 마을 이천분교 역시 마른 짚단 타듯 불탔다. 잿마루에서 불타는 마을을 지켜보던 이 영감이 눈물을 삼키며 울먹였다.

일흔아홉 아리랑고갯길 선짐이 질등

그로부터 반세기 넘는 세월이 훌쩍 지났다. 당시 피난길이었던 선짐이 질등을 거슬러 올라 사연많은 피난민을 만났다. 아이러니하게도 길라잡이가 되어준 사람은 만삭 며느리의 배 속에 있었던 이외숙(64세) 씨였다. 피난길에 나선 지 이틀 후 외갓집에서 태어난 그녀는 어느덧 환갑을 넘겨 흰 머리카락이 희끗희끗했다.

나와 외숙 씨는 과거 나무 공장이 있었던 등억리 천상골을 출발하여

첩첩산중 싸인 육지의 섬 내리정.

그녀의 어머니가 계신 배내골 내리정으로 내려갔다. 과거 간월산에는 호랑이, 표범, 이리, 승냥이 같은 맹수가 우글거려 일곱사람이 모여야 오를 수 있었는데, 모이는 장소가 돈터 왕소나무 아래였다.

마침 왕소나무 개울가에서 민박집을 운영하는 연순댁이 외숙 씨를 알아보았다. "이 누고? 내리정 숯태가꾼 큰딸이구나." 오지랖 넓은 연순댁이 미천한 숯쟁이 딸임을 까발렸다. "이 골짝 넘으면 숯 구디 천지였다. 여자 없이 혼자 사는 숯쟁이 수십 명이 숯막을 치고 살더라. 지붕도 없는 얄궂은 숯막에서 콧구멍만 한 문으로 기어 나오더라."며 종덜거렸다.

외숙 씨는 도망치듯 천상골을 빠져나와 선짐이 질등 잿길을 내처 올랐다. 독을 굽고 조릿대 따위를 만들었던 화전촌을 지났다. 우리 두 사람은 산판꾼 막사와 벌목한 나무를 쌓아두었던 집목장을 뒤로하고 울창한 숲으로 들어갔다. 세 개의 산 거랑을 건너자 꼬불꼬불한 잿길이 이어졌다.

선짐이 질등은 하도 가팔라 길손이 짐을 진 채로 쉰다고 하여 이름 붙여진 일흔아홉 개의 아리랑고갯길이다. 외숙 씨는 "숯태가꾼 아버지는 숯을 지고 오를 때마다 일흔아홉 고개를 일일이 헤아리고 올랐다."고 했다. 잿길을 걸을 때마다 느끼는 일이지만 우리 선인들이 걷던 옛길은 자연과 인간의 발길이 창조한 걸작이라는 생각을 떨칠 수 없었다.

자연과 인간의 발길이 창조한 걸작

나는 가파른 잿길을 오르느라 죽을 지경인데 외숙 씨는 시종일관 나물 타령을 늘어놓았다.

"내가 촌 여자라고 시피 보면 큰코 다쳐요. 산천을 헤맨 나물 도사야. 초봄에 두릅 따기 시작하면 고사리, 반달비, 꼬치미, 그다음 산초, 산멀구를 따 돈벌이 했어요. 나물 보따리 이고 언양장에 나가면 쌀 반 가마니 벌기는 문제 없거든요."

외숙 씨는 각다분하게 떠들어댔다.

구슬땀을 흘리며 천질바위天丈巖 아래 '함새미'에 도착하였다. 하늘을 찌르는 천질바위를 한참 올려다본 외숙 씨는 "여기서 돌을 던져 한 번 만에 올라가면 좋은데 시집 간대요"라며 동네 처녀 총각들과 노래하며 올랐던 시절을 떠올렸다. "원래 천질바위는 두 쪽이었는데 신불산 꼭대기까지 물이 차오른 대홍수 때 벼락 맞아 쪼개졌대요. 쪼개진 천질바위는 천상골로 굴러내려 갔고, 지금 남아 있는 한쪽 천질바위도 그때 눈먼 용에게 부딪쳐 기우뚱해졌데요."라 했다.

천질바위 아래에 있는 '함새미'에는 온갖 나물이 자랐다. 외숙 씨는 "오전에 산나물 한 자루 캐고, 오후에 다시 산에 올라가 한 자루를 더 캤어요. 가을이면 버섯 따고, 겨울이면 똥 묻은 소 엉덩이에 깔아주는 '소막거

키질하는 내리정 아낙 외숙 씨.

풀(마른 풀)'을 꼴망태로 날랐어요. 돌아오는 길에는 캔 참나물을 천질바위 함새미에서 쌈 싸 먹었어요"라며 늘어놓았다.

간다 간다, 아이 셋 놓고도 못 간 배내골 어머니

잠시 후 두 사람은 선짐이 질등 잿마루에 올라섰다. 이곳에서는 천화현과 울주군 서부 고을을 한눈에 내려다볼 수 있었다. 후리로 넘어가는 말무재와 여우가 살던 예수박골, 저승골 벼락바위도 보였다. 그뿐만 아니라 과거 간월사 열두 암자가 있었던 절터꾸미, 애비골, 세암골, 도치메기, 반밭등, 비싯등, 돌살매, 내원골, 천상골, 소산등 등의 산주름 깊은 골짜기가

배내골 내리정

힘차게 뻗었다.

잿마루 언저리에는 언양장을 오가던 주민들이 밥초베기와 초롱불을 보관해둔 돌무더기가 있는 고갯마루가 나왔다. 눈썹이라도 빼두고 떠나고 싶었던 주민들은 장에 내다 팔 물건 외에는 죄다 이곳 돌무더기에 보관해두고 장길을 떠났다.

두 사람은 배내골 오지로 남아 있는 내리정에 들어섰다. 내리정 마을은 높은 산에 에워싸여 있었다. 간월산과 중문등, 과거 한국전쟁 당시 격전지였던 995고지 · 가매꼭지봉 · 배미봉이 내리정을 감쌌다. 외숙 씨의 노모는 수확한 들깨를 재에 까불리고 있었다. 반갑게 맞이하는 노모의 선량한 눈빛에는 왠지 모를 애환이 그득해 보였다. 맨몸으로도 오르기 힘든 선짐이 질등을 만삭의 몸으로 어떻게 피난길에 올랐느냐고 묻자 "무거운 배를 끌고 기듯이 올랐다."며 죽기 살기로 피난길에 올랐던 당시를 털어놓았다.

피난살이 후 다시 배내골로 돌아온 일가족은 칡뿌리와 고사리로 보릿고개를 넘겼다.

"칡떡이라고 들어봤소? 먹을게 없어 칡수제비를 해먹고 살았다. 칡뿌리도 많이 먹으면 낯이 퉁퉁 부어 적당히 먹어야 했지만, 그거라도 못 먹으면 뱃가죽이 등에 붙었다."

백동 화로를 사들고 선짐재를 오르던 당시를 잊지 않은 노모는 이어서 "아이셋 낳고 간다는 것이 끝내 못 가고 이 고생이다."라했다.

산주름 깊은 배내골의 한 많은 사연

외숙 씨 노모는 뜻밖의 말을 했다.

"1980년대 후반인가? 간월재 임도를 닦을 때였다. 함바 식당에서 밥을 해주며 자식들 공부를 시켰다. 그때 임도를 닦던 인부들이 유골을 무더기로 발견해 묻어주었다. 어느 인부가 '주마담병'이라는 문둥병 비슷한 피부병에 좋다며 빽다구를 가져가기도 했다."

주민들이 대처로 나가는 통로였던 선짐재 옛길은 1987년 임도 개설 공사로 그 일부가 사라졌는데, 노모가 말하는 유골은 한국전쟁 중에 희생된 빨치산 뼈였다.

노모는 이어서 "부산에서 청바지 회사 부도내고 우리 집에 잠시 세 들어 살던 윤 씨라는 사람이 있었다. 그 사람은 처음에는 파래소폭포 위에 있는 왕방골 개딱지 움막에 숨어 살았는데, 밤마다 이상한 소리가 들려 우리 집으로 이사해 왔다. 구름 끼고 안개 자욱한 날이면 어김없이 군홧발 소리를 내는 귀신이 나타난다는 거야. 너 왔니? 들어와. 문을 열어도 아무 대답 없이 뿌연 안개만 자욱하고, 눈 깜짝 할 사이에 헛것처럼 없어졌다가 나왔다가 했다네. 혼비백산 도망을 가면 빨치산 혼령들이 저벅저벅 걸어온다 카더라." 배내골의 뼈아픈 과거사는 노모의 사연만큼이나 끝이 없었다.

나는 내리정을 빠져나와 실배암 배내골을 천천히 걸었다. 암흑천지였던 배내골은 펜션 단지로 변해 '격세지감'이라는 말 외에는 달리 할 말이 없었다. 눈에 보이지 않는 빙판 아래로 낙엽 찌꺼기가 쓸려가듯 배내골의 아픔 역시 그렇게 흘러갔다.

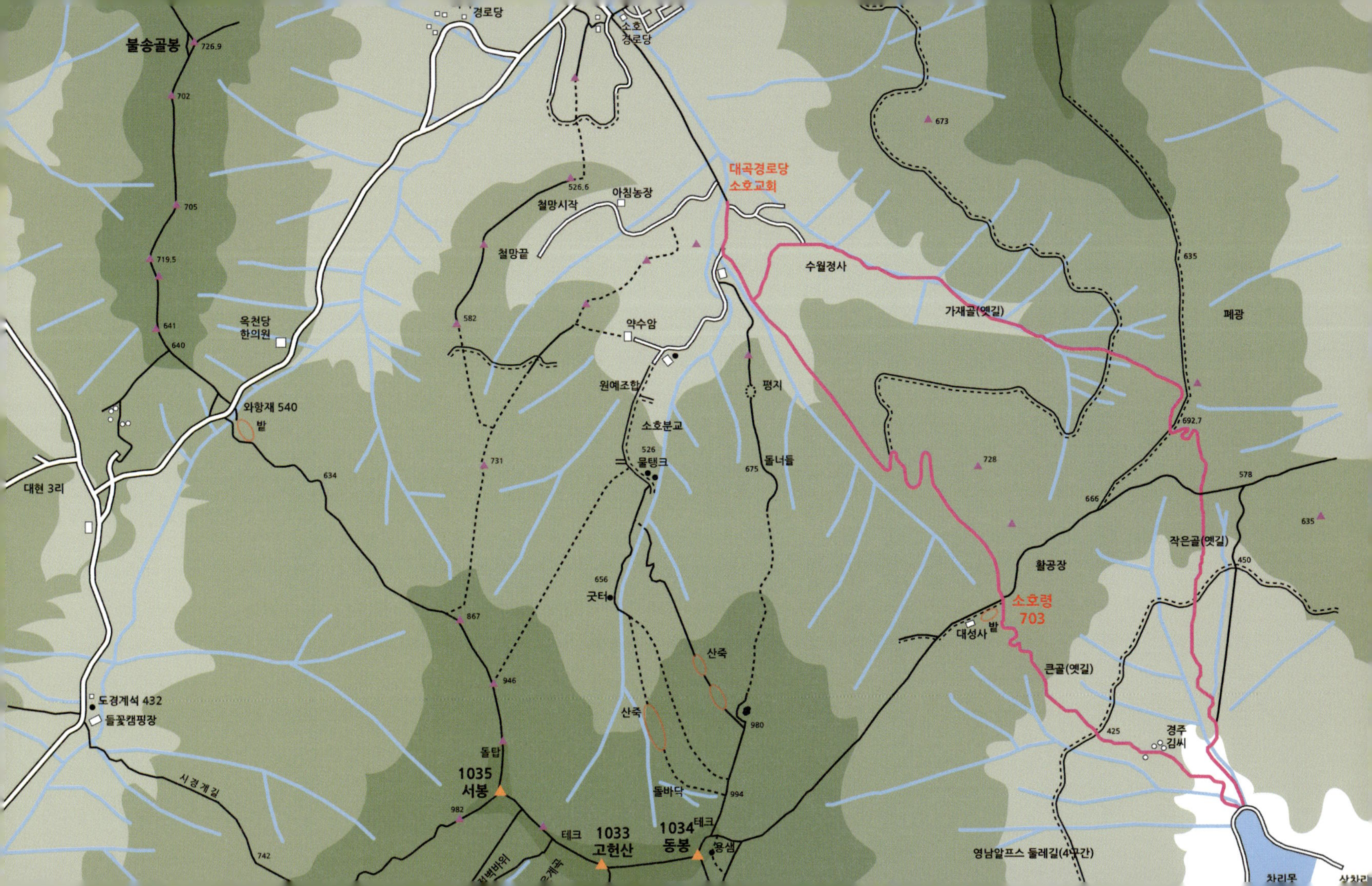

불송골봉
726.9
702
705
719.5
641
640
경로당
소호
경로당
526.6
아침농장
철망시작
철망끝
582
대곡경로당
소호교회
수월정사
가재골(옛길)
폐광
673
635
옥천당
한의원
약수암
원예조합
평지
소호분교
526
물탱크
675
돌너들
692.7
728
578
666
635
작은골(옛길)
450
와항재 540
밭
634
731
대현 3리
활공장
소호령
703
대성사
밭
큰골(옛길)
425
경주
김씨
656
굿터
867
946
산죽
산죽
980
도경계석 432
들꽃캠핑장
돌탑
1035
서봉
돌바닥
994
시경계길
982
테크
1033
고현산
1034
동봉
테크
용샘
742
영남알프스 둘레길(4구간)
차리못

10. 고현산 오지 | 추풍령 가는 소금장수길, 소호령

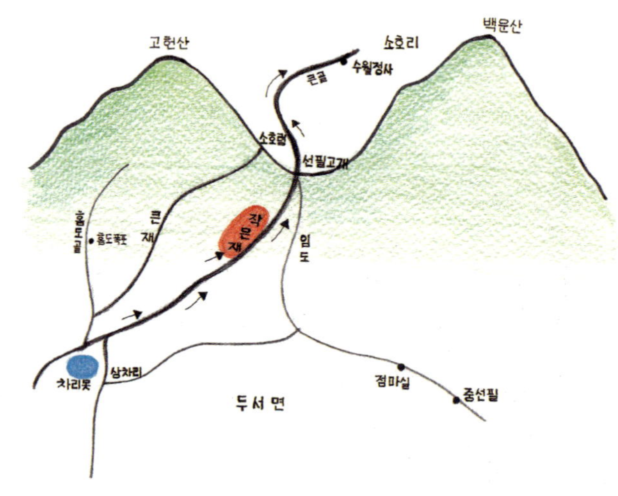

소금장수 어깨 짓누른 소금가마니

두 섬의 소금 가마니를 지게에 진 울산 소금장수가 고헌산 소호령을 헉헉대며 올랐다. 앞장서 잿길을 여는 소금장수 뒤에는 그의 아내 소캐장수가 따랐다. 소금장수는 멀리 산내장 길을 잡았고, 대소쿠리에 마른 멸치를 머리에 인 소캐장수는 가까운 내지를 돌았다. 돌아올 무렵이면 그의 질빵에는 인삼, 약초 따위가 있었고, 소캐장수는 '소야 동골'을 돌아다니며 소캐를 거두어왔다. 다행히 소캐 보퉁이는 부피만 컸지, 무겁지 않았다.

이녁들이 상차리 갑번디기(차리저수지 인근)를 지날 무렵, 고헌산 기슭 홈도골 산판 현장에서는 벌채한 통나무를 집목장集木場에 내리고 있었다. 삭도에 달아 내린 통나무는 천둥 같은 굉음을 울리며 집목장에 떨어졌다. 통나무를 운반하는 목탄차가 야산을 몇 번 뭉개고 지나면 멀건 가리마 길이 났다.

소금장수는 군바위에 소금 가마니를 내리고 소호령을 올려다보았다.

인적 끊긴 소호령 가는 옛길 지붕이 내려앉은 광산 건물 뒤에 보이는 고갯마루가 소호령 작은재이다.

하늘을 이고 있는 고갯마루에는 소금 알갱이를 뿌린 양 기러기 떼가 날았다. "너처럼 날아갈 수 있다면 좋으련만……." 멀리 추풍령까지 가야 하는 소금장수의 행로는 가시밭길이었다. 소호령을 넘으면 겹치기 재가 이어져 가도 가도 멀기만했다.

소금장수는 가파른 고갯길을 오르느라 코가 댓 자로 빠질 지경이었다. 지게 아랫도리에는 풍찬노숙 단지밥을 해먹는 꼬막 옹기가 매달려 있었다. 힘든 고갯길을 오를 때마다 숱이 적은 염소수염을 떨었다. 소금장수는 힘든 고갯길을 오를 때마다 속으로 주문을 외며 버텼다. '오르막길이 있으면 내리막길도 있기 마련이다. 이 멀고 먼 고개를 넘다 보면 어디쯤엔가 그늘 드리운 느티나무가 기다리고 있을 것이다…….' 끈기 있게 오르막 고갯길을 오른 그는 시원한 바람에 구슬땀을 식혔다. 골백번도 더 그랬던 것처럼 '골병만 들고 돈은 되지 않는 이 짓을 왜 해야하는지' 독백했다.

고헌산 끝자락 상차리 마을

내가 소호령을 찾아 나선 것은 삼복더위에 두서 들판이 펄펄 끓을 무렵이었다. 언양에서 나는 다개의 갈밭고개를 지나 소호령 들입인 상차리 마을에 도착하였다. 그 마을은 멀리서 보면 순하게 생긴 고헌산(해발 1033미터)의 끝자락에 위치했다. 올망졸망한 마을 끄트머리에는 아름드리 소나무 두 그루가 경주 김씨의 제실을 배경으로 수묵화처럼 서 있었다. 열두 그루였던 소나무는 태풍에 하나 둘씩 쓰러지고 이제 두 그루만 남았다.

차리저수지 둑에 올라 쪽빛 물 속을 무심코 들여다보았다. 소호령을 오르던 길손들이 지나던 옛길은 짙푸른 저수지에 수몰되었고, 땀으로 멱을 감던 소금장수들이 소 물 캐듯이 하던 약물탕은 물속에 잠겼다. 나는 소호령의 작은 골로 향했다. 마침 삽을 들고 앞서 걷는 노인에게 소호령 옛길을 물었다. "혼자 소호고개 넘는단 말이가? 하긴 옛날에야 보부상들이 줄을 서 다녔지만 이제 길이 끊긴 지 오래라 찾기 어려울거다. 길도 무지 가팔라 지에무시(화물차)도 굴렀다."며 겁부터 주었다.

눈언저리가 들어가 얼굴이 퀭한 노인은 소호고개를 큰재, 선필고개를 작은재라 부른다 말하고는 "큰재는 험해서 산판꾼 외에는 오르는 사람이 없었고, 소야 사람이 왕래하던 작은재 가려면 산판움막을 지나야해. 내 정신봐라. 나도 작은재 옆사리에 붙은 논에 가는 길이니 따라오너라."했다. 나는 노인 꽁무니를 얼씨구 따라붙었다. 삽자루에 몸을 의지하며 걷는 노인은 이곳이 안태고향인 김지성(85세) 씨였다.

쓸만한 물건은 모조리 대처로 나가고

잘방잘방 걷던 김 노인은 삽날로 소호령 작은재를 가리켰다. "작은재

얼음물 홈도골 쌍폭포. 음산한 기운이 감도는 폭포골에는 영남알프스 일대에서는 볼 수 없는 쌍폭포가 있었다. 과거 산판꾼들이 얼음물을 맞아 땀띠를 없앴다고 한다.

는 길이 좋아 소달구지가 다닐 수 있었다. 한때는 언양 소캐장수 · 동골 옥쟁이 · 소야 나무바가지 장수 · 선필 점질꾼 · 울산 등염쟁이가 줄을 서 넘었다. 그렇지만 소야(소호)는 사람 살 데 못 된다. 가보니 흙집에 소까지(송유) 불 켜고 살더라."며 목격담을 말했다. "소야는 쌀보리가 안돼. 보리쌀 감자 구해 가거나 칡뿌리를 캐 먹고 살았다. 차리의 땅 한 평이면 소호 땅 열 평 샀다는 말은 옛말이고 지금은 땅값이 거꾸로 되었다."며 격세지감에 놀라워했다.

김 노인의 다랑이논은 물이 마르지 않는 작은골 골짜기에 있었다. 인근에는 폭격을 맞은듯 폭삭 내려앉은 광산 건물과 낡은 함석집이 보였다. 두 사람은 산판꾼 출신 홍낙포(87세) 씨가 사는 함석집으로 갔다. 산판꾼 출신답게 우락부락하게 생긴 홍 씨는 "산이 뭉개지도록 돌아다녔다. 고헌산에서 벤 통나무를 홈도골의 '구덜들갱분'이란 데로 끌어내렸다. 두 자짜리 통나무를 장작 조각으로 패 한 덩이로 묶는 작업을 했다. 휴전 후에는 지에무시가 들어와 소호까지 넘어갔다. 쓸 만한 것은 대처로 보내고 우리는 '까시선풀(쓰레기나무)'을 땔감으로 썼다."고 말했다.

먹고살기 어려운 시절이었다. 막장일이었던 산판꾼의 한달 품삯은 겨우 보리쌀 한 말. 먹고살기 위해서는 위험을 무릅쓰고 산을 타야 했다. 소호마을에는 나무바가지 · 똥장군 · 나무 함지를 만드는 목기꾼이 살았다. 홍 씨는 "소야 나무바가지 장수는 달그락 달그락 나무바가지 부딪치는 소리를 내며 고개를 내려오더라."고 기억했다.

끊겼다 이어졌다 인적 끊긴 지 40년 지난 소금장수길

터줏대감 노인네들과 헤어진 나는 꼬깔봉 산허리를 끼고 도는 작은재를 내처올랐다. 통행이 끊긴 지 40년이 지난 잿길은 잡목과 낙엽에 가려져 가시밭길이나 마찬가지였다. 무더기로 쌓인 낙엽은 무릎을 덮었고, 가시 돋친 잡목은 길을 막았다. 어렵사리 산 중허리쯤에서 임도를 만났다. 임도를 마다하고 잿길을 찾다가 사다리 걸린 소래길을 다시 발견하곤 쾌재를 질렀다. 이 작은 발견이 부평초처럼 떠도는 나의 소박한 기쁨이었다. 흙에 묻히고, 낙엽에 덮이고, 물길에 쓸리고, 세월에 지워져도 절대 고독으로 걷다 보면 길을 찾는 내 눈썰미에 속살을 드러내 보였다.

여기서부터는 길이 중간중간 끊겼지만 그럭저럭 걸을 만했다. 과거 소달구지가 다녔던 소호령 잿길은 소호 주민들의 통로였고, 열 척 아름드리 통나무를 끌어내린 산판길이 였으며, 또한 풀을 베 날랐던 생활 길이기도 했다. 이 길을 따라 무거운 소금가마니를 지고 죽기 살기로 올랐던 소금장수들은 멀리 내지로 나갔고, 풀을 베는 주민들은 백운산 감태바위를 맴돌았다.

한편, 일전에 찾아간 적이 있는 고헌산 비알 '홈도골'에는 두 가구가 살고 있었다. 오싹하리만큼 음산한 기운이 드는 홈도골 폭포는 인근에서는 볼 수 없는 귀한 쌍폭포였다. 하지만 산판꾼들이 얼음물을 맞아 땀띠를 씻었던 '새끼등폭포'는 골짜기가 사나워 닭 쫓던 개 지붕 쳐다보듯 쳐다만 보고 말았다. 어렵사리 소호령 잿마루에 올라섰다. 북으로는 경주, 동으로는 두동, 남으로는 언양, 서로는 상북 고을이 연접했다. 인보장까지 삼십 리, 언양장까지 사십 리, 산내장 오십 리, 경주장 백 리, 영천장 백오십 리로, 두서 인보장으로 향하는 길을 인보재라 했고, 언양장으로 가는 작은재를 차골재라 부르기도 하였다.

물정 빠른 보부상은 마른 멸치나 오징어, 미역, 마른 전복 같은 짊어지기 가벼운 건어물을 택했지만, 소금장수는 60킬로그램의 소금 가마니를 져 날랐다. 귀한 고래 고기를 나르는 울산 보부상도 있었다. 한편, 겨울에 소금 가마니를 지고 오른 사람은 김장철을 앞둔 소호 장정들이 대부분이었다. 천하 없어도 소금 없이는 살 수 없다. 소금은 사람뿐 아니라 물을 켜

소호에서 만난 황계화 할머니.

는 가축도 필요했다.

소호령 작은재를 넘자 또 다시 임도가 나타났다. 임도에서는 숫돌을 캤던 와리 야산과 돈자루를 싸 들고 서울 상인들이 줄을 섰다는 동곡 자수정 광산이 있었다. 임도에는 '상북소호지구 97 임도공사' 팻말이 박혀 있었다. 고헌산 소호령 이쪽저쪽에 임도가 생기면서 아쉽게도 옛길은 잘렸다. 할 수 없이 임도를 타고 과거 산판을 했던 소호 큰골로 직행하였다. 한적한 큰골을 내려오다가 노루 한 마리를 발견하였다. 달아나다가 돌아보고, 또 다시 달아나다가 돌아보고, 곧장 내빼지 않고 가다가 말고 왜 돌아보는 것일까? 이상하다고 생각하며 소호 마을로 내처 걸어갔다.

소호에서 만난 황계화(82세) 씨는 소호령에 대한 애달픔이 남달랐다. 부엌에 쪼그려 앉아 바가지 밥을 먹던 할머니는 "말도 마소. 꼭두새벽에 집을 나서 돌아오면 오밤중이었다."며 스무 개 나무바가지를 묶어 지게집 지고 소호고개를 넘어간 영감이 소금가마니를 지고 돌아오기를 기다렸던 기억을 되새김했다. 또 군대 가는 아들이 소호 고모령을 넘을 때 돌아보고 또 돌아보던 기억을 잊지 않고 있었다. 나는 무릎을 탁 쳤다. 그렇구나. 큰골에서 본 그 노루가 바로 '주장 고모령'이었구나. 노루가 돌아보는 이유는 모성애 때문이었다. 새끼를 보호하기 위해 상대방을 다른 곳으로 유인하려 했던 것이다. 노련한 포수는 노루가 뒤돌아 볼 때 총을 쏜다. 어미 노루를 잡으면 새끼와 수놈까지, 한꺼번에 세 마리를 잡는다는 가지산 최 포수의 말이 뇌리를 스쳤다.

· 3부 ·

막힌 하늘을 불로 뚫은 천화현 옛길

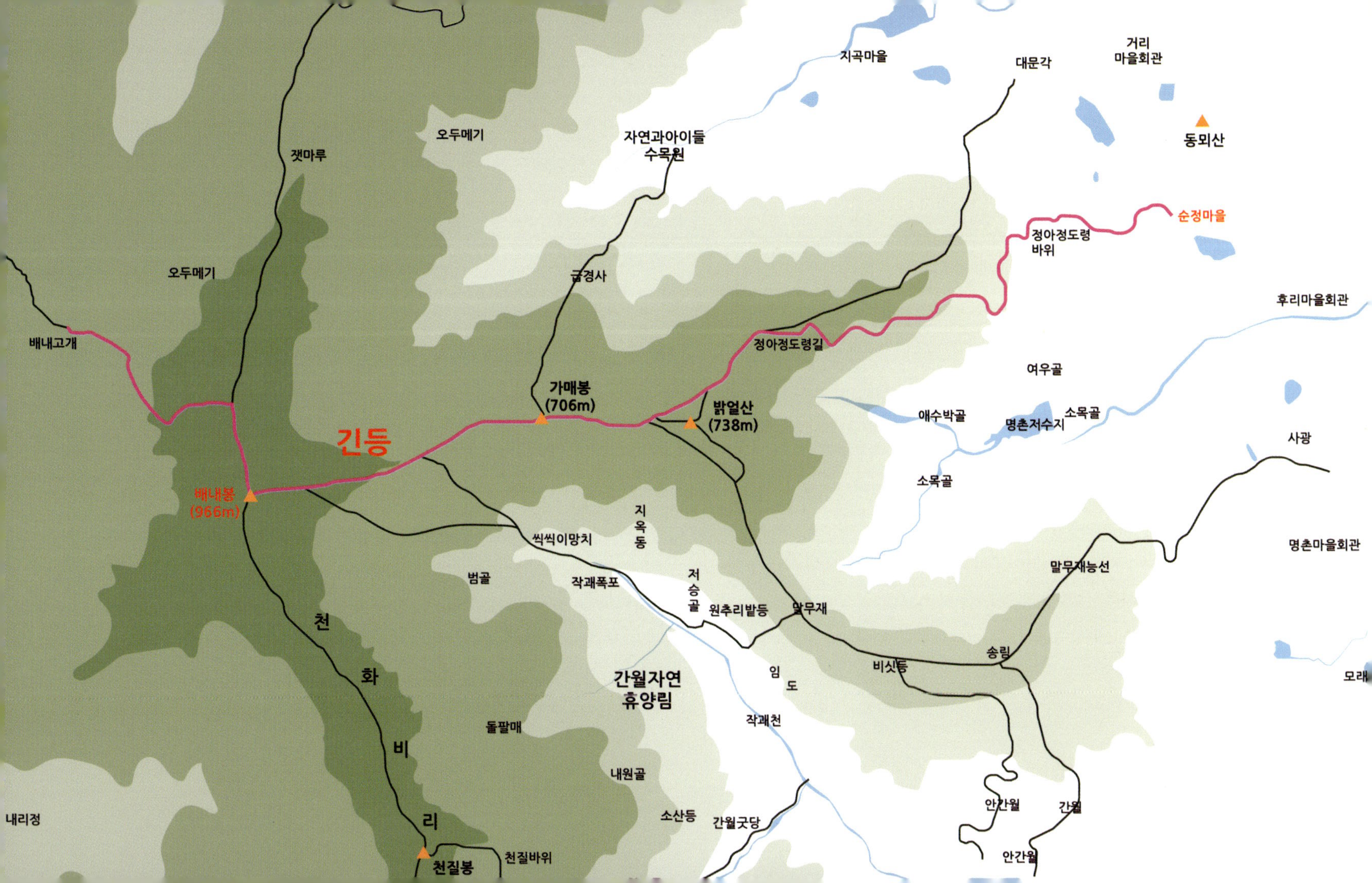
긴등
배내봉
(966m)
가매봉
(706m)
밝얼산
(738m)
순정마을
정아정도령
바위
정아정도령길
배내고개
오두메기
젯마루
오두메기
자연과아이들
수목원
금경사
지곡마을
대문각
거리
마을회관
동뫼산
후리마을회관
여우골
애수박골
명촌저수지
소목골
소목골
사광
명촌마을회관
말무재능선
송림
비싯등
말무재
원추리밭등
저
승
골
지
옥
동
씩씩이망치
작괘폭포
범골
임
도
작괘천
간월자연
휴양림
돌팔매
내원골
소산등
간월굿당
천
화
비
리
천질봉
천질바위
내리정
안간월
간월
안간월
모래

1.
천화현 | 꽃가마 갈아타던 긴등

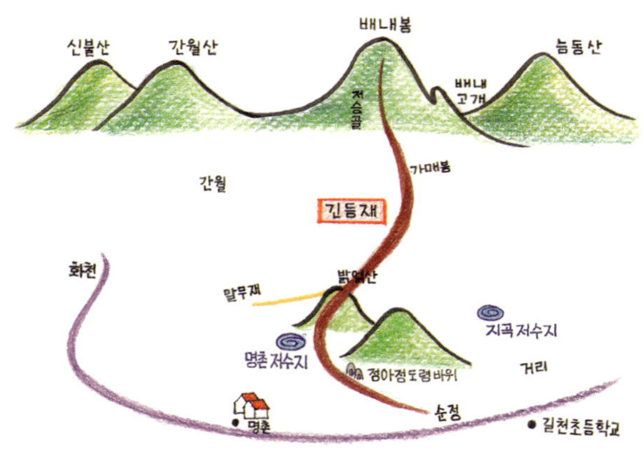

기상 높은 영남알프스의 지붕 '천화현'

영남알프스 지붕을 이고 사는 상북 고을 사람들이 뿔났다. 상북 들판에 트랙터와 경운기를 몰고 나와 시위를 벌인 상북인들은 "세워 두고 눈 빼 먹는 세상"이라며 멍석말이 분통을 터트렸다. 얼굴에는 한겨울 추위가 걷히지 않았고, 걸쭉한 말투에는 울음기가 섞여 있었다. 지역 발전을 믿고 고래 들판을 농공단지에 내주었건만, 땅만 편입시키고 약속을 저버렸다며 터트린 울분이었다.

마침 나는 영남알프스의 지붕인 천화현穿火峴에서 이날의 시위를 지켜보았다. 기름진 상북 들판을 병풍처럼 에워싼 천화현은 가지산에서 간월산 그리고 배내봉 남동쪽 부로산까지 이어진 길고 긴 산등을 말한다. 남쪽으로는 간월산, 서쪽으로는 능동산과 천황산 사자평獅子坪, 북쪽으로 오두산, 동쪽으로 는 밝얼산이 뻗었다.

천화현은 울창한 숲에 가려져 하늘이 보이지 않아 불을 질러 하늘을 뚫었다는 유래를 간직하고 있다. '뚫어서 통하게 한다'는 천穿의 의미가 불뫼火山와 연결된 것이다. 간월산 불등 · 신불산 칼등 · 천황산 사자등 · 능동산 얼음등의 아찔한 벼랑은 마치 불에 데인 공룡이 꿈틀거리는 형상을 하고 있어 영남알프스의 불등火登과도 같다. 과거에는 밀양 얼음골 산내면을 천화면이라 불렀고, 신불산 아래에는 '천화'를 거꾸로 읽은 '화천'마을과 지화마을이 있다.

못다한 사랑을 그리는 '정아 정도령'

꽃가마를 타고 긴등을 넘어온 박정순(92세) 할머니를 만났다. 박 할머니가 계신 곳은 산중 요양원. 경운기 사고로 육신은 망가졌지만 정신만은 새댁 못지않았다. "동짓달 눈이 오는 날이었어요. 배내골 가매(가마)를 타고 배내봉에 올라가니 상북 가매가 기다리고 있습디다. 오줌 누는 소리가 나지 않도록 여물 깐 놋요강을 조심스럽게 상북 가매로 옮기려니 얼마나 부끄럽던지……." 열일곱 살에 시집갈 당시의 두근거림이 소롯이 살아났는지 깻잎처럼 작은 박 할머니 얼굴에 수줍음이 흘렀다. 신부가 탄 가마가 태산을 어떻게 넘었을까 싶지만 정해진 혼사는 악천후에도 이루어졌다. "하늘만디에서 가매를 갈아타고 내려오는데 어지러워 눈을 감고 있었어요." 가마꾼들의 눈 밟던 소리를 잊지 못해 하는 박 할머니는 "가매 탄 새댁을 구경하려고 동네 사람들이 설거지를 하다말고 뛰어나오더라."며 웃었다. 마을 아낙들과 어울려 순정만디에 나물을 캐러 다니던 시절도 떠올렸다. "'정아정도령바위' 지나갈 때는 나물 많이 캐게 해달라는 인사를 드렸어요." 참새미 물가에 둘러앉아 삼베에 싼 주먹밥과 산에서 캔 산부추, 곤달비, 반달비, 꼬망추 참나물을 쌈 싸 먹던 시절을 잊지 못하는 박 할머

상북으로 시집을 가던 배내아가씨가 꽃가마 갈아타던 배내봉 긴등.

니는 "죽기 전에 달고 시원한 참새미의 물 한 모금 마시고 싶다."고 했다.

나는 박 할머니가 꽃가마를 타고 내려왔다는 긴등재로 향하였다. 천화현의 중심축인 배내봉(966미터)에서 하나의 등이 오뉴월 엿가락처럼 남북으로 길게 뻗었다 하여 긴등長登이라 불렸는데, 봉화대가 있는 언양 부로산까지 이어지는 긴 산등이다. 긴등은 과거부터 배내오재의 두 번째 고개로 알려져 있다.

낙엽 융단을 깔아놓아 푹신푹신한 긴등길은 꽃가마가 다니기에 충분해 보였다. 폭은 1~2미터 정도였고, 황톳길이 대부분이었다. 큰 비로 길이 쓸려갈 때마다 길바닥의 돌을 고르는 부역은 마을 사람들 몫이었다. 순정마을에서 밝얼산을 지나 배내봉으로 이어진 긴등재는 예상보다 멀고 길었다. 동쪽에서 뜨는 밝은 해를 일찍 받아들인다 하여 이름 붙여진 밝얼산(해발 738미터)을 지나다 '정아정도령바위'를 만났다. 조선조 시대 배내골의 정

정아정도령바위. 사이좋게 붙어 있는 한 쌍의 바위 중 작은 바위는 정아바위, 큰 바위가 정도령 바위다.

아라는 처녀와 상북고을에 사는 정도령이 못다한 사랑을 그리다가 바위가 되었다는 전설이 전해진다. 정아정도령바위는 순정마을을 바라보고 있었고, 그 바위를 지키던 서어나무는 벼락을 맞아 쓰러졌다. 사이좋게 붙어 있는 한 쌍의 바위 중에서 작은 바위는 정아바위이고, 큰 바위는 정도령바위였다. 산나물 뜯으러 가던 동네 아낙들이 정아정도령바위를 지날 때면 제각기 소원을 빌고는 했는데, 맛있고 부드러운 나물을 많이 따게 해달라거나, 아들딸 시집 장가 잘 가게 해달라고 빌었다. 그러나 나물 캐던 아낙들이 둘러앉아 밥을 먹었다던 참새미를 찾기란 넓은 산에서 바늘 찾기나 마찬가지여서, 결국 박 할머니에게 달고 시원한 물을 구해드릴 수 없었다.

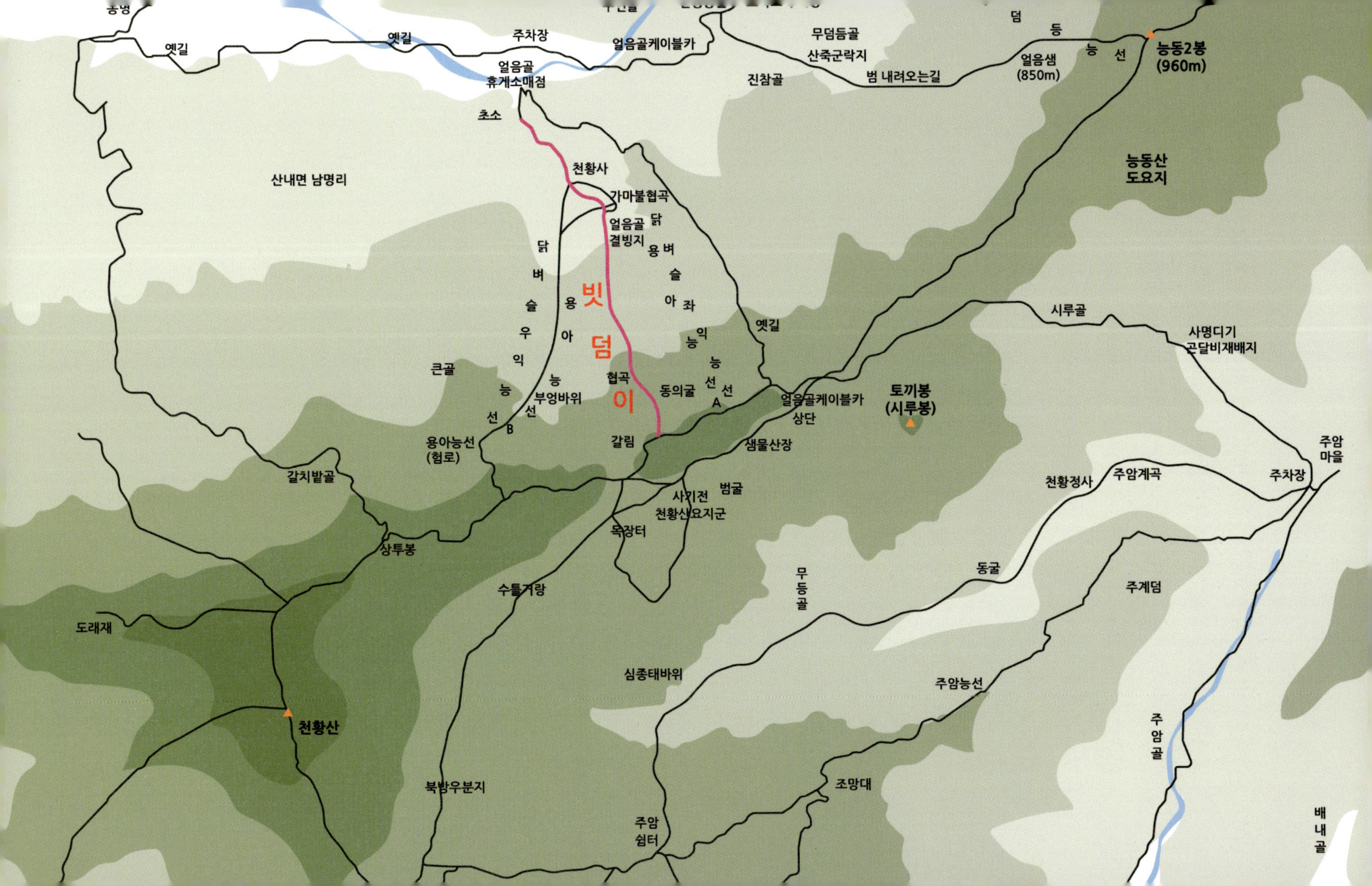

빗
덤
이
능동2봉
(960m)
덤
등
능
선
얼음샘
(850m)
무덤등골
산죽군락지
범 내려오는길
진참골
얼음골케이블카
주차장
옛길
옛길
얼음골
휴게소매점
초소
천황사
가마불협곡
얼음골
결빙지
닭
용 벼
슬
아 좌
익
능
선
A
닭
벼
슬
우
익
능
선
B
용
아
능
부엉바위
선
협곡
동의굴
갈림
큰골
용아능선
(험로)
산내면 남명리
능동산
도요지
시루골
사명디기
곧달비재배지
토끼봉
(시루봉)
얼음골케이블카
상단
샘물산장
옛길
범굴
사기전
천황산요지군
목장터
갈치밭골
상투봉
수틀거랑
도래재
천황산
북방우분지
주암
쉼터
심종태바위
무
등
골
동굴
천황정사
주암계곡
주차장
주암
마을
주계덤
주암능선
조망대
주
암
골
배
내
골

2.
천황산 | 구만구천 돌계단, 얼음골 빗덤이

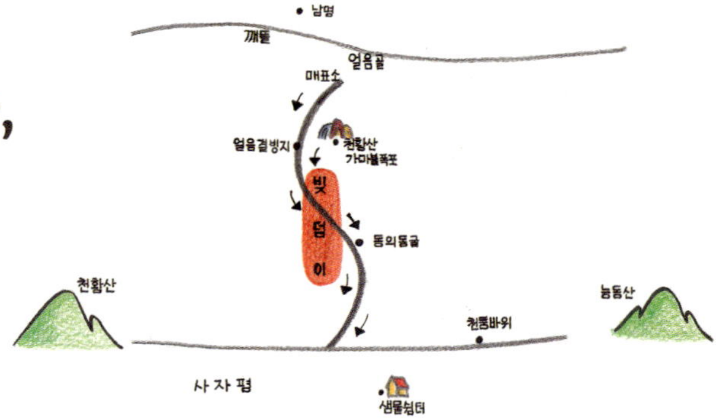

얼음골에서 양산으로 질러가는 지름길

황소 한 마리면 골짜기 논 한 마지기를 살 수 있던 시절이었다. 팔풍팔재를 넘은 흰옷 무리가 얼음골로 향했다. 경산 땅에서 길을 나선 이녁들은 청도 동곡장, 밀양 팔풍장을 거쳐 양산 신평장으로 가는 보부상들이었다. 두렁 격인 인삼장수를 필두로 하여 목기장수 · 삿자리장수 · 사과장수 그리고 보퉁이를 머리에 인 여부상女負商도 있었다. 값나가고 가벼운 인삼을 진 인삼장수 외에는 보퉁이만 잔뜩 컸지 돈은 되지 않아 빛 좋은 개살구였다.

밀양의 남명 '깨뜰'을 지나 얼음골 입구에 도착한 이녁들은 개울가에 모여 협곡을 올려다 보았다. 백 리 길을 우습게 아는 이녁들이었지만 공룡 아가리처럼 생겨먹은 '빗덤이' 앞에서는 오금이 저렸다. 인삼장수는 "사통 '비렁방구(절벽바위)'를 타고 올라야 하는 저 놈의 빗덤이만 보면 떠안은 빚이

천황산에서 내려다본 얼음골.

생각나 상투가 뒤틀린다."며 투덜거렸다.

개울물에 손을 씻고 일어난 삿자리 장수는 천황산 상투봉을 가리키며 "배씩이 내려다보는 상투봉이 빚쟁이 영감 얼굴 같아 치가 떨린다."고 맞장구쳤다. 거기에다 협곡 이름까지 '빚덤이'라 빚더미를 안고 사는 자산의 처지가 더 한심했다. 빚에 쫓기는 삿자리장수는 부평초처럼 떠돌았다. 그러나 가파른 돌무더기 길이라도 한 발 한 발씩 밟고 오르다 보면 정상에 설 것이고, 빚에 쪼들려 죽을 것만 같아도 한 닢 두 닢 갚다 보면 언젠가는 청산될 것이다. 이빨을 앙다문 삿자리장수가 앞장서 길을 열자 흰옷 무리들이 그 뒤를 따랐다.

비보다 소나기가 먼저 오는 천둥바위에 들어선 얼음덩어리

그로부터 반세기가 지났다. 나는 천황산 천화현 일대에 빠꿈한 조인규(85세) 씨를 찾아갔다. 밀양 정승봉 산판길 가는 길에서 안면을 텄던 조 씨는 얼음골 토박이였다. 학교라고는 문턱도 못 밟아본 노인네지만 천화현 일대를 짐승처럼 쏘다니며 만고풍상을 겪은 분이었다.

밀양 얼음골은 온통 사과밭이었다. 과거에는 경산 사과가 유명했지만, 요즘에는 온도 차이가 심한 얼음골에서 재배한 사과를 더 알아주었다. 사과밭을 따라가니 산 언저리에 걸린 높다란 집 마당에 앉아 햇볕을 쬐고 계신 노부부가 계셨다. 높은 산으로 에워싸인 얼음골이 한눈에 내려다보이는 경치 좋은 집이었다.

조 씨에게 얼음골 사과가 언제부터 유명해 졌느냐고 물었다. "30년 정도 됐다. 나락 농사가 잘 안되는 곳이라 사과 농사 말고는 딱히 할 게 없더라."고 말문을 열었다. 얼음골은 냉골 바람이 부는 막다른 골짜기라 나락 농사가 잘 되지 않는 곳이었다. 열여덟 살에 시집왔다는 아내 가인댁은

감투봉에서 본 수구렁길과 낭영마을.

"시집오니 천지가 소밭이고, 길도 토깽이길 뿐이데요. 꽉 막힌 곳이라 땅은 손바닥만 한데 눈이 퀭한 사네들만 우글거렸다."고 당시를 기억했다.

불로 하늘을 뚫은 천화현穿火峴 의 발원지

터줏대감 조 씨는 "얼음골은 샛날바람이 불어 가뭄을 잘 탄다"고 했

상투봉에서 바라본 사자평.

다. '샛날바람'이란 병풍처럼 에워싼 산을 넘지 못해 맴도는 얼음골 냉골 바람을 말하는 것 같았다. "얼음골은 비보다 소나기가 먼저 넘어온다. 고개만디만 캄캄하면 비가 오나 여긴다." 천황산 봉우리에 먹구름이 끼어도 맞은편 운문산과 가지산에는 햇볕이 쨍쨍했다. 그러다가도 순식간에 뒤바뀌는 변화무쌍한 기후였다.

한편, 얼음골에는 배내골을 질러가는 '빗덤이'라는 지름길이 있었다. 조 씨는 "구만구천 계단 얼음골 빗덤이는 까풀지다. 배씩이 웃는 절벽 덜

네 발로 기면서 오르는 얼음골 '빗덤이'. 끝이 없는 구만구천 둘계단을 한 발 한 발 오르다 보면 몸은 날아갈 듯 하고, 자신의 씀씀이를 뒤돌아볼 수 있는 계기가 된다.

경이를 넘으려면 반 죽을 각오를 해야한다"고 으름장을 놓았다. "그래도 그 길을 소도 다녔다. 산덜경이를 잘못 탄 소가 천질 낭떠러지에 떨어져 황천길을 가기도 했다."고 했다. 또한 빗덤이는 마을 장정들이 사자평 억새를 나르던 길이기도 했다. 벼농사가 적어 지푸라기 대신 사자평 억새로 지붕을 이었다는 조 씨는 "동네 장정들 대엿 명이 품앗이로 돌아가며 억새만디에 올라 새피(억새)를 베 지붕을 이었다."고 했다.

조 씨는 이어서 "사자평 억새만디에 불이 잦았다. 불이 나면 안 끄고 저절로 꺼지도록 기다렸다. 한달 내내 타고 있는 불을 그냥 뒀다. 그러면 이듬해 나물도 많고 억새도 훨씬 좋았다."고 했다. 사자평은 예로부터 천화현의 발원지였다. 조선 후기까지만 해도 밀양 산내면을 천화면이라했고, 밀양인들은 석남재를 천화재, 가지산을 천화산이라 불렀다.

조 씨에게 다른 지방처럼 억새를 내릴 때 손쉬운 삭도를 이용하지 않았느냐고 묻자 "지게짐이 얼마 안 되는것 같아도 억새 다발 잘 묶으면 한정 없이 오그라들어. 억새 지붕은 급경사에 미끄러워 닭도 못 올라간다. 억새 지붕을 이다가 다치는 사람이 많았다. 그러고 보니 50년 전에 억새 베 본것이 마지막이었네."라며 사자평을 물끄러미 바라보았다.

깊이 모를 용 아가리 얼음골 빙계氷溪

조 씨 집을 나온 나는 두 갈래로 나눠 발품을 팔아보기로 하였다. 우선 '줄밭등'을 타고 천황산에 올라 '수구렁길'로 내려왔다. 도래재에서 천황산을 오르는 줄밭등은 무난한 코스였다. '수구렁' 능선은 징그러운 수놈 구렁이와 흡사했다. 천황산 북쪽 '상투봉'에 올라 사자봉, 일자봉一字峰, 상투바위, 천둥바위로 이어진 스카이라인을 감상했다. 하늘을 이고 있는 영남알프스 산군의 스카이라인은 탄성을 자아낼 정도로 장관이었다. 그런데 아름다운 스카이라인 중심인 '천둥바위'에 얼음덩어리 같은 케이블카 승강장이 세워 졌다. 석빙고에나 있어야 할 얼음덩어리가 어쩌다가 산으로 오른 것일까? 나는 닭 쫓던 개처럼 천둥바위를 올려다보았다.

마을로 내려와 이번에는 '천둥바위'가 있는 얼음골을 향해 걸었다. 나는 거대한 얼음골 협곡 앞에 앙버티고 섰다. 흥분한 싸움닭 벼슬 봉우리는 하늘을 찔렀고, 빙계氷溪는 짙었다. 용 이빨처럼 솟아오른 빙계에 들어가려니 공룡 아가리 속에 들어가는 것 같아 멈칫거려졌다. 그러고 보니 '산세의 험준함이 만 명의 적을 당해 낼 철옹성'이라던 영축산 금강골 협곡과 흡사했다. 금강골 협곡 정상을 오르면 60만 평의 신불산상벌이 펼쳐지듯이, 얼음골 빙계 정상을 오르면 역시 100만 평이 넘는 사자평원이 펼쳐진다.

으스스한 기운이 흐르는 얼음골 '빗덤이'를 내처 올랐다. 절벽에서 떨어진 돌더미가 첩첩이 쌓여 산을 이룬 잿길이 이어졌다. 빗덤이는 오로지 돌더미만 밟고 올라야 하는 돌계단이었다. 돌이 살아, 금방이라도 와르르 무너져 내릴 듯 흔들거렸다. 거기에다 얼음골 사과 파먹는 까치를 쫓는 공포탄 터지는 소리가 등 뒤에서 빵빵 터졌다. 경사는 급해 까무러칠 지경이었다. 바람을 등지고, 돌은 안고, 머리통은 숙여, 네 발로 기듯이 올랐다. 요즘에야 케이블카가 생겨 단숨에 통과할 수 있지만, 억새를 진 주민들은 죽기 살기로 골백번을 치고 올라야 했으니 얼마나 고달팠을까.

이빨 앙다물고 올라야 하는 얼음골 빗덤이

가마불협곡을 지나 얼음골의 신비 결빙지와 동의동굴을 지나고부터는 곳곳에서 원성이 터지기 시작했다. "아이고, 언성스러워라.", "피가 거꾸로 솟는다.", "아무 생각 없다.", "빗덤이에 앉은 기분이다."며 투덜거렸다. 하늘을 나는 새가 '땅을 걷는 너희들은 행복할 줄 알아라'고 우짖었다. 마음 같아서는 지게 케이블카가 되어 힘들어하는 이들을 실어 나르고 싶었다.

까무러쳤다가 혼미했다가 하기를 몇 차례, 8부 능선쯤에서 반바지 차림으로 내려오던 중년 남자가 고약한 길이라며 고개를 내저었다. 남자와 같이 내려오던 여자는 "다시는 안 올 것"이라 했다. 아마 제 발로 걸어 오르지 않고 케이블카를 타고 올랐다가 걸어 내려오는 것으로 보였다. 케이블카를 타고 오른 사람에게는 고약한 길이지만, 직접 두 발로 올라보면 지상 최고의 돌사다리였다.

거기에다 이름까지 '빗덤이'라 구만 구천 돌계단을 밟고 오르는 내내 자신을 돌아보기도 했다. 한 발 한 발 내딛을 때마다 씀씀이가 헤픈 일상이 느껴진다. 카드빚 · 사채이자 · 대출금 · 보증빚 · 돌려막기 · 명품가방 · 고급차 · 유흥비…… 갚고 갚아도 쌓이고 쌓이는 빚에 허리가 휘는 눈물고개라는 생각마저 든다. 구슬땀을 흘리며 끝없는 돌계단을 한 발 한 발 오르다 보면 자신도 모르게 몸은 가뿐해지고 빚은 깨끗하게 청산된다.

지룡산
(666.1m)
삼계리
천문사
여우네주막
삼계리
부자바위
생금비리
청
도
나선폭포
운문사
국립운문산
자연휴양림
함등산
(669m)
배너미재
사리암
못골
못
안
골
초소
쌍두봉
큰골
산판촌
배바위
용미폭포
쌍폭(1폭포)
쌍폭
초소
거북바위
삼거
(선녀탕)
비룡폭포
학소대
학
상운산
귀바위
운문재
천
문
지
골
금은장이동굴
산판터
학소대 갈림
학소대 갈림
심
돼지웅티골
중앙능선
범봉
운
문
북
능
심
산판터
심
가
지
산
북
능
이
쌀바위
운문지맥
하마바위
북서봉
오심
갈림
베틀
바위
북서능선
소녀봉
북봉(1,140m)
(웃담바위)
불당골
이
오심골 갈림길
테크나무다리
송부등능선
(운문송굴락지)
장군
바위
소머리
바위
갈림
복숭아나무골
오심
동굴
심 오심폭포 골
가지산
흰바위
옥류동
석남사
이끼
폭포
독수리바위
서
북
1
능
선
서북능선
옥류골 등산로 폐쇄
진
달
래
500년
왕철쭉
철쭉군락지
황
룡
등
울주
참
새
미
골
서
북
2
능
선
가지산중봉
능
선
샘터
합화산
운문산
아랫재
참
새
미
능
선
용수골
중봉능선길
천리기
석남재
밀양
돌머리 중앙마을
남양리
제일농원방향
석남터널

3.
운문산 | 산림지옥, 운문계곡 산판촌

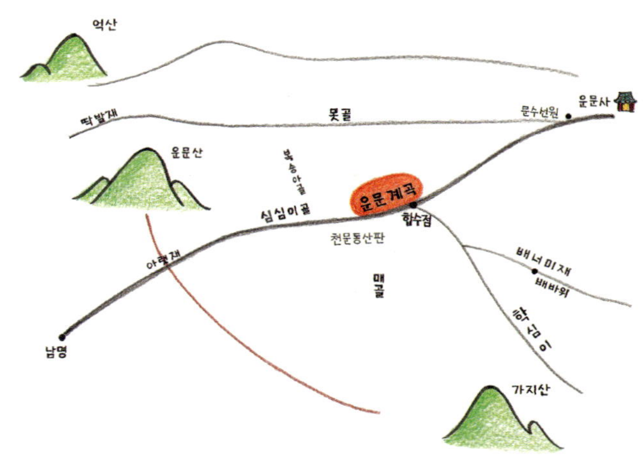

호랑이 소굴로 알려진 호거산虎居山의 운문계곡에 우락부락한 패거리들이 장사진을 친 적이 있었다. 반세기 전의 일로, 돈벌이에 혈안이 된 산판꾼들이었다. 그들은 시례마을의 아랫재 큰골을 따라 운문 삼거랑(합수점)의 원시림까지 내려갔다. 일제강점기에 조선총독부 영림청의 허가를 받은 일본인들이 해먹던 운문계곡의 산판은 다행히 한국전쟁의 폭격에도 건재했다. 향이 좋기로 소문 난 운문산(해발 1195미터) 육송은 종전 후 재건 붐을 타면서 일등품 목재로 쳤는데, 무단으로 불법 벌채를 일삼던 패거리는 벌금을 물면서도 시세 좋은 육송 도벌에 기를 쓰고 달려들었다.

길 잃는 심심이골 · 신비한 학심이골 · 호랑이 소굴 천문지골

불법 도벌이 판칠 수 있었던 것은 한국전쟁 휴전 후 혼란기를 틈탄 데

운문계곡. 단풍이 물들어가는 가지산 기슭 아래 계곡을 낀 길이 과거 산판용 화물차가 벌채한 통나무를 실어 날랐던 산판길이다.

다, 일제강점기에 벌채한 나무를 실어 나르는 화물차가 드나들 수 있는 산판길이 잘 닦여 있었기 때문이다. 일제강점기만 해도 운문계곡 주민 대다수가 숯과 산판으로 입살이를 하거나, 아니면 무쇠솥을 만드는 점바탕에서 점질꾼으로 일했었다. 거기다 운문산 일대에는 소나무 돌림병까지 돌아 당국은 궁여지책으로 간벌이 불가피했다. 운문계곡에 홀아비 산판꾼들이 몰려들자 밥을 지어주는 함바가 바늘에 실 가듯 따라다녔다.

이번 산판촌 탐방에 길라잡이가 되어준 사람은 영남알프스 심산유곡을 돌아다니던 심마니 함 노인(92세)과 20명의 산판꾼을 부리던 십장 윤희윤(80세) 씨, 그리고 벌채한 통나무를 끌어내렸던 화물차 운전사 손차임(81세) 씨, 이렇게 세 분이었다. 운문 마을회관에서 만난 심마니 함 노인은 "산판은 여러 곳에서 이루어졌다. 소나무 골짜기마다 도끼질 소리 끊일 날이 없었다."며 주마등같이 달아난 시절을 아슴푸레 떠올렸다. 아랫재 잿마루가 뭉개지도록 드나들며 약초를 캐는 약초꾼 함 노인은 "숲이 짙어 지리에 밝은 약초꾼들도 길을 잃기 십상이었다."라 말하고는 "길 잃는 심심이골, 신비한 학심이골, 호랑이 소굴 천문골이라는 말이 전해왔다."고 했다.

한편, 천문동 산판을 맡았던 십장 윤 씨는 "열 자 아름드리 육송은 서자치기(약 1미터), 여자매기(약 2미터)로 잘라 지게짐 해 당수나무걸로 옮겨서 남양초등학교에 집목되었다."고 했다. 그리고 여섯 개 바퀴 달린 화물차를 몰고 운문계곡을 헤집고 다녔던 화물차 운전자 손 씨는 "아랫재, 심심이, 배너미, 학심이, 못골, 천문동에서 벌재한 나무는 운문사 뒤 사다이공장(나무 공장)으로 끌어내렸다."고 밝혔다.

나는 산전수전 다 겪은 세 분의 증언을 토대로 십장 출신 윤 씨와 함께 운문 계곡에 박힌 산판촌을 찾아 나섰다. 산판일을 하다가 미끄러져 어깨 탈골상을 입고도 여자매기 통나무를 지게로 졌다는 윤 씨는 산판에 이력이 붙은 노장이었다.

유별천지비인간有別天地非人間, 천문둥 신선계

밀양 산내면 남양에서 출발한 두 사람은 시례 아랫재(해발 723미터)를 올라 심심이골(큰골)로 내처 걸었다. 소나무가 무더기로 널린 원시림에서 온갖 새들이 목청껏 울어댔다. 가지산과 운문산 경계인 아랫재는 과거에는 밀양에서 청도 운문면과 경주로 가는 지름길(밀양 남양까지 3킬로미터, 운문사 5킬로미터, 가지

땔감을 나르는 산판촌의 촌부.

산 4킬로미터, 운문산 1.5킬로미터) 노룻을 했으나, 길이 험하고 사나운 맹수가 설쳐 주민들은 통행을 꺼렸다. 더구나 짙은 소나무에 하늘이 막힌 으쓱한 곳 이라 짐승이 나타날까 뒤가 켕겼다.

앞서 길을 열고 가던 윤 씨가 집채만 한 바위 덩어리가 있는 아득한 비탈에서 산판촌을 찾아냈다. 평퍼짐한 땅뙈기에는 움막을 올렸던 돌담이 너부러졌고, 모퉁이에는 멧돼지가 뒤진 구덩이가 땅구멍처럼 나 있었다. 손 씨는 “산중 함바집은 귀틀집이었다. 기둥은 통나무로 세우고, 지붕은 굴참나무 껍질을 벗겨 얼기설기 이었다. 엄동설한을 이겨내려면 실내용 페치카(벽 난로)도 넣어야 했다.”고 했다.

천문동 산판 십장을 맡았던 손 씨는 운문계곡 일대의 산판촌에 빠삭했다. “천문동은 내가 한 방 해먹었다. 아랫재는 남산 사람이, 복숭아골 산판촌은 대구 사람이, 학소대는 청도 사람이, 사리암 건너편 골짝은 경산 사람이 한 방 했다.” 손 씨는 이어서 “그중에서 제일 많이 해먹은 곳이 배너미재와 천문동 산판이었다. 거긴 차가 들어갈 수 있었지만, 학소대 골짝은 너무 깊어 학소대 땀바위에서 삭도를 걸어 배바위에 내렸다. 다른곳은 대부분 통나무를 굴려 내렸다.”며 통나무를 굴리는 시늉을 해보였다.

손 씨는 일꾼들에게 밥을 해주던 산판촌 함바집을 돌아본 후 “한번은 산판일을 마치고 오니 함바집 여자가 밥은 하지 않고 망연자실해 있는 거야. 아이를 집에 두고 잠시 딸기를 따고 오는 사이에 아이가 없어졌다는데, 참 어이가 없더라구. 여자는 아랫재를 내려가던 문둥이를 의심했지만, 나는 범을 의심했지."라며 곤혹스러웠던 지난 기억을 잊지 않고 있었다. 손 씨는 못골 '천문덤이'에서 봤던 황소만 한 호랑이 목격담을 흥미진진하게 말했다. 또 칼날 발톱을 가진 표범을 대면하고, 줄지어 가는 여우 무리도 만났다고 했다. 겁 없이 혼자 다니다가는 맹수밥이 될 수 있어 여럿 약초꾼이 똘똘 뭉쳐 다녔던 이야기를 풀었다.

내 인생 소나무에 걸고, 원시인 막장 생활

우리 두 사람은 내친김에 가지산 서북능선 매골에 있는 천문동 산판촌을 돌아보기로 하였다. 40년 세월이 지난 터라 천문동 산판촌을 찾기란 가시밭길이었다. 심심이골에서 매골(서북능선)을 한참 헤맨 끝에야 천문동 산판촌 막사 터를 찾을 수 있었다. 산기슭 아래에 헐벗은 산판촌에는 허물어진 막사 돌담만 남아 있었다. 돌담 크기로 봐서는 스무 명은 들어갈 만한 면적이었다.

산판꾼들은 소나무에 미친 사람들이었다. 칼바람 부는 벼랑을 마다 않고 쏘다녔다. 무쇠 팔뚝 산판꾼이 밑동에 도끼를 내리치면 아름드리 소나무는 우지끈 소리를 내며 넘어갔다. 손 씨는 "호랑이보다 더 무서운 것이 추위였다. 개털 모자에 털장갑을 껴도 코끝이 시리고 손가락이 얼었다."며 살을 에는 겨울 산판에 치를 떨었다.

천문동 산판촌을 돌아본 두 사람은 학소대골과 아랫재 큰골이 합수되는 신선계神仙界로 들어갔다. 큰 비를 만나면 물이 불어 오도 가도 못해 발만 동동 굴린다는 합수점의 계곡 물소리는 생각보다 요란했다. 나는 선녀

아랫재 큰골과 학소대골이 만나는 합수점에 있는 선녀탕. 삼거랑이라 부르는 이곳은 큰 비가 오면 물이 불어, 길손들이 오도가도 못해 발을 동동 구른다.

들의 목욕탕이었던 매끌매끌한 '선녀탕' 흰 돌 위에서 사위를 살폈다. 가지산북능 · 학소대골 · 아랫재 큰골 · 배너미골이 한눈에 들어왔다. 우리는 앞서거니 뒤서거니 학의 둥지인 학소대로 올랐다. 아랫재 큰골이 원만한 내리막인 반면에 학소대골은 골이 깊고 험난했다. 골짜기가 험해서인지 벌채한 통나무를 삭도에 달아 내리던 땀바위 주변에서는 산판 흔적을 찾을 수 없었다.

• 인물탐방 —— 평생 남 뒤치다꺼리만 해온 대구댁

산판지옥이라고 불리는 학심이골 배너미재로 향하는 젊은 부부가 있었다. 짐 꾸러미를 지게에 진 사내는 전국을 떠돌며 송유(일명 소까시 기름) 빼는 일을 하던 이태규 씨였다. 해방 후 송유공장이 문을 닫자, 산판촌 함바집을 인수해 배너미재로 들어가는 길이었다. 보퉁이를 이고 서방 뒤를 따라가는 대구댁은 으스름 한 골짜기에서 귀신이 나올까 겁이 났다. 운문사 사리암을 지나 큰골에 들어서자 아예 사람이라고는 코빼기조차 볼 수가 없었다.

산판이 사양길을 걷자 대구댁은 하산하여 운문사 화장실을 청소하는 환경미화원이 되었다. 촉촉한 가을비를 맞으며 화장실 청소를 하던 대구댁은 "산판촌은 밤낮 없이 캄캄한 산중도반이라 소까지(송유) 횃대 걸고 짐승처럼 살았다."며 손사래를 치더니 "산판쟁이 치다꺼리하고, 밥하고, 염소 키우고, 고생고생 말도 못한다. 산판 지옥이 따로 없다."며 회상조차 꺼려했다. 공휴일이라 공중 화장실 용변 볼 사람이 밀려들어 서둘러 다른 화장실 청소를 끝내야 한다는 대구댁온 "그래도 학소대 나물이 참 맛있었다."며 가을비 속으로 총총 사라졌다.

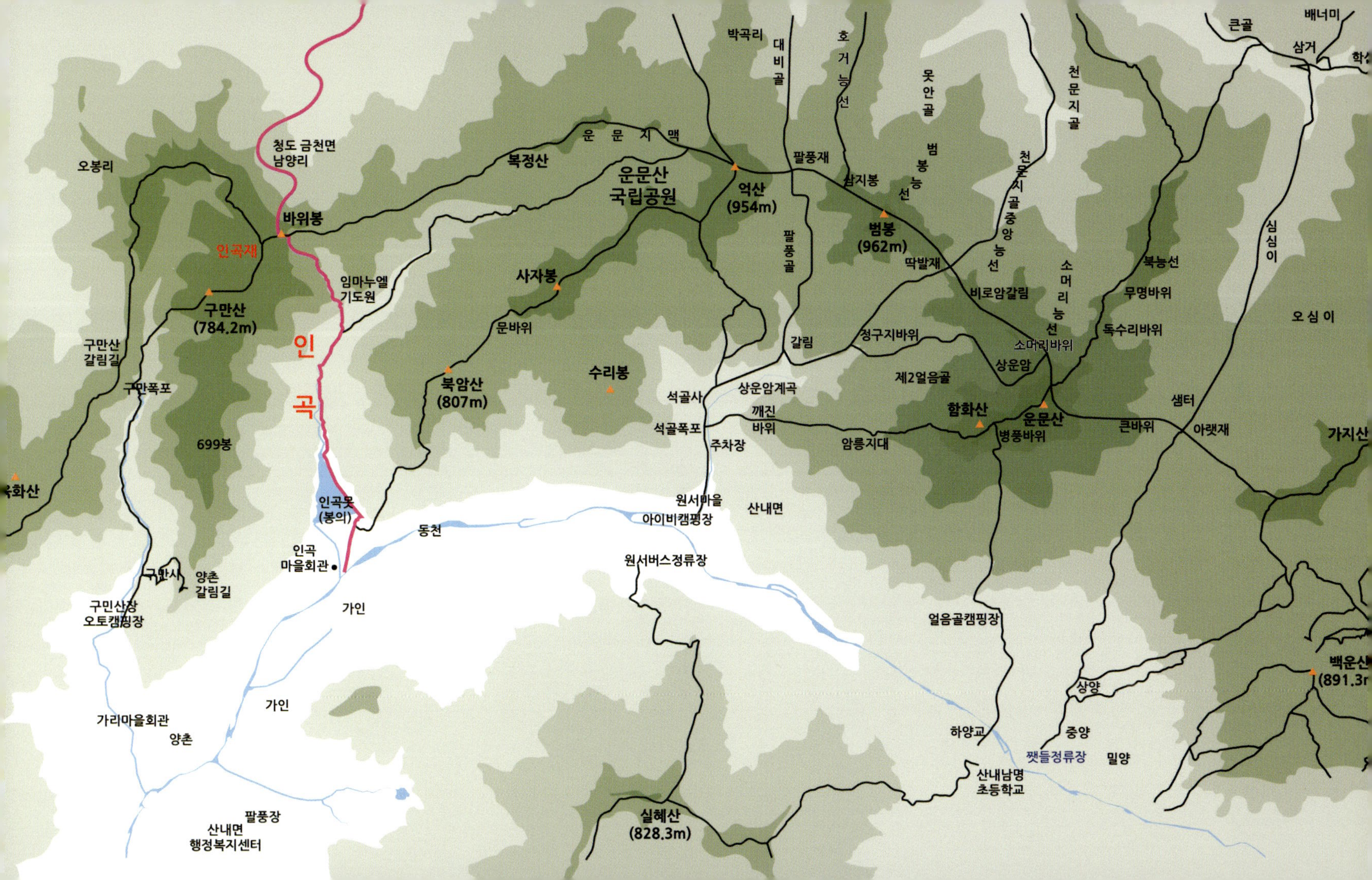

큰골
배너미
삼거
박곡리
대비골
호거능선
못안골
천문지골
청도 금천면
남양리
오봉리
운문지맥
복정산
운문산
국립공원
억산
(954m)
팔풍재
삼지봉
범봉능선
천문지골중앙능선
심심이
바위봉
인곡재
임마누엘
기도원
사자봉
팔풍골
범봉
(962m)
딱발재
소머리능선
북능선
무명바위
오심이
구만산
(784.2m)
인
곡
문바위
비로암갈림
구만산
갈림길
갈림
정구지바위
소머리바위
독수리바위
구만폭포
북암산
(807m)
수리봉
상운암
제2얼음골
석골사
상운암계곡
깨진
바위
함화산
운문산
샘터
699봉
석골폭포
주차장
암릉지대
병풍바위
큰바위
아랫재
가지산
화산
인곡못
(봉의)
원서마을
아이비캠핑장
산내면
동천
인곡
마을회관
원서버스정류장
구만사
양촌
갈림길
가인
얼음골캠핑장
구민산장
오토캠핑장
백운산
(891.3m)
상양
가인
가리마을회관
양촌
하양교
중양
짹들정류장
밀양
산내남명
초등학교
팔풍장
산내면
행정복지센터
실혜산
(828.3m)

4.
억산 | 인곡 소매골 팔밭

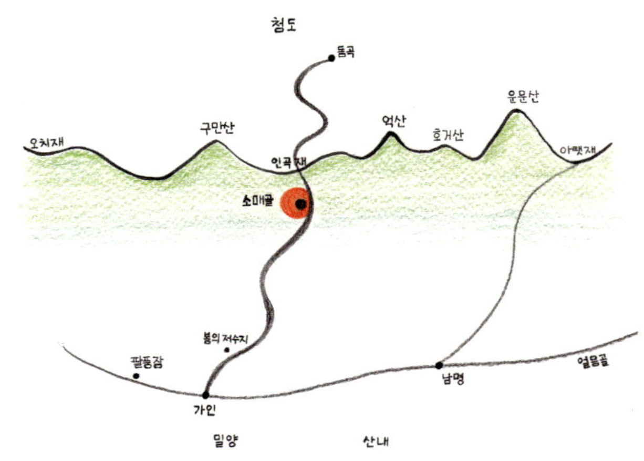

영남알프스 일대에서 눈여겨볼 만한 스카이라인을 꼽으라면 운문산에서 호거산·억산·구만산으로 뻗어 내린 운문분맥 지릉을 서슴없이 꼽겠다. 이 스카이라인은 하늘에서뿐만 아니라 땅에서도 이어져, 경남과 경북을 가르는 도계道界이기도 하다. 도계에는 밀양 땅과 청도 땅을 연결하는 팔풍팔재의 실배암 잿길이 치렁치렁 걸려 있다.

나는 운문분맥에 숨어 있는 팔풍팔재를 쏘다녔다. 발품을 팔고 다니는 내내 장대하게 늘어선 운문분맥과 돌아앉은 봉우리들로 어우러진 스카이라인에서 시선을 뗄 수가 없었다. 그 너머에는 청도군의 운문·금천·매전·산동山東 등의 권역이 있었고, 8할 넘게 산으로 에워싸인 밀양에는 막다른 얼음골에서부터 산내 중심인 송백 너머까지 빗장 걸린 고방처럼 팔풍팔재가 들앉아 있었다. 과거에는 바람이 세어 팔풍八風이라했지만, 세월 따라 복주머니 팔풍八豊으로 상전벽해를 한 밀양 산내는 역시 산내山內다운 고장이었다.

밀양 팔풍장과 청도 동곡장을 오가는 길목, 인곡재

인곡재 들머리인 가인의 '깨앙남지'에서 출발한 나는 억산을 향해 내처 걸었다. 고스란히 뙤약볕을 받고 걷자니 땀으로 멱을 감을 지경이었다. 이리 봐도 사과밭, 저리 봐도 사과밭, 산내 들판은 온통 사과밭이라 해도 과언이 아니었다. 사람 사는 곳에 길이 있듯이 잿길을 걷다 보면 숨바꼭질하듯 숨어 있는 오지마을을 만날 수 있으리라 스스로를 달래며 잰걸음을 했다.

울타리 없는 사과밭 그늘에 쉬고 계신 할머니 한분에게 길을 물었다. 할머니도 찜통 더위를 견디기 어려웠던지 손에 든 파리채를 부채인 양 연신 부쳐댔다. "아이고 무시래이, 이 더운데 인고랑 골짝에 뭐 하러 가요?" 하고 나를 나무라듯 되물었다. 팔풍팔재를 찾아다닌다고 하자 대뜸 "요즘 인골 소매골 팔밭(화전촌)에 얄궂은 사람들이 산다더라."며 산으로 들어가는 나를 불문곡절 경계하는 눈치였다. 다른 할머니 한분이 사과밭 살림집에서 물 주전자를 들고 나왔다. 나는 달고 시원한 물 한 대접을 오지게 얻어 마셨다.

두 분 생김새가 비슷하여 물었더니 아니나 다를까 자매간이었다. 파리채를 든 할머니는 언니 유수곤(80세) 씨, 물 주전자를 들고 나온 할머니는 동생 유순곤(78세) 씨로, 토박이 자매였다. "동곡장에 간다고 소매골 팔밭을 지나가려면 무섭더라. 살쾡이처럼 눈만 살아 퀭한 화전민이 개딱지 움막에서 나오는 것을 보고 걸음아 날 살려라' 줄행랑친 적이 있었다. 요즘에는 그 골짜기에 뭐가 생겼는지 발에 족쇄를 찬사람이 잔챙이 걸음으로 도망쳐 내려온 것을 본 적이 있다."며 으름장을 놓았다. 듣고 보니 '팔밭'은 내가 찾는 소매골 화전촌으로 여겨졌는데, 마을 사람들과는 왕래가 단절된 것으로 여겨졌다. 모시 적삼에 삼베 반바지를 입은 파리채 할머니는 인곡재를 가리키며 "재가 가팔라서 가당찮게 힘들텐데."라며 너스레를 떨었

소매골을 경유해서 청도 동곡장 가는 인곡잿길.

다. "오금쟁이가 당겨 못가겠더라."며 주전자를 들고 나온 할머니가 한술을 더 떨었다. "여기서 동곡장에 갈 때는 새벽밥 먹고 나갔다. 삼베에 싸간 주먹밥은 계곡 바위틈에 두었다가 돌아오는 길에 까먹었다. 그러고 보니 생각나네. 염소 한 마리를 몰고가서 모시 한 필 사 온 적이 있었다."며 50년도더 지난 일을 잊지 않고 있었다. 예로부터 산내의 중심지인 팔풍장에서 삼십 리 산길 너머에 있는 청도 동곡장은 이웃장이었다. 청도 사람들은 감 · 사과 · 소금 같은 물목을 팔풍장에 가져와 목화 · 삼베 · 쌀보리 같은 곡물로 바꾸어 갔고, 밀양 산내 사람들은 물목이 다양한 동곡장을 내왕하며 옹기 · 조선 솥 · 목기 같은 생활용품을 구입해 갔다.

어두컴컴한 통속, 인고랑 골짜기를 걸어서

"한번은 돼지 새끼를 사서 망태기에 담아 인곡재를 넘어온 적이 있었다. 길이 상그러워 돼지 새끼를 이고 오다가 업고 오다가를 했지. 젖 뗀 지 얼마 안된 놈이라 매끌매끌 통통한게 귀여운 놈이었다. 처음에는 나부대다가 나중에는 가만히 있더라구……."

이야기 보따리를 풀던 파리채 할머니가 잠시 말을 멈추고 스스로 주전자 물을 따라 마셨다.

"재를 넘어 소매골에서 쉬는데, 망태기에 든 그놈의 돼지 새끼가 어떻게 빠져나왔던지 도망을 치는 거야. 도랑 건너 숲 속으로 내빼는데 얼마나 재빠른지 도저히 못잡겠더라. 해는 그렁그렁 떨어지지, 찾다 찾다가 포 기하고 마을로 내려와 버렸어. 그런데 이튿날 이놈의 돼지가 거짓말처럼 제 발로 내려왔는거라. 얼마나 신통하던지. 돼지 새끼도 나도 운수대통 했던 기억이 있어."

파리채 할머니의 걸쭉한 입담에 웃음보가 터졌다. 소매골 팔밭까지는 아홉 개울을 건너야 하며, 빨라야 두 시간은 걸어야 할 것이라는 귀띔까지 해주었다.

깨앙남지의 자매 할머니가 일러준 봉의저수지 둑을 지나자, 인적 뜸한 인곡仁谷 계곡길이 이어졌다. 하늘을 찌를 산허리를 지날 때마다 마늘쪼가리 같은 산봉우리들이 삐쭉 모습을 내밀었다. 멀리서 보면 소등 같아 보였는데, 막상 들어가 보니 원시림에 가까운 골짜기였다. 집채만 한 바위 · 산더미만 한 바위 · 검은 바위 · 고약한 바위들이 눌어붙은 계곡에서는 신통하게도 수정같이 맑고 눈부신 물이 흘러내렸다. 물소리, 새소리, 통속에서 울려 퍼지는 바람 소리, 시간을 초월한 시공여행은 날아갈 듯했다. 동곡장 독장수·울산 소금장수·경산 사과장수·청도 감장수·무거운 보따리를 등에 진 보부상·장 보러 가는 아낙들의 걸음새도 그러했으리라. 구만산 통수골이 암석 전시장이라면, 인곡은 밀양과 청도 문화를 교류하던 통로였다. 주민 왕래가 많았던 이 잿길이 폭우로 길이 패이면 마을 사람들이 공동부역으로 길을 닦았다.

사방이 틀어 막힌 화전촌, 소매골 팔밭

언곡 '소매골'은 사방이 틀어 막힌 첩첩산중에 있었다. 산중에 이런 오지 마을이 있다니, 직접 들어와보지 않고서는 생각 못할 화전촌이었다. 화전민이 일구던 평퍼짐한 밭뙈기에는 과실나무가 있었고, 파리채 할머니가 말한 개딱지 움막은 사라지고 대신 말끔한 민가로 단장되어 있었다. 제법 넓적한 마당에는 빨래가 널려 있었다. 민가 저편에는 청도 내려가는 산판길이 보였다.

인기척을 내고 들어가자 이 방 저 방에서 사람들이 얼굴을 내밀었다. 대부분 연세 든 노인네들이었다. 요양 온 사람들이려니 여겼는데, 알고 보니 기도원 생활을 하는 신자들이었다. 화전촌 소매골 팔밭은 기도원으로 변해 있었던 것이다. 전도사 부부가 낯선 나를 맞았다. 팔풍팔재를 잘 볼 수 있는 봉우리를 묻자 전도사는 언덕바지 뒷산을 가리키며 "과거에 '팔황듬'이라 불렀던 사자봉 산봉우리에 올라서면 팔풍팔재가 보인다."고 일러주었다. 그러고 보니 옆 산등만 넘으면 구만산 통수골이요, 사자봉을 넘으면 팔풍팔재 전망대 문바위다.

영감님 한 분이 방에서 기듯이 나왔다. 알머리에 눈빛이 강렬해 보이는 영감님은 '소매골 팔밭' 화전민 방돌석(85세) 씨였다. 구만산 통수골에 통

소매골 팔밭 외딴집과 인곡재 가는 길. 과거 화전민이 살던 개딱지 움막은 기도원으로 변하였다. 잿길을 곧장 올라 고갯마루를 넘으면 청도 동곡장 옛길이 이어진다.

쟁이가 살았던 것으로 전해지듯이 소매골에는 원시적인 농사를 짓는 화전민이 오래전부터 살았다. 이들은 겨울이면 땔감을 해 동곡장에 넘겼고, 가을이면 고랭지 무를 심어 팔풍장에 내다 팔았다.

보리 흉년을 겪으며 고된 일로 땅을 일군 탓에 만신창이 노구가 된 방 영감은 "먹고살기 위해서는 '팔밭'에 불을 질러 무를 키워야 했다."며 힘겨웠던 화전민 생활을 회상했다. 이어서 "밀양 사람들은 소를 몰고 올라와 풀어놓았고, 청도 사람들은 '막터골'에 움막을 쳐놓고 이곳에 올라와 소에게 먹일 풀과 나무를 베 갔다. 소매골에서 끌어내린 땔감은 멀리 대구 남문시장까지 보내졌다."고 했다. 방 영감의 이야기를 함께 듣던 전도사는 "소매골 무를 먹어본 사람은 정말 맛있다더라."고 덧붙였다. 억산(해발 944미터)과 구만산(해발 789미터), 사지봉(해발 924미터)에 에워싸인 소매골에서 고적함이 저며왔다.

표범과 늑대 맹수가 득실거렸던 팔풍팔재

방 영감은 뜻밖의 사실도 밝혔다. 이 일대에서 표범과 늑대를 똑똑히 보았고, 호랑이 울음소리도 들었다는 것이다. "1992년이었다. 바위 위에 배가 축 늘어진 표범이 앉아 있었다. 나 혼자 보았다면 안 믿겠지만 전도사 부부와 함께 보았다."며 목격담을 꺼냈다. 곁에 있던 전도사 부부가 "시커먼 흑점 무늬 표범이었는데, 도사견보다는 덩치가 크고 늘씬했다. 긴 꼬리를 높이 세워 우리를 노려보던 놈은 숲속으로 사라졌다."며 당시를 생생히 기억해냈다.

영남알프스 일대에서 멸종된 것으로 알려진 표범을 봤다는 그의 말이 반가워 난 휴대폰에 저장해 두었던 '가지산 표범' 사진을 보여주었다. 1960년 포획된 표범 사진이었다. 휴대폰 속 표범 사진을 자세히 들여다본

천황산에서 내려다본 팔풍팔재.

두 사람은 목격한 표범과 흡사하다고 말했다.

이들이 마지막으로 표범을 본 것은 2009년이었다. 전도사는 "낮에 차를 몰고 청도재를 올라오다가 구만산 등산로 연결되는 길에서 새끼 표범을 봤다."고 말했다. 표범뿐만 아니라 드럼통만 한 멧돼지, 줄을 서 지나가

던 다섯 마리의 늑대 무리도 목격했다고 했다. 목격 당시에 새끼 표범이었다면 지금은 날렵한 표범이 되었을 것이다.

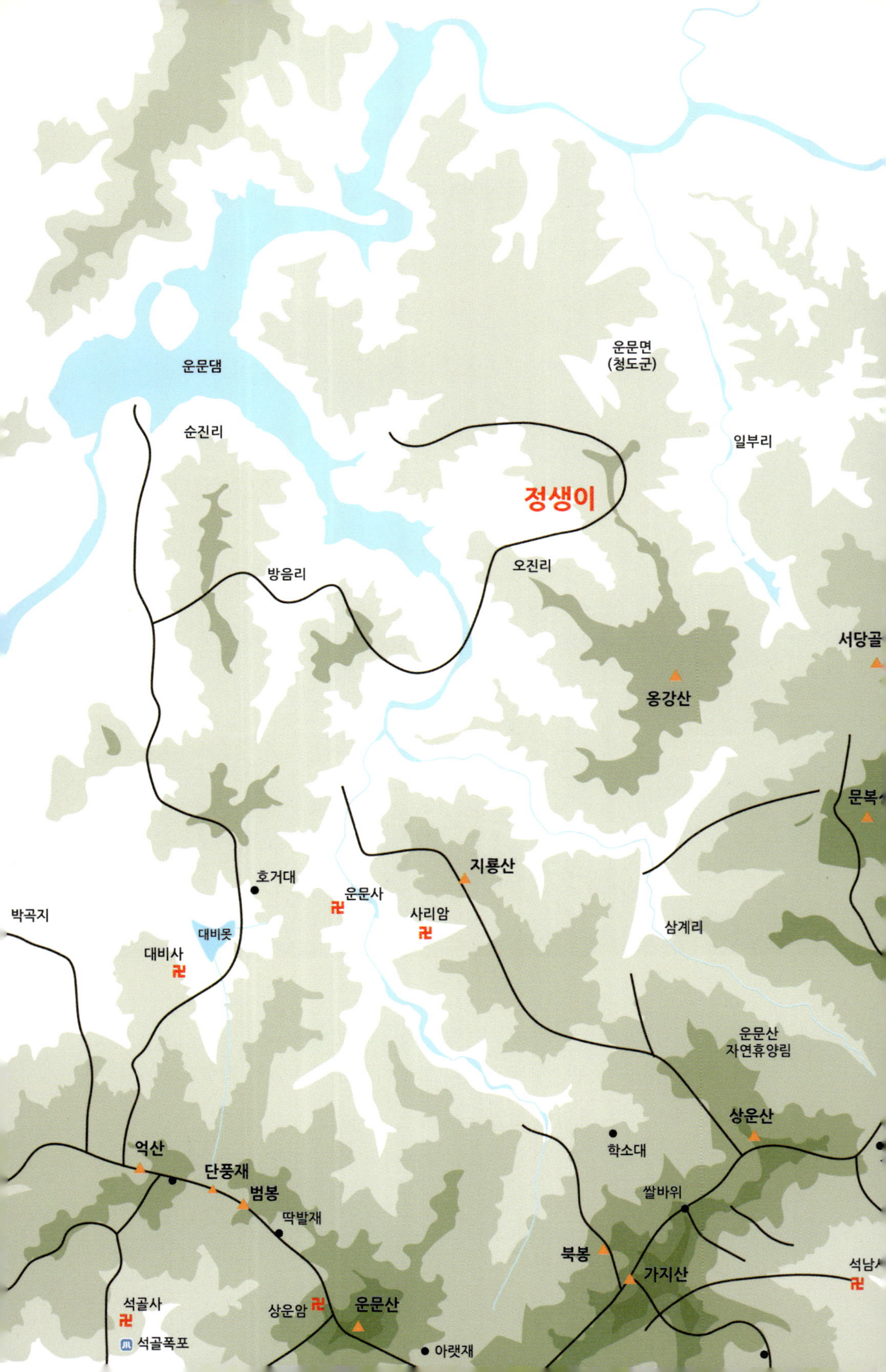
운문댐
운문면
(청도군)
순진리
일부리
정생이
방음리
오진리
서당골
옹강산
문복
지룡산
호거대
운문사
사리암
박곡지
대비못
삼계리
대비사
운문산
자연휴양림
상운산
학소대
억산
단풍재
범봉
쌀바위
딱발재
북봉
가지산
석남
석골사
상운암
운문산
석골폭포
아랫재

5.
옹강산 | 담배굴마을 옹강산 정생이

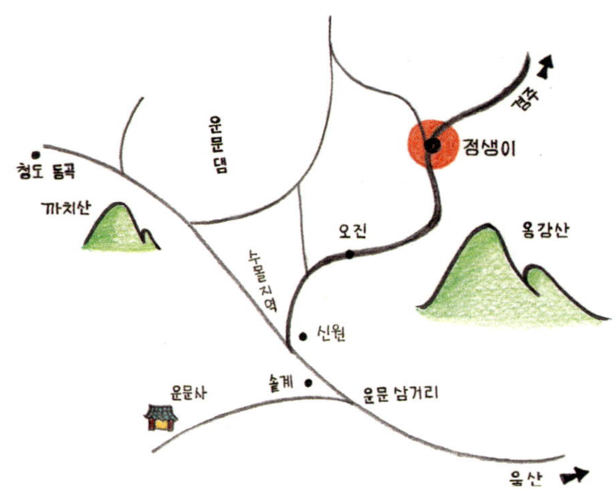

청도 운문사 삼거리에서 옹강산 비알로 이십 리쯤 떨어진 산중에 외톨박이 마을이 숨어 있다. 웬만한 사람이면 살 수 없는 척박한 땅이라, '산할아버지가 나를 지켜줄 것'이라 믿는 튼실한 할머니 한 분만이 이 마을을 지키고 있다. 사는 일이 허겁하다면 이곳을 찾아 못이 박힌 할머니의 호미손을 꼬옥 쥐어보시라.

행복 충천소, 오지마을은 아무 생각 없이 가시라

네 번째 방문이었다. 처음 찾아갔을 때 할머니는 남의 식당 설거지 아르바이트 일로 집을 비웠고, 그 다음 방문 때에는 운수납자처럼 멀리 절 기도를 떠나 허탕을 치고 말았다. 한철을 넘겨 다시 찾아갔을 때에는 공허한 가을하늘인 양 마을이 텅 비어 있었다. 젊을 때 심한 일로 허리가 굽어

외둘박이 오리골 정생이마을. 과거 여섯 가구가 담배 농사를 지으며 살았으나 지금은 한 가구만 살고 있다.

보행이 힘든 할머니는 집에 계신 날보다 부재중인 날이 더 많았다.

허탕 칠 때마다 옹강산 기슭의 시골마을을 돌며 정생이 할머니가 계실 만한 곳을 수소문하였다. 오진에 사는 어느 주민은 "오리골 정생이에 사는 할마시 말가? 그 할마시 만나려면 산을 뒤져봐라."고 말했다. 운문댐에 집을 내어주고 이주했다는 어느 노인네는 "거긴 사람 살 데가 못 되는 골짝이다. 담배 농사를 하던 마실 사람들은 뻰뻬이(차례차례)로 나가고, 지금은 늙은이 혼자 살고 있다."며 철탑이 서 있는 산을 턱짓하였다. 또 다른 주민은 "간이 배 밖에 나온 그 할마시는 낮에 다니기도 무서운 골짜기를 밤에도 혼자 다닌다 카이."라며 기름에 물 탄 듯 산을 떠도는 할머니를 두고 보통 독종이 아니라고 중덜거렸다. 정생이에서 오랫동안 담배 농사를 함께 지었다는 어느 노인네는 "송이철이라 그 늙은이 만나려면 아침 일찍 찾아가야 할 것."이라 귀띔해주고는 "아이고, 태산 같은 그 만디에서 젓먹이 업고 동곡장까지 걸어 다니던 그때가 좋았다."며 너스레를 떨었다.

며칠 후, 새벽 일찍이 집을 나서 옹강산에 도착한 나는 마늘 쪼가리 모양의 산을 올랐다. 경사 급한 가풀막길을 치고 올라 산허리를 꺾자 정생이(해발 510미터)고개가 모습을 드러냈다. 가지산, 운문산, 억산이 보였고, 무쇠솥 손잡이 모양의 옹강산 꼭대기와 까치산이 바로 눈앞에 있었다. 산으로 에워싸인 양지바른 마을에는 다 찌그러진 오막살이와 담배굴, 헛간이, 대추나무 밭에는 설익은 대추가 주렁주렁 달렸다. 마을 뒤로는 경주 산내로 가는 잿길이 가리마처럼 열려 있었다. 밭을 사려면 변두리를 보라는 말마따나 어디가 마을이고 산인지 경계가 모호했다.

나를 지켜주는 범이 있어 든든한 산

밤에도 산길을 돌아다닌다는 간 큰 할머니가 사는 담배굴로 향했다. 마침 송이 채취를 나선 정생이 할머니가 담배굴 토방 문을 열고 나왔다. 목이 긴 장화에 질빵을 울러 메고 계셨다. 해맑은 얼굴의 정분선(76세) 할머니였다. 토굴 같은 집 안을 보고 싶었다. 과거 담배를 굽던 담배굴 토방은 흙벽이 떨어져나가 바람구멍이 숭숭했다. "담배굴을 개조해 만든 방이다. 쥐가 구멍을 내는 바람에 방에 불을 못 땐다. 추워지면 큰 마실로 내려가야 한다."며 냉골 토방을 들여다보는 나를 보고 말했다. 송이 채취에 나서는 할머니에게 동행을 부탁드렸다. "한 마을에 사는 이웃에게도 송이 솔밭은 가르쳐 주지 않는다."고 부연을 떤 정 할머니는 더 이상 가타부타없이 허락했다.

나는 정 할머니를 따라 울창한 산으로 향했다. 뜬 구름 같은 정 할머

담배굴을 개조한 정생이 토방 집.

니는 수런수런 이야기하기를 즐겨했다. 몇 개의 산봉우리를 돌며 솔방울만한 자갈길을 지나고, 아슬아슬한 계곡을 건너 칡덩굴 터널을 빠져나왔다. 사람이라고는 눈을 닦고 봐도 찾아볼 수 없는 고즈넉한 골짜기였다. 첩첩산중에 보이는 것이라고는 저 멀리 운문댐에서 피어나는 물안개밖에 보이지 않았다. 물안개 자욱한 깊은 계곡을 건너다가 땅바닥을 유심히 살핀 정 할머니가 "범이 지나 간 모양이다."며 종지만한 짐승 발자국을 이리저리 살폈다. 계곡 건너에도 희미한 발자국들이 눈에 띄었다.

정 할머니는 2005년 음력 6월 무렵에 이곳에서 도사견만한 범과 마주친 일이 있었다. "오디 따고 도랑물에 손을 씻는데 요강만한 돌이 떨어지기에 올려다보니 범이었다. 산신 할배가 노루나 산돼지 밥을 안 줬는지 비쩍 마른 놈은 한참을 노려보더니 긴 꽁지를 치켜들며 유유히 사라졌다."며 당시를 상기하고는 "남들은 범을 만나면 겁을 내지만 나는 안 무섭더

송이버섯을 캔 정 할머니.

라. 산에 함께 사는 나를 지켜주는 산신령이 있어서 오히려 든든해."라며 태연히 말했다. 정 할머니가 겁 없이 칠흑 같은 밤길을 혼자 다닐 수 있는 이유를 알 만했다.

송이 귀신, 어디에 몇 개 묻혔는지 알아

송이가 나는 날꼬지(송곳)산에 도착하였다. 앞산은 양지였지만 뒤는 습한 음지로, 심하게 뒤틀린 소나무가 즐비했다. 이때부터 할머니는 손수 바느질한 앞치마를 허리춤에 차고 산을 오르기 시작했다. 가파른 산을 두리번거리며 오르던 정 할머니가 산을 쏘다니는 두 여자를 발견하였다. "바람 들어가면 송이 안 난다. 함부로 뒤지고 다니지 마라."며 퇴박을 주며 내

쫓았다. "지까짓 것들이 암만 다니면 뭐해? 산신 할배가 아무한테나 주는 줄 아는 모양이지만 어림없다."며 가당찮아 했다.

나는 정 할머니가 송이버섯을 어떻게 찾아내는지 지켜보았다. 사위를 살피던 할머니가 누운 소나무 밑으로 기어들어 갔다. 손에 든 막대기를 두드리며 낙엽 바닥을 조심스레 훑어나갔다. 할머니는 작은 키에 허리까지 굽어서 바닥을 훑기에 훨씬 유리해 보였다.

송이버섯이 있을 만한 곳은 까풀막진 곳이었다. 막대기가 눈달린 지뢰탐지기인 듯 바닥을 훑던 정 할머니가 낙엽 속에 파묻힌 송이버섯을 찾아내었다. 정 할머니는 송이버섯 뿌리에 묻은 흙을 곱게 닦아내고는 "먹어봐. 송이는 입안에 넣으면 침이 돈다."며 권했다. 한 입 먹어보니 입안에 구수한 흙향기가 풍겼고, 닭고기처럼 쫄깃한 뒷맛이 좋았다.

막대기로 이 잡듯 낙엽을 헤집는 정 할머니에게 느낌이 오느냐고 묻자 "송이 귀신인데 그걸 모르겠나? 어디에 몇 개 묻혀 있는 것도 다 알아. 송이가 있을 만한 곳을 막대기로 두드려보면 솔가리비 속에서 빼짓이 고개를 치켜 든 느낌이 온다."고 대답했다. 그러나 정 할머니를 따라다니는 내 눈에는 못먹는 버섯만 눈에 띌 뿐이었다.

학교 문턱도 못 가보았지만 닦고 또 닦아 늘 감사하는 마음

바싹 엎드려 송이버섯을 수색하던 정 할머니가 이번에는 마른 낙엽 속에서 아이 주먹 크기의 큼직한 송이버섯을 찾아냈다.

"산신 할배 감사합니다. 큰 송이는 부처님 전에 올려야죠." 송이버섯을 발견할 때마다 인사를 빠트리지 않던 정 할머니는 주변 낙엽을 쓸어낸 뒤 막대기로 땅속을 푹 찔렀다. "똥자바리를 잘 달래서 조심스럽게 뽑아내야 한다."며 큼직한 송이버섯을 살포시 따냈다. 송이버섯을 따낸 자리에는 다시 부토와 낙엽을 덮었다."따고는 이렇게 꼭꼭 눌러야 산에 바람이 안 들어간다."며 내게 일렀다. 송이버섯을 따고 지나간 자리는 정 할머니가 신은 장화 발자국조차 남지 않았다.

송이버섯을 찾아내는 정 할머니는 아무래도 보통 눈썰미가 아니었다. "모르는 사람한테는 봉사 바늘 찾기야. 산삼 옆에 서 있어도 모르는 이치지. 한번은 낙엽 속을 뒤지다가 지게작대기만 한 독사를 만나 놀라 자빠졌는데 그 자리에서 스물아홉 무더기를 만나 횡재한 적도 있었고, 운문산에서는 방망이만한 송이를 따기도 했다."고 여유롭게 말했다. "송이가 많은 산은 개똥 버섯처럼 은은한 향냄새를 풍긴다. 땅꾼이 냄새로 뱀을 찾듯 나는 냄새로 송이를 찾아낸다."며 콧등을 쓰다듬었다.

과연 송이 귀신은 달랐다. 생각도 못한 돌 더미에서 또다시 송이버섯 무더기를 찾아낸 정 할머니는 뽀얀 송이 뿌리를 뽑아내며 "잘봐. 송이가 박힌 뽀얀 흙이 종균이야. 뿌리의 흙이 뽀해야 사흘 후 형제 송이가 따라 올라온다."며 함박웃음을 지었다.

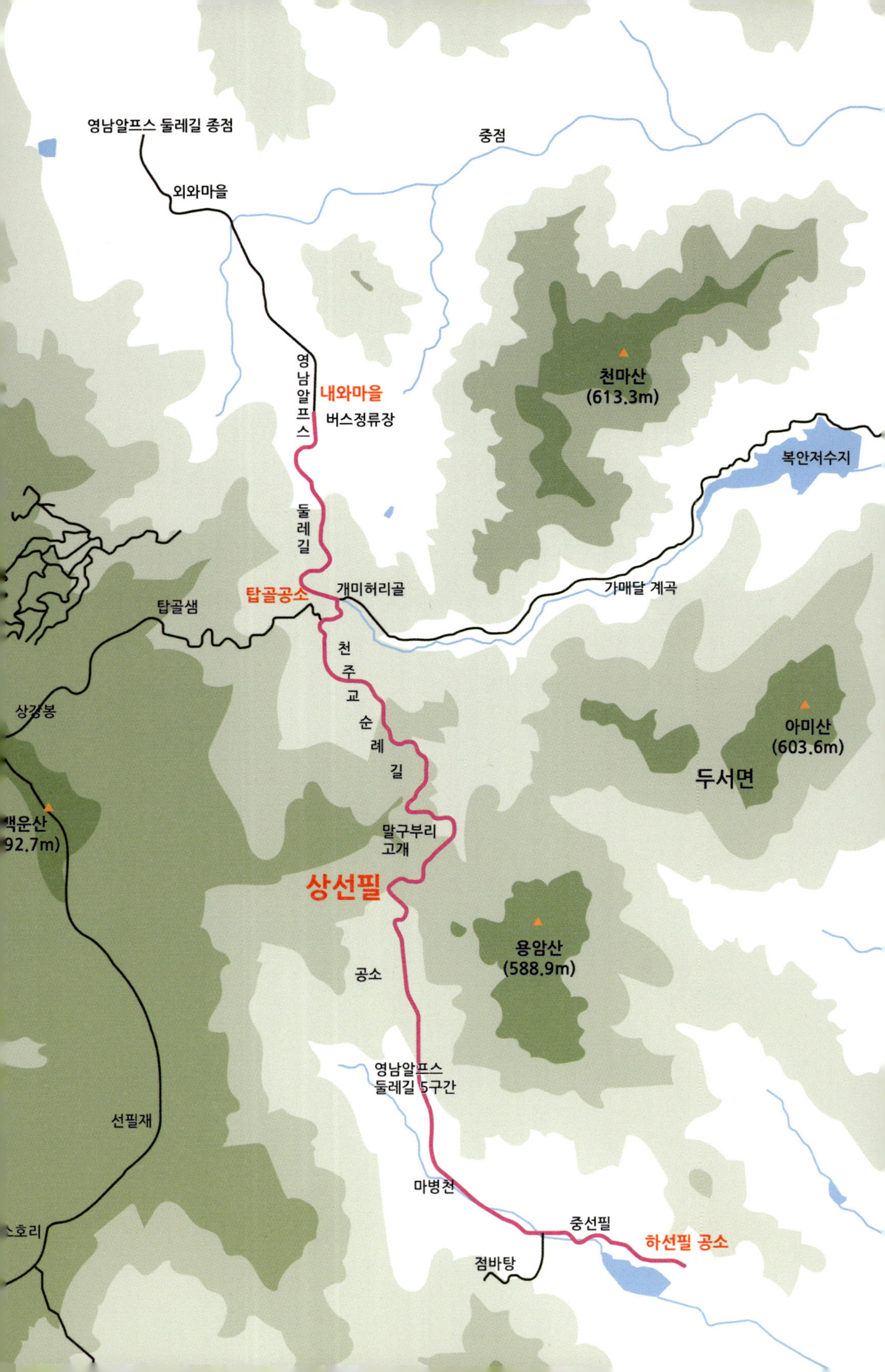
영남알프스 둘레길 종점
중점
외와마을
영남알프스
내와마을
버스정류장
천마산
(613.3m)
복안저수지
둘레길
탑골공소
개미허리골
가매달 계곡
탑골샘
천주교순례길
상강봉
아미산
(603.6m)
두서면
말구부리
고개
상선필
용암산
(588.9m)
공소
영남알프스
둘레길 5구간
선필재
마병천
중선필
하선필 공소
점바탕

6.
백운산 | 침묵으로 말하는 오지마을, 선필

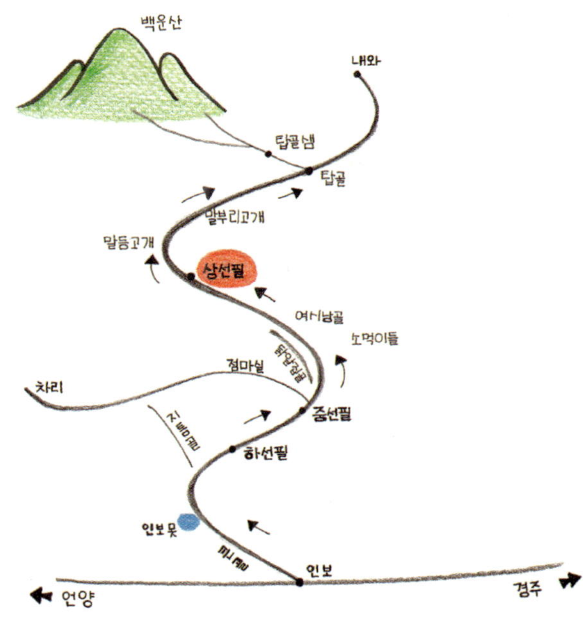

1925년 가을, 서양인 신부가 백운산 '말구부리' 고갯길을 내려오고 있었다. 가방을 지게에 진 짐꾼은 서양인 신부의 꽁무니를 뒤따랐다. 판공성사차 공소를 순회 중인 서양인 산부는 상선필을 방문한 후 하선필 공소 미사에 참석할 예정이었다.

나는 낯선 서양인 신부가 다녀갔던 오지마을을 찾아보기로 하였다. 몇 해 전 두서면 수중내에서 갈밭메기 거쳐 내와로 가는 장마중길을 걸어본 나는 이번에는 유서 깊은 세 공소가 있는 탑골, 상선필, 하선필 마을을 탐방해볼 참 이었다.

침묵으로 말하는 오지마을

내가 출발한 곳은 두서면 인보리의 구량화촌九良火村. 이곳은 노박산이

백운산 자락에 에워싸인 상선필마을의 전경.

동해바다를 향해 큰 배의 앞머리처럼 힘차게 뻗어 있는 풍수로 알려진 곳이다. 멀리 낙동 정맥에서 뻗어 내린 백운산(해발 907미터)에는 구름이 걸렸고, 마병산과 응암산 노박산 협곡 사이로는 선필을 오르는 큰골이 터졌다. 인보리 면사무소에서 백운산 탑골까지는 사십 리, 상선필까지 삼십 리, 하선필까지 십 리로, 띄엄띄엄 떨어진 세 마을을 가려면 물 건너고 산을 넘어야 했다. 나는 실배암 골짜기 속에 올망졸망 형성된 세 마을을 향해 계곡길을 내처 걸었다.

용이 높은 산으로 향해 기어오르는 실배암 계곡길을 십 리쯤 오르자, 1975년 축조된 인보 저수지가 나왔다. 응암산(해발 610미터) 뒷골 언덕배기에 들앉은 하선필 마을로 올라갔다. 막다른 골목에 있는 오두막집이 바로 하선필 공소였다.

공소 종지기 아내 임기댁이 걸어 나왔다. 오랜 기도를 끝낸 노老수녀님처럼 한없이 평온해 보였다. 나를 본 임기댁은 손에 든 감을 내밀며 "꼬라지 보니 뙤겠다."며 밭에서 딴 무無농약 단감을 먹어보라 권했다. 오지 마을을 돌아다니다 보면 뜻밖의 인심에 요기를 하곤 한다. 단감은 생긴 모양과는 다르게 달고 아싹했다.

임기댁을 따라 공소에 들어갔다. 공소마당에 들어서기가 무섭게 순백 머리를 치렁치렁 푼 옥잠화가 눈길을 사로잡았다. 4대째 공소를 돌보는 종지기 집과 공소는 울타리 없는 이웃으로, 얼핏 보면 한 집으로 착각할 정도였다. 공소는 종지기 집만큼이나 낡고 오래된 오두막집이었다. 파란 고깔모자를 쓴 키다리 종탑이 있는 작은 공소는 빛바랜 수채화 풍경이다. 대처 성당에 비하면 무척 왜소했지만 150년 전통의 공소는 숙연한 분위기가 돌았다. 공소에는 아궁이 방도 달렸다. 임기댁은 "아궁이 방은 판공성사 순회를 오는 신부님이 묶었던 처소였다. 신부님이 오시면 밥해드린다고 바빴다." 고 기억했다.

비둘기 집처럼 포근한 선필을 걸어서

암탉이 알을 품는 형상의 '닭알집' 오솔길을 걸어 올랐다. 구름 드리운 백운산이 품은 닭알집은 포근하면서도 경사가 심해 은근히 빡셨다. 하지만 내딛는 발걸음 만큼은 날아갈 듯 가뿐했다. 백운산 골안골에서 수양을 끝낸 맑은 물이 요란하게 흘렀고, 이파리를 말끔히 씻은 풀잎은 한낱 저잣거리를 떠돌던 나를 반갑게 맞았다.

과거 선필에서 차리를 넘어가는 고갯길에 쇠를 만드는 '점마실'이라는 마을이 있었다. 한국전쟁 이후 사라진 것으로 추측이 되는데, 당시 인보장을 넘나들던 소호 사람들은 선필고개를 내려와 점마실 점터를 통과했어야 했다. 그러나 지금은 쇠를 녹이던 점터는 양계장으로 변하였고, 지통골 약물탕 얼음물을 맞으며 돌아가던 물레방아는 흔적도 없이 사라졌다.

닭알집 고개를 넘어서자 평퍼짐한 '소먹이들'이 나왔다. 과거 칡뿌리, 감자, 옥수수로 연명을 했던 이곳 화전민들에게는 금싸라기 같았던 논 한가운데에 집채만한 바위 덩어리가 버티고 있었다. 옮기고 싶어도 옮기지 못하는 화전민들의 심정을 떠올리니 입가에 슬며시 실소가 묻어났다.

담 없는 착한 마을 '선필'

심성 착한 사람이 모여 사는 상선필이 나타났다. 사위가 산으로 틀어막힌 상선필 마을은 비둘기알집 형상이었다. 한편 과거에는 예씨 성을 가진 교우가 많이 살아 '예씨골'이라 불리기도 하였다. 이곳 주민들은 기해박해(1839년)를 피해 세상에서 헌신짝처럼 버려진 후손들이 대부분이었지만, 요즘은 외지인들이 많이 들어와 살고 있다.

지팡이를 짚고 가파른 길을 내려오는 동네 할머니 한 분을 만났다. 막연한 정취로 산골마을이 좋다는 인사말을 건네자 할머니는 떨떠름히 여겼다. "뭐가 좋은교? 이 암흑천지에서 못 죽어서 살아요. 버스 안 다니죠, 병원 멀어 다리 고생이죠…… 돈 없으면 꼼짝 못해요."라며 오지마을에 사는 불편을 당차게 늘어놓고는 뒤뚱거리며 아랫마을로 내려갔다. 삼십리 길을 지팡이에 의존해 내려가는 할머니 뒷모습에 혀를 내두르지 않을 수 없었다. 오지란 남이 보면 마음의 고향으로 보일 수도 있지만, 정작 이곳에 사는 사람들의 불편은 이루 말할 수 없었다. 세상 궁금한 것이 없고, 바깥세상을 모르며 살아온 흑백 세상이라 교통의 불편을 감수해야 했다. 저잣거리에 떠돌다 들어온 외지인들 정착 또한 수월치 않다.

수확한 곡식을 거두는 내와마을 임기댁 할머니.

묵언수행으로 걷는 오지마을길

상선필마을을 돌아보던 중 상선필 공소를 발견하였다. 하선필 공소에 비하면 규모가 반 정도 되는 미니 공소였지만, 마을의 중심이 되는 곳이었다. 한국전쟁 당시 불탔던 집도 있었다. 집주인은 전통주를 담기 위해 산에서 딴 머루로 즙을 내고 있었다. "물 대신 술을 준다."며 집주인은 금방 짠 머루주 한 잔을 내게 권했다. 늦봄에 담아 겨울에 마신다는 머루주는 뒷맛이 콕 쏘고 씁쓸했다.

주인은 암울했던 한국전쟁 당시를 상기하며 "난리가 났었지. 홍길동이라는 빨갱이가 마을 이장과 청년 회장을 죽이고 마을을 온통 불바다로 만들고는 여자까지 달고 저 산으로 달아났다."며 검은 머루 물이 묻은 손

탑골 가는 길.

으로 백운산을 가리켰다. 산간 오지에서 미처 몸을 피하지 못한 이곳 주민들은 빨치산에게 화를 당한 것으로 알려졌다.

상선필에서 나온 나는 탑골로 가는 가파른 고갯길을 천천히 올랐다. 하도 가팔라 오르던 말도 굴렀다는 '말구부리' 고갯길은 엉금엉금 기듯이 올라야 했다. 다리야 쉬어 가자. 시원한 바람이 부는 고갯마루에 퍼질러 앉았다. 마침 먼저 자리를 잡은 뱀이 몸을 휘감고 쉬는 중이었다. 뱀아 너도 쉬거라. 뱀을 목전에 두고 쏟아지는 잠에 빠져들었다.

태화강의 발원지, '탑골샘'

한편, 빨치산 홍길동을 추적하기 위해 백운산 '탑골' · '디갈더미' · '여시낭골' · '골안골', 그리고 아미산 '갈밭메기'와 '황새골' 일대를 돌아보았지만 어떠한 행적도 찾을 수 없었다. 다만 홍길동은 두서 전읍인으로 박씨 성을 가진 20대 나이의 빨치산 유격대 출신이었다는 사실만 가까스로 알아냈다. 그는 군경의 대대적 토벌작전에 사살이 되었는데, 그의 시신은 거적때기에 덮여 두서 지서 후미진 곳에 오랫동안 방치되었다고 한다. 산으로 달고 달아난 그의 여자가 임신했다는 소문 외에는 더 이상 행방을 알 수가 없었다. 후일 그들의 활동무대였던 곳은 초지 목장이 세워졌다.

천주교 성지였던 탑골은 한국전쟁 이후 정부의 독가촌 이주 정책으로 민가가 사라져 사람들의 기억 속에서 멀어진 마을이 되었다. 한때 100호에 가깝게 천주교 교우가 살던 교우촌이었지만 지금은 사찰마을이 되다시피 했다. 탑골 공소는 오래전에 사라지고 안내판이 순례자를 맞이하고 있다.

세 공소가 있는 선필 탑골 오지는 묵언 산행을 하기에 좋다. 유연하고 부드러운 길, 가팔랐지만 정갈한 길, 산세가 곧게 뻗어 기운이 강한 길, 포근하고 은둔하기에는 좋은 비둘기 집이다. 백운산 물골 탑골샘에서 발원한 물은 태화강 백 리를 흘러갔다.

실혜산
미륵봉
정승봉
정승동
끝방재
구천산
도래재
밀양
얼음골
케이블카 상부
상투봉
천황산
사자평
천황재
주암
쉼터
주암계곡
폐광동굴
정각산
필봉
금강동천
진불암
한계암
재약산
산들늪
구천리
마을회관
표충사관광지
층층폭포
흑룡폭포
계곡오토캠핑장
삼거
코끼리봉
재약봉
맹물
상회
칡밭
가산재
향로산
백마산
바드리마을
가산마을
선리
도태정
수연산
다람쥐골
밀양댐
생태공원
성불암
고점교
매봉산
양산

7.
향로산 | 다람쥐골 가산마을

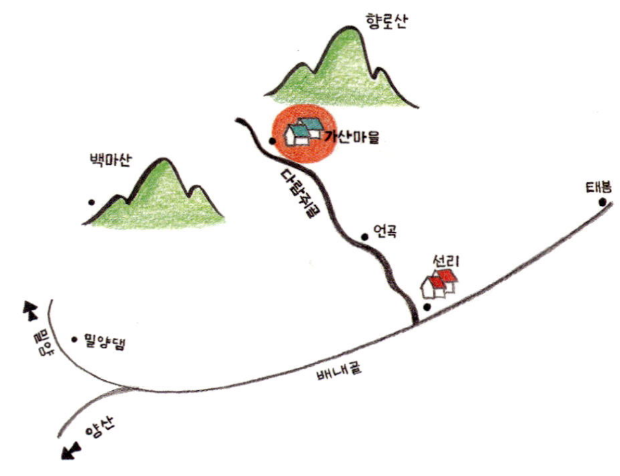

남자만 사는 산골이 있었네

영남알프스 향로봉 깊은 골짜기에 '남자만 사는 오지마을'이 있다. 이 마을을 알게 된 것은 밀양 단장면 '바드리마을'을 방문했을 때였다. 그곳에 사는 할머니가 "남자만 사는 마을에는 가봤느냐?"며 되물었다. 귀가 솔깃해진 내게 "이상한 남자들만 살아 멀쩡한 사람은 갈 곳이 못 된다"는 귀띔까지 해주었다. 요즘 세상에 그런 곳이 있는가 싶어 영남산무리의 구봉 중에 하나인 재약산(해발 1189미터)에서 향로산(해발 976.9미터) 일대를 뒤지고 뒤졌다. 그러나 지도에도 없고, 해발 600미터 깊은 산속에 있는 산골이라 쉽사리 눈에 띄지 않았다.

빨리 가려면 혼자가고 멀리 가려면 함께 가라했던가. 우연한 기회에 지인의 소개로 나는 다람쥐골을 탐방하게 되었다. 별 생각 없이 찾아간 산간 오지가 내가 그토록 찾아다니던 바로 그 '가산마을'이었다. 막상 가보니

다람쥐골을 오르다 만난 오래된 디딜방앗간.

워낙 교통이 불편하고 첩첩산중에 숨어 있는 터라 아는 사람이 아니고는 찾기 어려운곳이긴 했다.

누군가 오지는 사라졌다고 했다. 하지만 아무리 문명이 발달을 해도 세월이 빚어낸 흔적은 어디엔가 숨어 있기 마련이다. 우리의 발품이 게을러 찾지를 못할 뿐이지 마음만 먹으면 못 찾을 리 없다. 하지만 오지마을을 소개하는 입장인 나로서는 숨어 있는 오지를 세상에 알리는 순간 오지 파괴자로 돌변하게 되어 죄스러운 마음을 금할 길이 없다.

세월은 가도 옛날은 남는 것

영남알프스의 깊은 계곡인 배내골 칠십 리에는 배내구곡이 있다. 배내구곡중에서 고향처럼 포근한 골짜기를 꼽으라면 나는 가산재를 넘는 옛길인 '다람쥐골'을 서슴없이 꼽겠다. 다람쥐골은 외부에 알려지지 않아 영남산무리에 사는 사람도 잘 모르는 골짜기이다.

생강나무꽃이 만발할 무렵인 이른 봄에 그곳을 찾아갔다. 다람쥐골의 첫 마을인 언곡 마을회관 스피커에서는 산불 조심 방송이 흘러나왔다.

"아, 아, 이장입니다. 건조한 날씨에 논두렁이나 밭두렁을 태우지 맙시다. 아, 아, 다시 알립니다."

언곡마을 골목길을 돌자마자 개울가 큰 나무 아래 허름한 헛간 안에 오래된 디딜방아가 보였다. 개울 너머 이끼 낀 축담이며, 옹기종기 모인 낡은 집, 액자에 걸린 흑백사진처럼 오래된 시골 풍경은 언제 봐도 포근했다.

마침 개울가에서 빨래를 하고 있는 할머니들에게 가산재 넘는 길을 물었다. 가산에 살다가 언곡으로 이주했다는 장경순(79세) 할머니는 "열여덟에 시집을 와 이 골짜기에서 60년을 살았다. 앉은 자리가 본이 되었다."며 씻던 빨래를 개울물에 흔들어 행구며 가산재를 일러주었다. 그곳에 사

가산마을의 오래된 집들.

람이 사느냐고 묻자 "육이오 때부터 버려졌던 마을에 20년 전부터 뜨내기 사내가 들어와 살더니, 요즘은 네 사람으로 늘어난 모양이더라."고 했다. 그러고는 한국전쟁 때 소개령으로 가산에서 쫓겨날 당시를 떠올리며 "말도 마라. 산에서 내려온 빨치산이 들이댄 몽둥이가 총인 줄 알고 소를 내주었다. 그때 속은 것을 생각하면 지금도 분하다."며 분통을 터트렸다.

다람쥐골 계곡을 따라서 가산재로 올라갔다. 겨우 한 사람이 다닐 만한 비좁고 꼬불꼬불한 옛길이 나왔다. 바퀴가 달린 어떠한 동력도 오를 수 없는 세월이 빚어낸 길이었다. 꽃과 나무가 많아 색맹인 사람도 스무 가지 정도의 꽃들을 구별할 수 있고, 물소리와 새소리를 엿들을 수 있는 고즈넉한 개울길이었다. 곳곳에 돌부리가 박혀 있고, 바위가 길을 막아 이리 돌고 저리 돌아야하는 아름다운 길을 보자 자신도 모르게 감탄사가 쏟아졌다. 성벽처럼 쌓아올린 논둑을 끼고 유유자적 걸을수록 정신의 빈곤을 채우는 느낌이 들었다. 하지만 등산을 하듯이 걷거나 빨리 가려고 하면 이 모든 것들은 숨어버리고 만다.

염소 떼를 몰고 가는 몰이꾼. 전기가 들어오지 않는 오지라 태양열을 이용하는 선진화(?)된 토담집도 있다.

구구절절한 사연을 간직한 오지 사람들

다람쥐골에서 가산재를 향해 4킬로미터 남짓 올라가자 오래된 마을이 모습을 드러냈다. 산간 오지에 숨은 오래된 마을을 본 순간, 타임머신을 타고 내린 듯 가슴이 뛰었다. 한술 더 뜨자면 오지다운 오지마을을 만난 감격에 엎드려 절이라도 하고 싶은 심정이었다. 하늘을 찌르는 높은 산에 에워 싸인 마을 중간으로 실배암 개울이 흘러갔고, 띄엄띄엄한 집들 주변에는 자신들이 먹을 만큼 수확할 수 있는 밭뙈기가 붙어 있었다.

화전민이 살던 갈대 지붕에 푸른 비닐을 입힌 집, 주막 같기도 하고 민가 같기도 한 토담집, 전기가 들어오지 않는 곳이라 태양열 장치를 한 집도 보였다. 어떤 집은 집을 오래 비운 탓인지 처마 밑에 걸린 북에 곰팡이가 잔뜩 폈다. 세월이 빚어낸 오지의 흔적을 고스란히 간직한 마을은 더할 나위 없는 향수鄕愁를 불러 일으키게 했다.

밀양 바드리마을의 할머니 말씀대로 이곳에는 남자들만 살고 있었다. 세속의 고리를 끊고 20년을 혼자사는 남자, 몹쓸 병에 걸려 요양차 입산한 남자, 사고를 당해 어쩔 수 없이 산을 선택한 남자, 누구랄 것 없이 구구절절한 사연을 간직한 사람들이었다.

외팔이 아저씨의 희망 '염소 서른 마리'

그때 사람도 겨우 다닐 만한 비좁은 길에 염소 떼가 뽀얀 흙먼지를 일으키며 다가왔다. 난생 처음보는 진기한 광경이었다. 앞서 길을 연 사내는 있는 힘을 다해 염소 목줄을 끌어당기고, 몰이꾼은 가죽채를 들고 뒤에서 염소 떼를 훌쳐댔다. 어미 염소가 "메에, 메에!" 불러대자 새끼 염소들이 줄줄이 뒤를 따라왔다. 나는 길을 비켜주었다. 지나가는 몰이꾼에게 목줄을 매지 않은 염소 새끼들이 곁으로 샐 것 같다고 말을 건네자 "대장 염소를 몰면 다른 염소는 문제없다. 처음 몰 때가 어렵지, 그 뒤로는 잘 따라온다."고 대답했다.

나는 염소 떼를 따라갔다. 산재 사고를 당해 한쪽 팔을 잃은 몰이꾼 조정율(58세) 씨는 "염소가 못 먹는 것은 딱딱한 바위와 높은 하늘 밖에 없다."며 풀이 많은 이곳이 염소 사육의 최적지라고 말했다. 그는 30마리 염소를 2년 후에 100마리로 불릴 기대를 품고 있었다. 전기도 없고, 겨울이면 눈을 녹여 식수로 사용해야 하는 불편한 오지 생활임에도 그의 얼굴은 밝아 보였다. "염소가 있어 외롭지 않다. 지난 겨울 추위와 물 때문에 힘들었지만 끝까지 견뎌낸 나 자신이 자랑스럽다."고 했다.

8. 정각산 | '조선 만주' 정승동

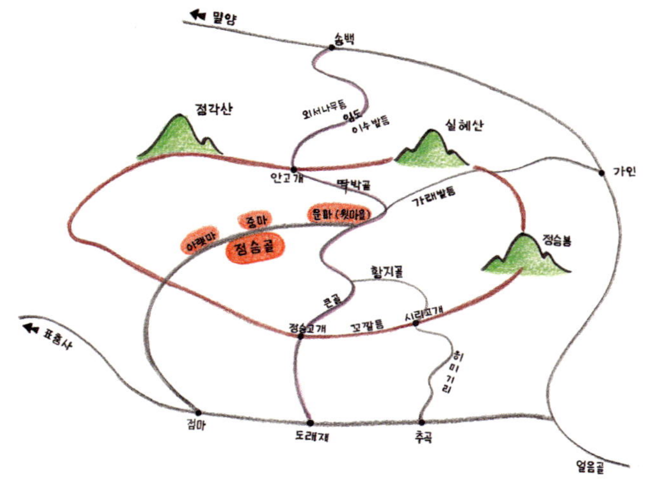

길은 걸어봐야 알고, 재는 넘어봐야 알아

정각산 아래 정승동은 고깔봉 · 실혜산 · 정승봉 같은 높은 산이 소쿠리 형태로 둘러쳐져 있어 직접 들어가보지 않고서는 알 수 없는 오지마을이다. 불과 30년 전만 해도 오지 중에 오지였지만 지금은 화려한 펜션 숙박촌으로 변한 곳이기도 하다. 내가 정승동을 알게 된 것은 불타는 천화현의 사자꼭대기(천황산 사자봉)에 올라 눈앞에 펼쳐진 둘레 백 리의 영남알프스 산봉우리를 감상하던 때였다. 영남산무리의 주봉인 가지산에서 배내봉 · 간월산 · 산불산 · 영축산 · 구만산 · 운문산…… 파노라마 고산준봉을 쓸어 보던 눈길이 바로 코앞에 있는 꼬깔봉(해발 803미터)에서 딱 멈추어 섰다. 정각산 · 실혜산 · 정승봉 · 고깔봉 · 영산으로 둥글게 이어진 소쿠리 산등 속에 든 정승동이 시야에 잡혔다.

냐는 정승동을 찾아 발품을 팔기로 했다. 버스를 타고 밀양 산내면 팔풍장에 내린 나는 정승동에서 시집살이를 하다가 산내면 송백으로 이주한 할머니 한 분을 만났다. 팔풍장이 서는 송백에서 구멍가게를 하고 있는 할머니는 "암흑천지가 따로 없다. 겨울이면 얼마나 추운지 두드리는 빨랫방망이가 얼어붙었다. 거기다 아이들 학교 멀지, 볕 안들어 농사 안되지. 감자밥도 근근이 먹었다."며 손사래를 쳤다.

생지옥 같은 정승골을 두 번 다시 떠올리기 싫다는 할머니의 손사래에 쫓기듯 나온 나는 정승동으로 향했다. 송포마을에서 정승동을 오르는 산고개에 임도가 들어서면서 관문 격이었던 '외서나무등'과 '이수밭등'이 잘려나간 탓에 처음부터 길을 헤매기 시작했다. 아무래도 이번 발품은 오리무중 속에서 허적거릴 것 같은 불길한 예감이 들었다. 쉬운 임도를 물리치고 옛길에 들어서자 난데없이 길이 끊겼다. 남의 과수목장을 함부로 들어갔다가 송아지만 한 개에게 혼줄이 나기도 했다. 할 수 없이 한여름 뙤약볕 내리쬐는 임도를 행군하듯 걸어서 딱발골 안고개(해발 575미터)에 도착하였다. 마침 인적이 뜸한 왕 소나무 아래에서 한 시골 촌로가 쉬고 있었다. 촌로에게 정승골 옛길을 물었더니 언어장애인이었다. 못이 박힌 손바닥에 글을 쓰며 의사를 전하려던 촌로는 당신과는 말이 통하지 않는다며 가던 길을 횡 하니 가버렸다.

소쿠리 속에 든 '조선 만주' 정승동

나는 안고개에서 오지마을 정승동을 내려다보았다. 해발 570미터의 안고개에서 870미터의 정각산으로 이어지는 둥근 산등 아래에 산으로 에워싸인 작은 마을이 있었다. 세상과 뚝 떨어져 있어 유배를 시키기에 알맞은 좋은 땅으로 보였다. 정승이 귀양살이를 해서 정승골이 되었다는 설과 정승이 태어났다는 유래가 있으나 확실치 않다. 일제강점기에는 '조선의

천황산과 재약봉. 우측에 보이는 도로는 밀양과 울산을 잇는 국도다

만주'로 불렸던 정승동은 입구가 어디로 열려 있는지 알 수가 없었다. 하늘이 반 쯤 열려 있기는 했으나 밤이면 온갖 짐승이 울어댔고, 귀신도 길을 찾지 못해 헤맸다.

안고개를 넘어 정승동마을로 내려섰다. 안고개에서 마을로 내려가는 잿길은 꼬불꼬불 아리랑길이었다. 정승동에는 운마(윗마을), 중마, 아랫마 등 세 마을이 있었다. 유일한 통로는 아랫마였고, 지대가 높은 운마에서 얼음골과 도래재, 가인으로 연결된 가파른 잿길이 열려 있었다. 과거에는 경주 최씨 스물일곱 가구가 똘똘 뭉쳐 살았지만 지금은 외지인 소유의 숙박촌으로 변모하였다.

마침 운마에는 본토인으로 보이는 남자 여럿이 벌초를 하고 있었다. 벌초꾼들에게 정승봉 너머 얼음골 가는 옛길을 물었다. 자신을 정승골 토박이 경주 최씨로 밝힌 한 벌초꾼은 "정승동에서 도래재(화령, 해발 530미터)로 가는 산판길을 '큰골'이라 하고, 얼음골로 질러가는 고개를 '시리고개(해발 710미터)', 그 너머 추곡으로 내려가는 길을 '히미기리'라고 한다."고 설명하고는 30년 전에 객지로 나간 후 가보질 않아 길이 막혔는지 알 수 없다고 했다.

뜬금없는 나의 출연에 이야기가 길어지자 벌초꾼들은 잠시 쉴 겸 벌초기 엔진을 끄고 펑퍼짐한 산소 그늘밑에 모여 앉았다. 그들이 단장한 묘소는 바리깡에 밀린 알머리처럼 말끔했다. 산에서 내려오는 맑은 계곡물에 손을 씻고 온 구레나루 벌초꾼은 "한여름 더위라도 삽짝거랑에 누워 자다가 추워서 들어오고는 했다."며 향수를 떠올렸다. 벌초꾼 중에서 연장자로 보이는 중년 남자는 김장철이면 젓갈 통을 지고 올랐던 이야기를 음전하게 말했다. "무거운 젓갈 통을 지고 태산 같은 산을 세 개나 넘어야 하는 언양장길은 그야말로 초죽음이었다. 첫 새벽에 나가면 캄캄해져야 돌아왔다."며 당시를 회상했다. 듣고 있던 구레나룻 별초꾼 역시 "그러고 보니 언양 갈치가 제일 기억에 남는다. 모처럼 들어오는 언양 갈치장수가 파는 갈치는 얼마나 맛있던지 둘이 먹다가 하나 죽어도 몰라."하고 말하자 모두 넘어갈 듯 웃었다.

또 다른 별초꾼은 "정승골에는 산불이 잦았다. 불똥이 산꼭대기로 날아 올라 온통 사방이 불이었지만 어른들은 그냥 두었다."고 말하자 어릴 때 불하늘을 보았다던 다른 토박이가 "이곳은 하늘이 가려져 있어 불로 하늘을 뚫는다고 믿었다."며 당시를 떠올렸다. "날아다니는 불만 아니라 짐승이 울어도 무섭지 않더라. 밤에 범이 내려와 송아지를 노렸는데, 마을사람들이 합심해 물리쳤다."고 했다.

쇠판에 새긴 오지마을 향수

줄곧 이야기를 듣고 있던 딸기코 벌초꾼이 말문을 열었다. "나는 어머니와 백 리 길 부곡장에 갔었던 일을 죽어도 잊을 수 없다."며 모정을 떠올렸다. 어머니는 "하루에 200접씩 감을 깎고 꼬챙이에 꿰어서 말렸다."고 했다. 밭일과 집안 일로 각다분한 어머니를 따라 곶감을 지게에 지고 밀양장을 갔었다던 딸기코 벌초꾼은 이어서 "그까짓 것, 팔아봐야 몇 푼 되지도 않았다. 그렇다고 공들여 깎은 곶감을 버리지 못해 밤길을 걸어오던 어머니가 우는 모습을 보고 나도 따라 울었다."며 세상과 단절된 암흑천지에 살던 설움을 쇠판에 새긴 듯 깊이 간직하고 있었다.

정승동을 나선 나는 내친김에 고깔봉을 내처 올랐다. 막상 걸어보니 천황산 사자봉에서 내려다보던 것과는 달리 산길은 험악하기 짝이 없었다. 울퉁불퉁한 돌무더기 산판길은 발목에 부담이 왔고, 가시덤불이 막은 길에서 동물적인 감각을 놓치면 수풀을 헤매야 했다. 얽히고설킨 덩굴은 등산화를 잡았고, 잡목은 배낭을 끌어당겼다. 나는 이를 앙다물고 오로지 하늘만 보고 올랐다. 가면 갈수록 길 없는 길은 희미해지더니 끝내 끊어지고 말았다. 어렵사리 길을 다시 찾으면 삼신 할매의 장난 끼가 서린 너덜

팔풍 송백 동네 풍경.

지대를 만났다. 돌무더기 너덜지대에서 다래 순을 따먹는 호사를 잠시 맛보았다. 하지만 고행은 여기서 그치지 않았다. 산을 오르기 전 토박이들이 일러준 옛길은 숲에 가려지고 낙엽에 묻혀, 오랜 세월이 지난 기억처럼 사라지고 없었다. 저녁 노을이 물들기 바쁘게 날은 어두워졌다. 앞을 분간할 수 없는 밤길을 허적대고 걸었다. 후미진 곳에서 짐승 우짖는 울음소리가 들렸다. 캄캄한 밤이 되어서야 맹한 눈으로 남명 얼음골로 내려올 수 있었다. 이쯤 되니 가시밭길을 걸어온 정승동 사람들에게 그저 혀를 내둘리지 않을 수 없었다. 길은 걸어봐야 알고, 물은 건너봐야 안다. 하나 더 덧붙이자면 '사람은 겪어 봐야 알고, 재는 넘어봐야 안다'

천황산
북방우분지
주암
쉼터
주암골
천황재
화전터
사
자
평
철구소 계곡
용주사
철구소계곡
배내골캠핑장
산책로
재약산
진불암
하늘억새길
갈림길
생태탐방로 데크
전망대
금강동천
화전터
문수봉
고사리분교터
억새밭
감시초소
코끼리바위
화전터
관음봉
산들늪
소금쟁이새미
소금샘
이정표
표충사관광지
층층폭포
죽전
들살이
오토캠핑장
옥류동천
흑룡폭포
임도
임도

9. 재약산 | 사자평마을 고사리분교

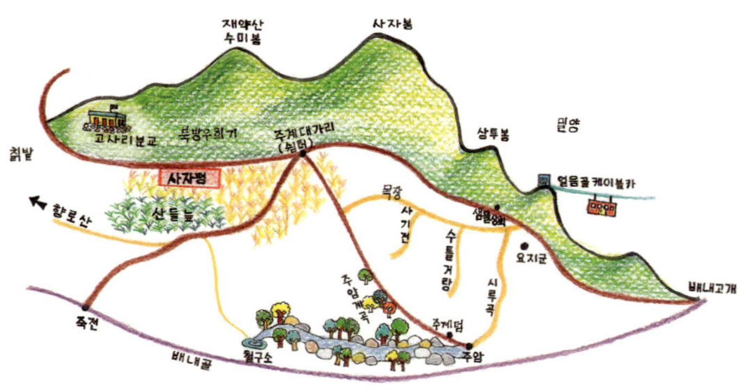

하늘 널마루에 화전민이 살았네

흙먼지를 덮어쓰며 자갈길을 오르다가 배내고개에서 만난 흰옷 무리에 섞여 사자평으로 내처 걸었다. 남정네들은 궤짝이나 비료부대를 하나씩 등에 졌고, 아낙들은 보퉁이를 머리에 이고 있었다. 행색이 초라한 이녁들은 검은 땅에서 캔 당근과 고사리 · 약초 그리고 싸리나무로 만든 소쿠리 따위를 언양장에 내다 팔고 돌아오는 사자평 화전민들이었다. 우락부락하게 생긴 사내들은 소장수들이었다. 흰옷 무리에 섞인 나는 술이 거나하게 취해 비틀거리는 노인네의 비료부대 질빵을 받아서 졌다. "먼저 간 마누라 제사상에 쓸 됫병 소주가 들어 있으니 집에 가면 한잔하고 가게. 어허!"갈지之자 걸음으로 뒤따르던 노인이 나의 뒤통수에 헛구역질을 해댔다.

광활한 억새평원은 끝이 보이지 않는 하늘 널마루였다. 청명한 창공에는 수리가 정지한 듯 맴돌았다. 밥물처럼 넘실대는 억새길을 소장수가 앞장서 열고, 흰옷 무리는 기러기이듯 줄지어 그 뒤를 따랐다. 물정에 밝

사자평 억새평원. 멀리 조그맣게 보이는 빨간 지붕은 소를 키우던 목장이었다.

사자평 북방우희기를 걷는 산행객들.

고 심지가 굳은 소장수는 억새 수풀을 헤집었다. 억새밭에 숨어 있던 까투리가 소스라치며 달아나자 소장수는 아깝다는 듯이 꿩지를 물끄러미 바라보았다. "허리까지 차는 억새밭 걷기란 여간 힘들지 않아. 비 오는 날이면 더 힘들고, 해 뜨기 전에는 아침 이슬에 옷이 흠뻑 젖는다."고 투덜거렸다. 경계심 많은 소장수는 허리춤에 찬 전대錢帶에 손을 대고 걷는 버릇이 있었는데, 날카로운 억새 잎에 맨살이 베이곤 하였다. 그러고 보니 어깨높이로 자란 억새 수풀을 헤집고 나가기란 쉬운 일이 아니었다.

한편, 노인은 계속 혼잣말로 주절대며 따라왔다. 노인이 주절대는 말들의 아귀를 여차여차 꿰맞춰보면 이러했다. 본래 사자평은 군데군데 숲이 우거졌었는데, 일제강점기에 일본인들이 스키장을 만들기 위해 마구잡이로 나무를 베어버리는 바람에 온통 억새밭으로 변하고 말았다. 눈이 내리지 않아 결국 스키장을 폐쇄하였다는 따위였다. 노인의 말이 사실이라면 지금 가을 정취를 물씬 일으키는 사자평도 일제식민지의 아픈 역사를 감추고 있는 것 같았다.

검은 노다지를 캐는 조선 도공의 후예들

노인은 자신이 사자평에서 도자기를 굽던 도공陶工의 후예라고 밝혔다. 일본으로 끌려간 일류 기술을 가진 도공이 자신의 조상이라고 밝힌 노인은 "지금도 사자평에는 선조 도공들이 굽던 도요지군群이 있고, 깨어진 조각도 나온다. 도자기를 좋아하던 일본인이 해방이 되자 묻어두고 떠났다."고 했다. 노인은 이어서 "해방 전에는 사자평에 사는 사람들 다 해봤자 대엿 집이 고작이었는데, 한국전쟁이 끝난 후부터 얄궂은 사람들이 들어와 사기전 마을을 아주 버려놓았다."는 노인은 이어서 "어중이떠중이가 한창 많을 때는 80가구가 넘었다."며 사자평마을의 내력을 밝혔다.

한국전쟁 이후 가난한 피난민들이 무주공산 사자평 마을에 몰려들기 시작했다. 그들은 먹을 게 없어 '깽동 보리밥', '갱죽(산나물 죽)', 딩겨밥', '송진밥', '칡떡'으로 목숨을 연명하며 정착하기 시작했다. 화전민들은 당근과 고사리를 많이 일구었다. "척박한 이곳을 떠나고 싶어도 100만 평 넓은 땅, 검은 노다지를 두고 갈 수가 없었다. 검은 흙은 감자나 당근 · 도라지 · 더덕 · 참나물 · 고사리 · 칡 농사가 잘 되었다."며 사자평을 떠나지 못하는 이유를 밝혔다. 그러나 교통의 불편과 문명의 단절을 견디지 못한 화전민들은 하나 둘 도시로 옮겨갔다.

비료가 없는 화전민들은 억새밭에 불을 질렀다. 상북 고을 출신인 소장수는 사자평에 난 불을 끄기 위해 추운 겨울에 올랐던 기억을 잊지 않고 있었다. "밀양 사람들은 사자평에 불이 붙어도 뻔히 보고만 있더라. 불은 밀양 사람이 지르고, 끄기는 상북 사람들이 껐다."고 기억했다. 역사적으

1960년대 당시의 고사리분교와 선생님 · 학생들.

로 밀양 산내면을 천화면이라 불렀다. 사자평에서 시작한 불은 큰 고을로 내려가지 않고 산등을 타고 번졌다. 배내고개를 지나 배내봉 · 간월재 · 신불산 · 신불산 상벌 · 영축산으로 번진 불기둥은 동짓달 내내 타올랐다.

뙤약볕 내리쬐는 건조한 자갈길을 빠져나오자 주암골에서 도끼질 소리가 들렸다. 잠시 후 벌채한 통나무와 숯포를 실어 나르는 화물차가 먼지를 일으키며 지나갔다. 화물차가 다닐 수 있는 산판길은 멀리 표충사로 연결된 것으로 보였다. 흰옷 무리는 얼음골과 사자평이 한눈에 내려다보이는 '깨밭타령'에서 잠시 쉬었다. 모두가 쉬는 틈을 이용해 나는 깨밭타령 봉우리에 올라 사위를 살폈다. 천황산 · 능동산 · 가지산 · 운문산 · 억산 · 배내봉 · 간월산 · 선불산 · 영축산 · 향로산 · 재약산…… 하늘을 이고 있는 태산들이 한 눈에 들어왔다. 특히 재약산과 천황산 일대의 사자봉 · 수미봉 · 관음봉 · 문수봉 · 재약봉 · 고암봉 · 향로봉 · 필봉 등 여덟 개의 주요 봉우리는 부챗살처럼 펼쳐진 형상이었다.

아무리 짓밟고, 베고, 자르고, 뽑고, 태워도 다시 돋아나는 억새

한편, 얼음골 급경사는 광활한 사자평에 비해 아찔했다. "'비렁방구'타고 오르는 얼음골은 바쁘다." 왁자한 화전민들 중에 한 사내가 알아듣기 힘든 사투리로 떠들었다. 어릴 때부터 사자평을 뛰어다녀 힘든지 모르고 걷는다는 그는 "큰 덜겅이(자갈길) 위로 배식히 웃는 상투봉을 따라 골백번 오르내리며 숯을 배달했다. 먼산은 하루 두 번, 가까운 산은 하루 세 번 치고 올랐다."고 했다.

주암마을이 고향인 또 다른 화전민은 사자평에 방을 얻어두고 숯을 배내골 집목장으로 나르는 일을 했다. 사내는 70군데나 되는 주계덤 숯가마터를 손바닥 보듯이 읽었다. "한 사람이 열 구디를 하기도 했다. 큰 구디에는 숯을 굽는 숯쟁이 따로, 숯을 다발로 묶어 포장하는 개량인 따로, 숯을 나르는 태가꾼이 따로 있었다. 개량인은 부드러운 칡 줄기로 육관돌이(약 60킬로그램) 숯포를 묶고, 태가꾼은 집목장까지 배달을 했다."고 조목조목 따지듯 설명했다.

배내골에서 도끼질을 하는 산판꾼이나 주계덤 숯쟁이들은 보릿고개를 넘기 위해 들어온 뜨내기였고, 숯을 배달하는 태가꾼은 주로 이 일대에 밝은 주민들이었다. 가뜩이나 호기심이 많은 내가 숯을 배달하는 태가꾼들이 숯가마터를 어떻게 찾아내는지 궁금해하자 "어디에 있든 찾아간다. 보통 연기가 나거나 나무가 민둥한 곳에 숯구디가 있다. 하지만 숯을 굽는 이북 피난민들은 안면 정도 있지 이름도 성도 모른다."고 했다.

불로 하늘을 뚫은 천화현穿火峴의 뿌리, 사자평마을

사자평에 있는 노인의 집에 도착할 무렵, 서산으로 해가 그렁그렁 떨어 지고 있었다. 온통 갈치 빛이었던 억새 물결은 해가 설핏 기울기 시작하자 이옥고 황금빛 물결로 물들고 말았다. 억새밭으로 떨어지는 석양을 보고 감탄사를 연발하는 내게 노인은 "어두우니 우리 집에 자고 가라."며 소맷자락을 당겼다.

사자평 마을은 십 리 간에 마을이 뚝뚝 떨어져 있었다. 재약산 아래 양지 바른 땅에 두서너 집이 있었고, 주개 대가리에 한두 집, 칡밭 인근에 두 집, 또 함석 막사가 있는 사자평 목장에 두 집 정도였다. 산간마을을 돌아다니며 소를 사들이는 소장수는 "사자평은 소 천국이었다. 목장에는 풀어놓은 소가 수백 마리도 더 되었다."고 말했다.

큰 소나무가 보이는 노인 집으로 갔다. 전기가 들어오지 않는 억새 지붕 집이었다. 집 안에서 길쌈을 하던 딸이 마중을 나왔다. "내일 모레가 네 엄마 제삿날이라 장을 보고 왔다."며 지고 온 비료부대를 딸에게 넘겼다.

해가 저물어지자 온갖 짐승 우짖는 소리가 들렸다. 부엌에서 밥을 짓던 딸이 호롱불 올린 밥상을 들고 비좁은 방문을 열고 들어왔다. 호롱불에 비친 딸 모습이 귀신같아 내심 놀랐지만 꽁보리밥에 된장찌개를 맛있게 먹고 잠을 잤다. 아침에 일어나 보니 딸은 오동통하고 예뻤다. 나는 다시 오마 작별 인사를 하고 길을 떠났다.

노인네 집을 나선 나는 기대를 안고 '북방우희기'로 젠걸음을 놓았다. 북방우희기에서 밀양 표충사까지는 십오 리쯤 되는 험한 산길이었지만 반 마장이면 걸어갈 수 있었다. 우적우적 걸어 재약산 양지바른 언덕에 있는 작은 마을로 들어서자 생각도 못한 별천지가 나타났다. 흙으로 지은 학교, 박카스 병에 채송화가 꽂힌 교실, 하늘 널마루가 운동장인 별나라 학교. 바로 하늘 아래 첫 학교인 '고사리분교'였다.

나는 허리까지 차는 억새풀을 헤집고 운동장으로 들어갔다. 마을에는 열 세 가구 주민이 살고 있었는데, 고사리를 재배하는 밭 부근에 학교가 있어 고사리분교라 불렀다. 억새 일렁이는 운동장에 뛰놀던 정진호란 이름의 남자 아이는 "억새가 친군걸요. 아침이슬에 옷이 흠뻑 젖어요."라며 투정을 부린 반면에, 추노옥이란 여자 아이는 "억새가 춤을 추면 하늘교실에 앉아 있는 줄 안다니까요."라며 해맑게 웃었다.

고사리분교는 1966년 4월 29일 개교한 직후에는 화전민이 쓰던 빈 흙집을 쓰다가 나중에는 현대식 교실로 신축하였고, 사자평을 찾는 등산객의 발길이 이어져 명물이 되기도 했다. 한 분의 선생님이 많을 때는 일곱 명의 학생을 가르쳤으나, 학생 수가 점차 줄어들었다. 고사리분교는 전교 총 36명의 졸업생을 배출하고서 1996년 3월 1일 문을 닫았다.

· 4부 ·

사라져가는 울산의 오지마을

1.
문수산 오지 | 칠기점과 충골

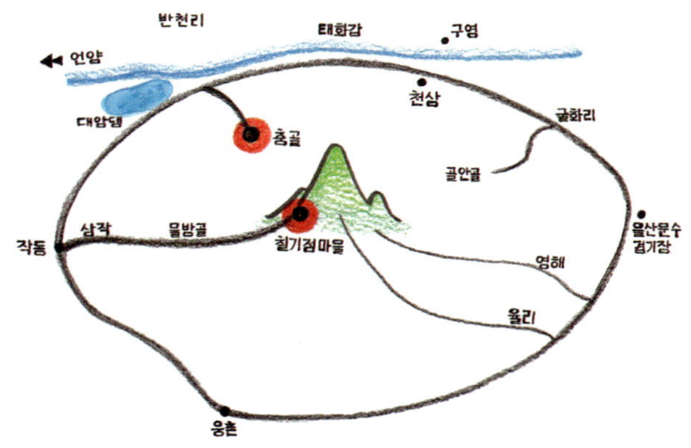

도심의 허파, 문수산에 오지마을이라니

문수산은 연잎처럼 품이 넓게 펼쳐진 산이다. 도심에 있어 교통이 편리하고, 어디서나 손쉽게 오를 수 있어 울산의 명산으로 꼽는다. 그렇다면 포신 같은 공장 굴뚝이 즐비한 울산에 과연 오지마을이 있을까? 더욱이 산업도시 한복판에 있는 문수산에……. 역시나 고개를 절레절레 흔드는 사람이 많았다. 하지만 오지마을은 은밀하게 숨어 있는 터라 누구든지 발품을 팔지 않으면 좀체 실체를 볼 수 없다. 나는 문수산을 동서남북으로 나누어 사방 팔방 오지마을을 찾아 나섰다.

문수산 최후의 처녀림, 물방골

문수산과 남암산 서쪽 줄기에 칠기점이라는 오지마을이 있다. 율리에서 손쉽게 올라가는 길이 있지만 삼동면 작동에 있는 물방골 계곡의 험한 길을 택했다. 애써 험한 길을 택한 이유는 이 길이 우리 선조들이 울산을 넘나들었던 지름길로, 삼동에서 파발을 띄웠던 중요한 통로였기 때문이다. 작동鵲洞에는 대삿갓과 우장을 만드는 사람들이 많았다. 기차 구경 한 번 못한 사람들이 수두룩했을 만큼 오지였던 상작마을은 아직도 옛 정취를 고스란히 간직하고 있어 발길을 멈추게 한다.

오랫동안 인적이 끊겨 겨우 한 사람 지날 정도로 변해버린 물방골 계곡 길은 파발이 다니던 지름길이라고 믿어지지 않을 만큼 좁았다. 그러나 사람의 발길이 닿지 않은 계곡이라 천혜의 자연 상태로 잘 보존되어 있었다. 중간중간 속살을 드러낸 괴석과 옥같이 맑은 물은 문수산 처녀림답게 신비감을 자아내게 했다.

문수산의 마지막 오지마을, 칠기점

칠기점을 앞에 두고 예상치 못한 일이 생겼다. 길이 끊어진 것이다. 사람이 통과해야 하는 길에 외딴집이 들어서 칠기점 가는 길이 막혔다. 거기에다 집주인은 사나운 맹견을 여러 마리 풀어놓아 길을 지나려는 사람들은 멀리 당고개를 넘거나 되돌아가야 했다.

사나운 개가 지키는 외딴집 주인의 도움을 받고서야 간 졸이며 지날 수 있었다. 이 길이 열리면 칠기점의 문은 열릴 것이나, 문수산 마지막 오지마을은 사라질 것이다. 그러나 죽음을 눈앞에 둔 사람도 살 길이 있는 법인데, 우리 선조들이 수백 년을 다닌 길이 막혀 안타까울 따름이었다.

칠기점으로 올라가는 옛길.

얼마 후, 칠기점을 통과할 수 있도록 허락한 외딴집 주인으로부터 항의전화를 받았다. 사유지 통과를 허락해주었건만, 옛길이 사라진 것을 안타깝게 여긴다는 말을 듣고 몹시 서운했던 모양이다. 단지 단절된 옛길의 아쉬움을 밝히려던 나는 예상하지 못한 항의에 못내 죄송스러운 마음이 들었다. 오지마을을 탐방하다 보면 이런 경우가 종종 있는데, 누구든 사유지를 통과를 해야 할 경우가 있다. 땅 주인의 충분한 양해를 구해야 마찰이 최소화 될 수 있다는 점을 염두에 두어야 한다.

칠기점은 여름이 시원하다 하여 붙여진 청량면 소재로, 과거 세 가구가 살다가 1970년 초 독립가옥 이주 대책으로 전부 이주하였다. 지금은 이곳이 안태고향인 배종근(81세) 노인 내외가 살고 있다. 칠기점은 문수산 문바위가 병풍처럼 둘러쳐진 캄캄한 골짜기이다. 마침 내가 가던 날은 태풍전야라 하늘과 가까운 산중 마을에는 대낮같은 섬광과 천지를 뒤흔드는 천둥이 작렬하여 날벼락이라도 내리칠 기세였다. 산중의 배 씨 부부는 겁을 잔뜩 집어먹고 있었다. 그의 아내는 "하늘이 가까워 천둥이 치면 가슴이 철렁 내려앉는다."며 오소소 떨었다.

강도야 반갑다, 지독하게 외로운 골안골

문수산 오지마을을 지키는 사람들 중에는 독거노인이 많았다. 칠기점의 반대편인 문수산 동쪽 범서면 굴화리 골안골에는 장일용(75세) 씨가 외롭게 살고 있었다.

염소를 가둔 나무 울타리에 수세미꽃이 한창 핀 무더운 여름날. 골안골 저수지 끄트머리 판잣집의 독거노인 장 씨는 대낮부터 술 냄새를 풍겼다. 장 씨는 농담 반 진담 반으로 "밥쟁이 좀 알아봐주구랴. 이러다가 고독병 걸리겠다."며 외로움을 털어놓는다.

숙명적인 외로움은 밤이면 더 밀려온다. 강도가 나타나면 도리어 반가워서 춤이라도 추고 싶을 만큼 고독을 낙으로 삼아야했다. 외로움을 견디기 위해 때로는 저수지의 강태공이 되고, 소일거리로 개와 닭, 염소를 키우며 짐승과 대화를 나눈다. 이것이 오지마을 장 씨가 살아가는 방법이었다.

사라진 오지마을, 문수산 북쪽 기슭 충골

문수산 북쪽 자락에 있는 충골은 약40년 전에 사라진 마을이다. 큰 비에 태화강이 불어나면 충골 가는 소달구지길은 일제히 끊어진다. 강이 곧 길을 끊었다가 이었다가 하면서 충골을 오지마을로 잘라낸 것으로 해석

철기점 원주민 배종근 씨 부부.

하면 된다. 유유히 흐르는 강물이 때로는 비수가 될 수 있음을 엿볼 수 있다. 더구나 태화강에서 충골로 가는 오 리 길은 긴 개울길이어서 교통의 불편은 두말할 필요가 없다.

문수산 오지 중에 가장 오지로 손꼽히던 충골은 지금은 텅 비어 있다 싶이했다. 마을 어귀의 감나무는 축 처져 있고, 민가가 있었던 자리에는 사립문 없는 돌담만이 지키고 있다. 텅 빈 마을을 바라보고 있으면 누구나 시공을 넘나드는 시인이 된다.

염해득(77세) 씨는 충골에서 태어나 약 40년 전에 인근 반송마을로 이주한 사람이다. 해 질 녘 논일을 마치고 돌아오는 길에 만난 가련한 촌로는 마을을 떠나게 된 사연을 이렇게 말했다.

"떠나고 싶어 떠난 것이 아니라, 가난때문에 어쩔 수 없이 떠난 것이

산으로 에워싸인 칠기점마을. 칠기점 가는 길은 작동(鵲洞) 대삿갓과 우장을 만든 상동 주민들이 울산장을 넘나들었던 지름길이자, 파발을 띄웠던 중요한 통로였다.

요." 마을이 통째로 사라진 건 가난과 단절 때문이었다. 가난을 벗어나기 위해 머리카락 뽑는 아픔을 안고 떠난 당시의 충골 사람들 대부분은 작고했다.

생지옥 같았던 오지마을

충골에서 10년 동안 시집살이를 하다가 이주한 염 씨의 부인은 충골마을이 꿈에 나올까 겁난다고 했다. "내사 지긋지긋해서 생각도 하기 싫소. 당신에게는 오지마을이 단지 여행이지만, 살림하는 여자에게는 지옥 같은 곳이요. 짐승 우는 산골의 밤은 왜 그리 암흑천지인지. 못 살아요. 남

태어날 때 내가 나고, 내 태어날때 남도 났건만, 내 신세가 왜 이러느냐고 천 날 만 날 울었지요. 먹을 게 있나, 물이 제대로 나오나. 뭐가 있어요? 겨울에 빨래 하려면 꽁꽁 얼은 웅덩이 얼음을 깨야지, 여름이면 청이끼 낀 개울에 뱀이 바글바글 놀지. 생지옥이 따로 없어요."

누구나 다 있는 손금처럼 어디에나 애환은 있었다. 우리가 보면 한폭의 그림인 오지마을이 그들에게는 고달픈 삶의 현장이었다.

2. 국수봉 오지 | 정지불과 쟁골

울산의 알카트라즈, 정지불

국수봉(해발 602미터) 남동쪽 자락에 정지불이라는 은둔의 땅이 있다. 첩첩산중에 숨어 있어 직접 올라가지 않고서는 볼 수 없는 요새 같은 곳이다. 자그마치 40만 평에 달하는 소쿠리 형태의 분지는 뉴욕 앞바다의 '알카트라즈 감옥'을 연상케 한다. 해발 300미터에 위치해 있어 오르는 것만으로 진이 빠지고, 실을 한 타래 사더라도 오십 리 길을 나가야 했던 오지 마을이다.

정지불은 멈춘다는 정지停止를 의미하는 것으로, 길이 멀고 험해서 천하 없는 양반도 쉬어가야 한다고 하여 유래되었다. "물도 없는 산만디 꼬라지가 뭐 볼 게 있다고 가는교?" 억센 경상도 사투리의 이곳 아낙이 고개를 저으며 한 말이다. 물 사정이 좋지 않아 성냥개비 물줄기에서 밤새 받은 물을 두 동이씩 배급하던 정지불을 찾아갔다.

50만 평 규모의 정지불 초지. 남쪽 산발치에서 북을 쳐도 북쪽 산에서 들리지 않을 만큼 너른 분지이다.

정지불은 옥산 이씨 문중의 땅이었고, 이곳에 사는 주민들은 문중땅을 경작하고 사는 소작인들이었다. 시월 초에 지내는 옥산 이씨 묘제는 제관이 수십 명 모이는 큰 행사였다. 쌀밥에 소 돼지를 잡고, 범서 일대의 옥산 이 씨들이 다 모였다. 부목지기 소작인들은 3박 4일간 손님을 치르고 나면 진이 빠졌다.

범서 중리에서 두동 방향으로 가다 보면 산을 깨고 있는 석산이 나온다. 덤프트럭이 먼지를 일으키며 드나드는 정지불천을 따라가면 길이 끝나는 지점이 큰골이고, 그 산 위에 정지불마을이 있다. 지금은 석산의 돌먼지로 물이 혼탁해졌지만, 산 위에 살던 정지불 아낙들이 내려와 빨래와 목욕을 하던 골짜기였다. 정지불 올라가는 '안선달래'재에서 본 석산은 선녀의 젖가슴을 도려낸 양 흉물스럽다. 먼지를 덮어쓰고 살아야했던 주민 김두홍(81세) 씨는 인근 중리마을로 이주했다. 해월사라는 절도 석산에 쫓겨나듯 도망쳤다.

정지불에 막상 올라서자 숨이 탁 트이고, 넓은 분지가 나왔다. 산에서 북을 쳐도 분지 끝에서 들리지 않으리만큼 광활한 분지였다. 장화에 흙이 쩍쩍 달라붙는 목장길을 따라나는 정지불을 한바퀴 돌았다. 단감나무가 심어진 마을 입구의 '마지막 남은 민가'는 올여름 태풍에 폭삭 내려앉았다. 1970년대만 해도 여섯 가옥이 있던 민가는 이로써 모두 사라졌고, 폐허가 된 목장만이 현재 남아있다.

정지불은 국수봉과 옥녀봉에 가려져 있어 지형적으로 입산도피가 적합한 곳이라 할 수 있다. 신라시대에는 종척죄宗戚罪를 지은 자를 가둔 땅이었고, 1609년 울산부호적대장에는 범서에 도망자 네 명이 존재하였다는 기록이 있는 것으로 보아 아마 도피처일 가능성이 높다. 또 한국전쟁 중에는 신불산에 본거지를 둔 빨치산과 그 추종세력 일부가 울산 지방으로 이동하여 거점을 마련한 지역 중 한 군데였다.

정지불에 젊음을 바친 황선학(55세) 씨는 남다른 애환이 절절한 사람이었다. "고생, 고생, 이루 말 못할 정도였다. 눈만뜨면 일이라, 차라리 눈을 감고 일어나지 말기를 바랐다."며 정지불 고생담을 회상했다.

정지불의 애환을 말하는 황선학 씨.
뒤에 보이는 산이 국수봉으로 신라를 보고 돌아 앉았다고 하여 역사적으로 홀대를 받았다.

입에 풀칠조차 할 수 없었던 막막한 시절, 가난한 사람들이 옥산 이씨 문중 땅에 소출을 하기 위해 모여들었다. 서사리 우리골에 살던 황 씨네도 먹고살기 위해 정지불에 올라갔다. 지금은 다른 사람의 손에 넘어갔지만, 그 당시에는 정지불 일대 전 논밭이 옥산 이씨 문중땅이었다. 물 대기에 좋은 논은 옥산 이씨가 경작하고, 소출하는 가난한 이들에게는 마른 논이나 천수답을 배당하였다. 당시 총각이 었던 황 씨는 부모와 함께 농사를 지었다. 아버지는 오후 네 시면 손을 털고 방에 들어가던 위인이라, 청년인 황 씨와 어머니가 일을 도맡아 했다. 외지에서 자취를 하며 학교를 다니던 동생들은 쌀 두 되 양식을 들고 오십 리 길을 걸어서 자취방을 오갔다.

교통과 물 사정이 나빠 한 가구씩 외지로 떠나고 황 씨네만 정지불에 남게 되었다. 마지막 남은 황 씨네가 여섯 가구가 짓던 농서를 다 지어야 했다. 논 만평에, 밭이 만 평, 뽕밭이 3만 평이었다. 경운기도 소달구지도 올라올 수 없는 험한 산길. 워낙 힘이 장사였던 황 씨는 모든 짐을 지게로 날랐다. 나락과 뽕밭 비료를 지게에 짊어지고 힘겹게 두 시간을 걸어 올랐다. 맨몸으로도 진이 빠지는데 무거운 짐을 짊어지고 고개를 오르내리는 일은 죽을 맛이었다. 차돌같이 야문 황 씨도 "여자가 사내대장부를 때려잡는다지만, 내가 볼 때는 지게가 사내를 때려잡았다."고 힘겨웠던 당시를 회상했다.

정지불은 하늘만 바라보고 사는 곳이었다. 내리 2년 가뭄이 들어 모가 타들어 가던 해였다. 산아래의 물을 끌어 올릴 수 있는 모터 펌프를 사기 위해 울산 시내에 갔다. 모터를 사 돌아오는 중에 갑자기 시원한 소나기가 퍼부었다. 집으로 왔더니 홍수가 나 있었다. 그날 밤 2만 평의 논밭을 태풍이 쓸어버렸다. 밤새 술을 퍼마시고 집에 들어가 아버지를 끌어안고 컹컹 울었다. 황 씨는 그 길로 농사를 그만두고 산을 내려왔다.

옥녀봉에서 바라본 쟁골과 서서척과마을.

국수봉 기슭의 또 다른 오지마을, 쟁골

옥녀봉 남쪽 자락에 있는 쟁골은 시계가 멈춘 세상이다. 서사리 물시불 주막에서 서사천을 따라 약 2킬로미터 골짜기로 올라가면 양희지의 추모소인 중원 양씨 추원제追遠齊가 나온다. 높지도 않은 산에 에워싸인 이 일대가 쟁골이다. 오전 9시에 해가 뜨고, 오후 4시면 군불을 때야 하는 오지마을이다. 창원 황씨 대종손 집터가 있던 유서 깊은 쟁골은 과거에는 열두 가구가 살았지만 지금은 다섯 가구가 전부이다.

이곳 출신의 이수인(79세) 씨는 울산에 땔감을 내다 파는 나무장수였다. 새벽 2시면 우마차에 장작 쉰 쪽, 솔가지 쉰 단, 소죽 두 통, 소 신발두 켤레, 똥장군 세 통을 싣고 쟁골을 출발하여 새벽 4시에 지금의 태화루 동강

병원 앞 고개에 도착하면 50대의 우마차 뒤에 줄을 섰다. 새벽 사이렌이 울리면 여천 염밭이며, 울산 술도가, 울산장을 드나들며 나무를 처분하고 아침 요기를 했다. 돌아오는 길에 우마차 위에서 한숨 자고 일어나면 신기하게도 소가 집을 찾아오고는 했다. 미련한 황소일수록 눈썰미가 더 좋았다.

1921년 울산전등회사가 설립되어 울산에 전깃불이 켜진 이후, 울산에서 가장 늦은 2008년에서야 전기가 들어온 마을이 쟁골이다. 외딴집에서 독거노인으로 사는 황선엽(81세) 씨는 독수공방의 쓸쓸한 밤을 보낸다. 불과 몇 년 전만 해도 전기가 없어 발전기를 이용하여 불을 밝혔고, 폐차를 이용해 경운기보다 더 쓸모 있는 짬뽕차를 만들어 요긴하게 타고 다녔다.

촛불을 켜고 살더라도 조용한 곳을 선호하여 눌러앉은 사람도 있다. 인생의 소회가 남다른 김수태(80세) 씨의 쓰러져가는 오막살이집에는 중풍 든 아내가 누워 있다. 그는 과거 전국을 떠돌며 투견판을 벌인 인물이었다. 아내가 중풍으로 쓰러지자 투견판 생활을 청산하고 이곳으로 입산하였다. 지린내를 풍기는 아내를 두고 '잘 나가다가 걸린 인생 걸림돌'이라고 말하는 김 씨는 직접 기저귀를 갈아주고 목욕을 시키며 병든 아내를 돌본다. 아내 때문에 오도 가도 못하는 억류자 신세가 된 자신의 처지를 한탄할 때도 있지만, 밥 때가 되면 논에서 일을 하다가도 집으로 돌아와 밥을 차린다. "할 짓 안 할 짓 다 해보면서도, 아내에게는 잘한 것이 하나도 없었다."는 것이 아내를 거두는 이유였다.

오지는 어디에 있는가. 오지는 드러내기를 싫어하는 섭리가 있어 최악의 조건에서만 존재한다. 쟁골의 노부부처럼 삶의 애환이 서린 곳이 바로 오지다.

3.
함월산 오지 | 도심 속의 오지, 길촌

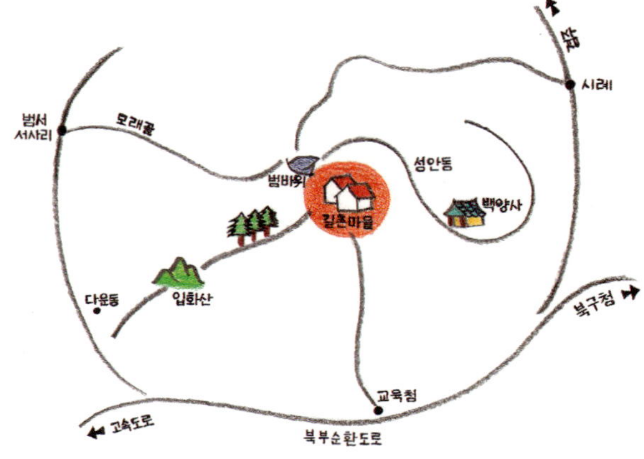

오지의 파괴자는 오지 탐험가

성안 옛길을 따라 함월산을 뻔질나게 다녔지만 오지다운 오지는 없었다. 어떤 사람은 함월산 뿐만 아니라 산업수도 울산에 오지가 어디 있느냐며 억지로 끼워 맞추려는 서툰 생각을 나무라기도 했다. 사실상 오지마을은 정겨움을 찾아가는 시간여행일 뿐이지 절박한 현실과는 동떨어져 있어, 딱히 이곳 함월산이 울산의 오지마을이라고 주장할 만한 곳은 찾아보기 어려웠다.

울산 하늘 첫 마을, 길촌

겨우내 얼었던 땅이 녹아 질퍽질퍽한 황톳길을 걸어 함월산으로 갔

길촌마을의 공동 우물. 우물 청소하는 날이면 마을 사람들이 모두 모인다.

다. 소 판 돈을 노린 도둑이 설쳤던 길목을 따라 함월산 정상에 이르자 펑퍼짐한 분지마을이 나왔다. 넓은 분지가 연잎처럼 펼쳐진 길촌은 울산 하늘 아래에서 가장 높은 위치에 자리한 마을이다. 삼십 리 안으로 문수산과 국수봉, 달천, 무룡산, 대현고개가 한눈에 내려다보인다. 장차 울산의 대성지가 오지에 숨어 있는 것이다.

내가 길촌마을을 찾아갔을 때, 마침 마을 사람들이 전통적으로 이어져 온 공동 우물을 청소하고 있었다. 아낙네들은 경운기 펌프로 빼 올린 우물로 바닥을 씻어내고, 사내들은 주변 대나무를 베어냈다. 한 우물을 먹어서 그런지 동네 사람 얼굴들은 생김새가 비슷비슷했다. 물을 모두 빼내자 깊숙한 우물 바닥에 깔린 반석이 드러났다. "큰 새미 물이 동네사람을 먹여 살렸다."

장화를 신은 사내가 4미터 우물속으로 들어가며 말했다.

백발 남자는 장난기가 발동했던지 우물 속에 들어가 있는 사내 머리 위에 물을 뿌리며 우스갯말을 했다.

"우물 속에 들어가면 운수대통 한단다."

여자 통장이 한 수 더 거들었다.

"살 만하면 나오지 말고 우물 속에서 살아라."

청소를 하던 마을 사람들 모두가 박장대소를 했다.

우물 청소를 마치고 나온 사내가 우물 뚜껑을 덮었다. 그는 금줄을 치고 대나무를 우물가에 걸친 후 마지막으로 잡귀가 얼씬거리지 못하도록 황토를 우물가에 뿌렸다. 그야말로 공동 우물 청소하는 날은 잔치 분위기였다.

범은 자기 털을 아낀다

자전거도 못 타고 지나다니던 비좁던 길은 포장이 되었고, 마을 아래에는 혁신도시가 들어섰다. 지게에 나무를 지고, 머리에 열무를 이고 드나들던 오지마을은 턱밑까지 개발의 쓰나미가 밀려들었다. 그렇잖아도 힘에 부쳐 농사를 짓기 어려워진 길촌 사람들은 턱밑의 혁신도시를 달갑지 않게 여겼다.

혁신도시 사람들은 울산의 열악한 환경을 탓하며 온갖 인센티브를 요구하지만, 인접한 길촌의 사람들은 평생을 문명의 불모지에서 살았다. 서울에서 온 혁신도시 사람들은 길이 멀어 차량세까지 깎아달라고 하지만, 이곳 사람들은 지금도 은행 일을 보려고 산길을 걸어 다닌다.

이곳에서 농사를 짓는 이동걸(55세) 씨는 "이 마을은 붕 떠 있는 도심의 오지다."고 말했다. "길촌은 유곡동 소재이면서 집 토지대장을 발부받으려면 태화동사무소로 가야 하고, 농사짓는 땅 토지대장은 범서읍사무소에 가야 한다. 몸은 길촌이고, 서류는 타지에 있어 무상비료를 받으려면 이곳저곳 옮겨 다녀야 해 포기하는 경우가 많다."는 된소리를 했다. 행정기관에서도 애매한 곳이라며 서로 미뤄, 길촌 사람들은 혜택을 많이 못 받고 있다고 하소연했다.

언제부턴가 고래를 닮은 '범바위'를 보고 탐을 낸 시내 사람들이 자기들 마음대로 '귀신고래바위'로 이름을 바꾸더니, 한술 더 떠 장생포 고래박물관으로 바위를 옮기려고 떼를 쓴다. 소방차가 못 들어올 정도로 비좁은 길이지만 애지중지하던 '범바위' 보존을 위해서 불편을 감수하고 살아왔던 사람들은 황당해한다. 길촌은 마을을 지키는 '범바위'를 아무도 못 가져간다는 주민과 개발을 위해 옮기자는 주민들로 의견이 분분하다.

뼈에 사무친 고생

길촌에서 태어나 대대로 농사를 지으며 나무장사를 한 조해주(86세) 씨는 해가 뜨면 나무 한 짐, 점심 먹고 나무 한 짐씩을 울산장에 내다 팔았다.

"길이 좋았나, 옷이 좋았나, 바람이나 안 불면 다행이지."

그는 반나절도 못 가는 해진 짚신을 신고 험한 산을 쏘다녔다. 짚신 밑창이 해지면 맨발이었고, 더 먼 산을 갈 때는 짚신 한 켤레를 지게에 매달아야했다.

"열댓 살 무렵이었다. 솔가리비를 한 짐 지고 울산장에 팔러 나갔다. 지게 밑에 쪼그리고 앉아 있는데 해가 그렁저렁 떨어져 손해를 보더라도 팔아야 했다. 덩치라도 컸으면 나무도 커 보이지. 보따리만 한 나뭇짐을 지고 있는 꼬마가 불쌍했던지 지나가던 사람이 사주더라. 성남동에서 병영까지 나무 산 사람을 따라가다가 그만 놓쳐버렸다. 나무를 지고 다시 길

길촌마을을 지키는 범바위.

촌 산만디 집으로 돌아오는데 얼마나 서럽던지 엉엉 울었다. 뼈에 사무친 그 고생 아직도 잊지 못한다."

길촌 주민들은 흙과 물이 좋아 봄이면 나물장사, 여름이면 열무장사, 가을이면 딸기장사, 겨울이면 땡감장사를 하며 살았다. 없이 살아도 인심 좋은 고을이라 객지에서 들어오는 사람이면 장독의 고추장처럼 들어붙어 나가지 않는 곳이 바로 길촌이었다.

나는 배춧잎을 싣고 가는 경운기 뒤를 따라갔다. 소 세 마리를 키우는 김상열(91세) 노인은 사료 대신 배춧잎과 짚을 썰어 소죽을 장만하는 중이었다. 김 노인은 소죽을 끓이기 위해 작두 대신 식칼로 배추 잎을 일일이 썰며 "사료를 먹이면 돈을 감당할 수 없다."고 했다. 뒷짐을 지고 있던 할머니는 딴청을 피웠다. "우리 영감님? 부지런하지. 그 영감 모시려면 부처가 되어야 해. 그래야 집안이 편안치."라고 할머니가 말하자 김 노인은 싱겁다는듯이 웃었다.

해방 직후, 한 해 지은 농사를 몽땅 공출해 가는 바람에 쌀독에는 쌀 한 톨 없었다. 공출미로 빼앗기지 않으려고 쌀독을 땅에 묻고, 그 위에 호박을 심어 위장해둔 것을 누군가 관에 고발했다.

"인심 한번 고약한 시절이었다."

배를 굶는 식솔들을 보다 못한 김 씨는 울산역에서 화물열차를 무작정 타고 곡창지대인 전라도 정읍까지 쌀을 구하러 갔다. 화물열차 지붕위에 엎드려 있다가 동굴이 나타나면 머리를 숙이고, 열차의 시꺼먼 연기를 마시며 겨우 쌀 두 말을 구해왔다. 그는 "지나온 날들이 꿈인가 싶다."며 힘겨웠던 산촌마을 생활을 회상했다.

4.
무룡산 오지 | 새바지 산두골

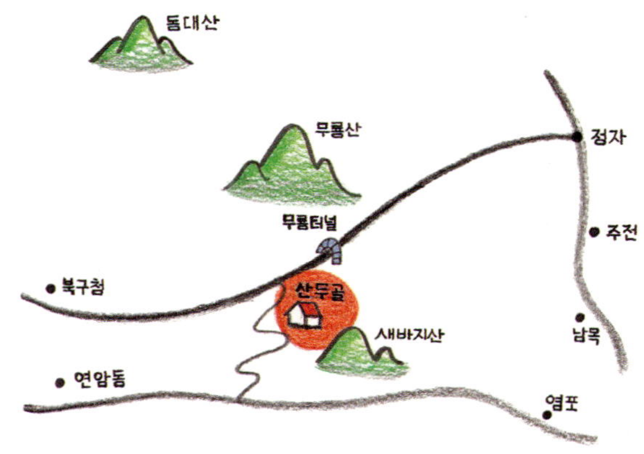

사방이 산에 막혀 하늘만 열린 곳

무룡산 기슭에 산두골이라는 천혜의 요새 마을이 있다. 사방이 산으로 막힌 소쿠리 형태의 분지로, 가보지 않고서는 눈 밝은 귀신이라도 찾아내기 어려운 곳이다. 분지 속에는 일흔아홉 마지기의 너른 논이 있다. 막상 이곳을 가보면 시내가 가까워 놀라고, 상전벽해를 꿈꾸지 않는 오지를 만난 반가움에 또 한 번 놀란다. 시내에서 이십 리, 차로 20분 거리의 산간 오지인터라 2005년에서야 전기가 들어왔고, 한때는 종합장례타운으로 거론되었던 곳이기도 하다.

산 정상을 뜻하는 '산두골'山頭谷은 동대산 산머리가 무룡산 방향으로 흘러내리다가 맺힌 지점이고, '새바지'는 순수한 우리말인 '새로 지은 바지'로, 이 일대 준봉들이 깨끗하다는 의미를 담고 있다. 새바지는 동해가 훤히 보이는 육방六方으로 통하는 요충지로 전해져 있으며, 숯쟁이와 광부,

무용산 중턱에 있는 새바지.
산두골에 분지로 펼쳐져 있는 논.
(사진 홍미애)

한센 환자 같은 모진 목숨들이 산기슭에서 살다가 흩어진 곳이다. 한국전쟁이 끝난 후에 한센 환자는 시례8반으로 흡수되었으며, 탄광촌은 빨치산이 불을 질러 폐광되었다. 한때 일곱 가구가 살던 산두골은 1969년 독가촌 이주 정책으로 이주를 했고, 현재는 작은 암자와 숯을 굽던 민가 한 채만 남아 마을을 지키고 있다.

울산 마지막 숯쟁이 유상복 씨

나는 숯쟁이가 사는 산두골 외딴집을 찾아갔다. 집 앞에 들어서자 새끼를 낳아 젖이 불은 어미 개가 목청이 터져라 짖어댔다. 산두골 새바지에서 수십 년간 숯을 굽고 살아온 유상복(89세) 씨는 마침 가마솥에 고구마 줄기를 삶고 있었다. 산을 뒤지며 농사를 짓는 유 씨 아들 내외가 "멧돼지가 잘 된 고구마를 한 뿌리도 남김없이 알뜰하게 파먹었다. 기가 차 말이 안 나온다."며 한숨을 내쉬었다. 그러자 유 씨는 "가을걷이를 해준 멧돼지에게 고맙다 인사를 하라."며 속타는 며느리를 다독거렸다. 이들의 푸념을 듣고 보니 개를 풀어놓는 이유를 알 만했다.

유 씨는 젊었을 때부터 가는 귀가 멀어 고함을 치듯이 말을 해야 말귀를 알아들을 수 있었다. 귀가 절벽인 유 씨에게 숯은 어떻게 굽느냐고 물었다. "숯가마를 배우려면 먼저 지게에 참나무 한 짐 지고 와서 삿갓모양으로 숯을 재는 일부터 배워라."고 했다. 글은 배우기 어려워도 일은 배우기 쉽다는 유 씨는 "숯은 참나무가 좋아야 한다. 나무가 나쁘면 힘이 없다."고 말했다. 젊었을 때 목욕탕에서 불을 때는 화부火夫 노릇을 하다가 숯쟁이가 된 유 씨는 평생토록 불을 만지며 뜨겁게 살아왔다. 물이 귀한 산두골에서 하늘만 쳐다보며 농사를 짓기 어렵다고 판단한 유 씨는 버려진 숯가마터를 이용하여 숯을 굽기 시작했다.

숯가마 열기에 찜질방이 따로 없어

지금의 군부대 인근에 있었던 응달 숯가마터에서 한 번 굽고, 새바지야산 양달에서 한 번 더 구웠다. "숯 굽는 일은 걸거 치는 일(불법 단속)이 많아. 연기를 보고 단속을 나오거나, 남의 산山 참나무를 도둑질 하듯 베 날라야 했기 때문에 산속에 숨어 일을 해야 했다."며 힘겨웠던 당시를 회상했다. 땔감이 귀한 혼란기에나 가능했던 일이다.

유 씨는 종이에 숯가마 그림을 그리며 아궁이와 불구멍, 굴뚝 위치, 키높이로 숯가마 만드는 방법을 가르쳐주었다. 숯 구덩이 파기, 가슴 높이로 돌 쌓기, 옹기 가마 만들듯이 흙을 다지고 빈틈없이 나무 재기, 삿갓 모양으로 세워진 참나무에 찰흙 붙이기, 그리고 봉 덮기와 2박3일간 불지피기를 일러주었다. 보통 한두 숯가마를 했는데, 열 가마를 하는 악바리도 있었다고 했다. 처음 숯가마를 만들면 숯가마 짓고 달구는데 한 달, 1~2미터 높이의 참나무를 차곡차곡 세워 불을 지피고 식혀 숯이 되기까지는 약 일주일이 걸렸다고 했다.

울산의 마지막 숯쟁이였던 유상복 씨. 산두골 새바지 일대에서 수십 년간 숯을 굽다가 화병을 얻은 유 씨는 "소는 실수가 없지만, 숯은 실수가 있다"며 당시를 회상했다.

"말도 마라. 밤새 불 때며 잠 못 자는 고생을 수십 년 했다." 유씨는 초저녁에 불을 지피면 밤새 곁에서 지켜보며 불문을 조절해야 했다. 시커먼 연기에서 흰 연기가 될 무렵에 불문을 막지 않으면 백탄으로 변해 알불이 될 시기를 놓쳐 힘이 없거나 내려앉는다고 했다. 불문을 막고 다시 며칠을 지나면 불이 저절로 꺼지는데, 춥고 배가 고플 때는 식기도 전에 숯가마 속에 들어가 잠을 자다가 열기가 남은 숯가마 속에서 화상을 입기도 했다.

육관돌이 숯 포대 지고 사십 리 장에

다 구운 숯은 억새로 엮은 통에 '육관돌이'로 묶어 시장에 내다 팔았다. '육관돌이'는 숯을 여섯 관의 무게로 묶었다는 뜻이다. 유 씨가 육관돌이 숯 두 포대를 지고, 소는 육관돌이 네 포대를 지고, 아내는 오관돌이 두 포대를 머리에 이고 갔다. 날이 새기도 전에 산두골 '바람만디'를 출발한 소달구지는 남목산을 넘어가거나, '수틀베기'를 지나 양정 '땅때만디', 염포 '성내', 꽃바위 '대구머리'를 거쳐 방어진 시장에 도착하였다. 직접 팔면 조금 더 받을 수 있었지만 소달구지 째로 중간 상인에게 헐하게 넘겼다. 숯

울산 마지막 숯쟁이 유상복 씨가 쓰던 숯가마와 같은 형태의 숯가마터. 어깨 높이로 돌을 쌓아 그 위에 나무로 이은 뒤 흙 지붕을 올렸다.

구디 한 가마만 해도 재미가 쏠쏠했다.

무거운 숯을 나른 소에게는 사람이 버린 고구마 줄기를 사서 먹였다. 소는 고구마를 먹기 위해서 방어진장에 왔던지 침을 흘리며 좋아했다고 한다. "하도 굶기고 일만 시켜 소에게 미안했다. 팔려면 눈물을 뚝뚝 흘리곤 해 다시 마구간에 넣었다."며 소에게 각별했던 정을 떠올렸다.

숯 굽다가 얻은 화병

유씨는 몹쓸 병에 걸려 입원해 있는 아내를 생각하면 속이 답답하고 했다. 아내와 서로 떨어져 있는 형편을 아쉬워하는 속내였다. 아내를 떠올린 유 씨는 소와 할멈이 살림을 일으켰다고 말했다.

"할멈은 먹는 것도 안 먹고 일만 하고 살았다. 삶은 고구마를 안 먹고 있기에 왜 안 먹느냐고 물으면 아이들 줄 거라고 하던 사람이다. 남들이 놀러 가자고 해도 안 가고 숯가마만 끌어안고 있더니 늙어서 병이 되고 한이 되었다."며 땅이 꺼져라 한숨을 내쉬었다. 유 씨의 안타까움은 아내에 대한 깊은 애정에서 나오는 것 같았다.

나는 숯쟁이 유씨의 아내인 허용필(85세) 할머니가 입원해 있는 요양병원을 찾아갔다. 허 할머니는 숨이 찬지 산소 호스를 코에 끼고 침대에 누워 계셨다. 산두골 이야기를 꺼내자 벌떡 일어나 잠꼬대 같은 말을 했다.

"천하 산두골 바람만디에서 고생하던 일이 주마등처럼 지나갔구나. 그 놈의 숯 굽던 이바구 하면 눈물만 난다."

허 할머니는 한 많은 세월 앞에 눈물부터 펑펑 쏟았다.

20킬로그램 가까운 오관돌이 숯 두 포대를 거뜬히 이고 산두골을 오르 내렸던 여장부 허 할머니. 그 모습에서 배를 촐촐 굶고도 억척스럽게 땅을 뒤지던 우리 어머니의 뒤안길을 엿볼 수 있었다.

5.
동대산 오지 | 우잉이 다음밭골

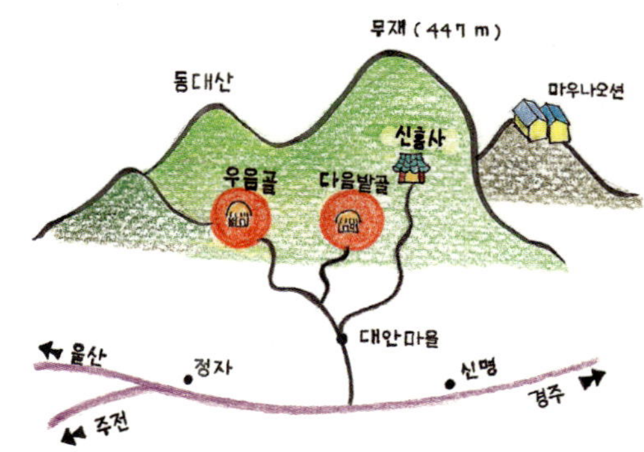

시공을 넘나든 시간여행, 우잉이 다음밭골

동대산은 울산을 따뜻하게 감싸 안고 지켜주는 어머니 같은 산이다. 그 산골짜기 어디엔가 울산 최후의 오지마을이 있다. 바로 ‘우음골’과 ‘다음밭골’이다. 주변 사람들은 두 마을을 싸잡아 ‘우잉이 다음밭골’로 부른다. 대체로 우음골이 산이 더 깊어 다음밭골보다 해가 늦게 뜨고 일찍 진다. 이곳은 아직 전기가 없고, 핸드폰도 터지지 않는다. 전설의 고향에나 나올 법한 두 마을을 울산 최후의 오지마을로 손꼽는 이유는 시간적으로 공간적으로 철저히 단절된 곳이기 때문이다. 여자 혼자 몸으로 불공을 드리고 돌아오는 길에 호랑이가 불을 밝혀 길을 인도했다는 전설이 있는 신흥사 가는 길에서 몇 겹의 산주름을 넘으면 다음밭골이 나오고, 다시 첩첩 산을 넘어야 우음골이 나온다. 품 넓은 동대산의 치맛주름을 연상하면 된다.

다음밭골 외딴집. 다음밭골에 변전소가 들어서면 마을은 통째로 사라질 운영에 처해 있다.

산주름에 막힌 다음밭골

강동 대안마을에서 신명천을 따라가면 레미콘 공장이 나온다. 이곳 입구에서 좌측으로 난 계곡을 따라 올라간다. 나는 멋모르고 자전거를 타고 자갈 계곡길을 따라 올랐다가 넘어지고, 물에 빠져 자전거를 수풀 속에 내동댕이치고서 계곡을 내처 걸어 올랐다. 곧 두 갈래의 개울이 나타났는데 좌측이 우음골, 우측이 다음밭골 가는 개울이었다. 누구든지 다음밭골과 우음골을 가려면 외길인 개울을 따라 가야 하기 때문에, 물에 신발이 젖을 각오를 해야한다.

돌에 미끄러지고, 물에 빠져도 개울길은 마냥 좋다. 바지락 바지락, 개울 자갈 밟고 가는 소리가 더없이 정겨워 홀가분하였다. 졸졸졸 흐르는 물소리가 친구가 되어준다. 참새를 쫓는 독수리 모양의 은박지와 뒤늦게까지 지키고 있는 허수아비의 호위를 받으며 개울길을 걸었다. 호계땅과 바꾸지 않는다던 이곳의 기름진 논이 개울가에 끝없이 널렸다. 때마침 뻐꾸기까지 울었다. 새소리, 바람 소리, 낙엽 구르는 소리, 이 모든 삼라만상의 소리가 부처님의 가르침이라 하더니, 마음공부란 이런 아름다운 길을 호젓이 다니면서 다듬어지는 것일까? 오지마을을 찾아 다니다보면 자신

60년 전 주민이 빠져나가 유령화된 오지마을을 지키는 기도원. 우측으로 우음골이 보인다.

도 모르게 마음이 맑아졌다. 이것이 곧 오지마을의 가르침이다.

한참을 올라가자 전선이 끊긴 전봇대가 칡 더미에 에워싸인 채 하늘을 이고 서 있다. 전선이 끊어진 전봇대는 문명을 거역한 오지를 가리키는 것 같아 공연히 흐뭇했다. 잠시 후 폐광이 된 광산이 나왔다. 막사가 있던 곳은 황폐화 되었고, 주변 밭때기에 인근 멧돼지가 먹이를 찾아 불도저처럼 땅을 파헤친 흔적이 여기저기 보였다. 오지의 수문장인 멧돼지와 발맞추어 사는 골짜기임이 분명해 보였다.

뒤에 보이는 산이 동대산 무재(해발 447미터)였다. 오래전부터 다음밭골은 동해 바다를 낀 강동이 가까워 신명이나 정자 쪽 생활권이고, 우음골은 호계, 농소 쪽에 생활권을 두었다. 깊은 산골에서 자란 이곳 어린 아이들은 짚신을 신고 돌다리를 건너 학교를 다녔고, 뱀을 장난감처럼 가지고 놀았다.

다음밭골에서 태어난 박상호(70세) 씨는 서른세 살까지 이곳에서 농사를 지으며 살다가, 34년 전에 울산으로 이주한 토박이 출신이었다. 박 씨는 사람 한 질이 넘는 다음밭골 개울 담을 쌓은 장본인이다. 큰 비만 오면 논이 쓸려 내려서 산에서 굴러 내려온 돌로 석축을 쌓은 그 이듬해, 울산 가대로 이주를 했다. 마땅히 농사 외에는 배운 것이 없는 박 씨는 외지로 나가면 죽는 줄 알았다.

마지막으로 이곳에 살던 박 씨가 떠났고, 비어 있던 다음밭골에 5년 전 외지인이 들어왔다. 좀체 자신의 정체를 드러내기를 꺼려하는'수취인 불명'의 이 외지인은 편리함을 추구하는 요즘 사람과는 사뭇 달랐다. 전기가 들어오지 않는 골짜기에서 달을 촛불로, 구름을 병풍으로 삼아 공부를 하고 있는 그 은둔자에게서 세상을 단절한 유유자적함의 여유로움이 묻어났다.

호리병 계곡 우음골

한편, 다음밭골이 밝은 골짜기라면 우음골은 산이 막혀 어두운 골짜기 였다. 대낮에도 해드랜턴을 쓰고 가야하는 우음골 골짜기는 호리병처럼 개울을 따라 안으로 들어갈수록 넓어졌다 좁아졌다를 반복했다. 이 계곡길이 우음골을 가는 유일한 통로였는데, 과거 산판 통나무를 옮겼다고 한다. 침침한 개울을 따라 한참을 걸었다. 개울 중간쯤에서 만난 복곡腹谷(또는 복금자)폭포는 여자의 복부와 음부를 떠올리게 하는 형상이었다. 얄궂은 이름을 가진 복곡을 통과해야 우음골에 갈 수 있었다. 세숫대야 물이 펑펑 쏟아지는 여인의 음부속을 통과하려니 고래 뱃 속으로 들어가는 느낌이었다.

우음골이 오지라는 말은 들었지만, 이토록 험하고 어두운 블랙홀 골짜기인 줄 몰랐다. 흡사 영남알프스에서 가장 깊은 골짜기인 저승골 협곡에 빠져든 느낌이었다. 산협山峽에 산그늘이 져서 붙여진 지명인 어둠골 이름은 사라지고, 지금은 우음골 혹은 우골愚谷이라 부른다.

산으로 에워싸인 우음골에는 사람이 살던 흔적들이 역력했다. 마을을 지키는 큰 감나무와 버려진지 오래된 논과 밭뙈기가 길게 이어졌다. 마을 꼭대기에 조립식 민가가 한 채 덩실하게 자리 잡고 있었다. 하늘이 막

우음골 마지막 원주민이었던 박기태 씨.

힌 깜깜한 마을을 빠져나온 나는 이곳에 살던 원주민을 수소문하였다. 오래전에 사라진 원주민을 찾기란 쉬운 일이 아니었다. 알고 보니 우음골 주민들은 이미 60년 전에 모두 마을을 빠져나간 것으로 밝혀졌다. 어렵사리 우음골 최후의 원주민이었던 박기태(73세) 씨를 만날 수 있었다. 송정 박씨(밀양박씨) 11대손으로, 당시 정변으로 종가 보존을 위하여 1852년 경북 영천에서 이주해왔다. 수소문 끝에 찾은 박 씨와 몇 차례 접촉을 시도하였으나 건강이 좋지 않아 만날 수 없었다. 그러던 어느 날 나를 만나겠다는 연락이 왔다. 득달같이 달려간 곳은 남창 대안마을. 행정적으로 우음골도 강동면 대안리에 속해 있었는데, 이주해 사는 마을 이름도 요행히 같은 동명洞名이었다. 그러나 안타깝게도 박 씨는 폐암으로 투병 중이었다. 석유화학공단에서 은퇴한 박 씨는 오랜 투병 끝에 제 한몸 거동조차 힘든 나머지 몸져 누워 있었다. 죽음을 눈앞에 둔 중환자의 인터뷰는 불가능할 것 같았다. 그런 박 씨가 고향 이야기라면 방문 고리를 잡고서라도 응하겠다고 했다. 박 씨는 1949년 8월 농소초등학교 3학년 때 소개령이 내려져 우음골을 떠나 온 마지막 이주민이었다.

60년이라는 긴 세월이 흘렀지만, 골짜기 주름, 능선, 굽이굽이 아홉 사리 골과 협곡을 놀라울 만큼 생생히 기억했다. 집 뒤의 범 새끼처럼 생겼다 하여 붙여진 괴아지골, 소달구지가 넘나들었던 큰재, 산태골, 뒷골, 서당골, 초당골, 진파박골이 있었다. 아득한 호계재를 넘고, 굽이굽이 아흔아홉의 고갯길인 농소 상방재를 지나 비탈진 산길을 다람쥐처럼 쫓아다녔던 어린 시절, 동대산 넘어 호계로 통하는 비탈진 길을 따라 소 등짐에 수확물 지고 저승재와 무재를 넘나들던 기억을 더듬던 박 씨의 향수鄕愁는 애절했다. 고향을 그리는 내내 고장 난 수도꼭지처럼 흐르는 눈물을 손수건으로 닦곤 했다. 누구나 향수는 있겠지만 오지마을을 탐방하면서 이토록 고향을 절절히 그리워하는 사람은 처음이었다.

완연한 병색에 초췌한 모습의 박 씨 가슴에는 어머니가 있었다. 고향에 대한 향수를 숙명처럼 간직하고 사는 박 씨는 절절한 그리움을 끝내 참지 못하였다. "어매 어매, 우리 어매." 마음 한가운데 중심이 된 어머니는 늘 마음의 고향이었다. 왜소하나 강직하여, 자식에게 지극 정성으로 베풀어주던 분이었다. 박 씨는 어머니 등에 업혀 산 넘고 재 넘던 기억을 못 잊어했다. 소나무에서 발견한 비둘기 알을 만지려 하자 "이놈아, 그냥 가자. 비둘기 어미에게는 귀중한 것이야." 어머니는 산딸기가 든 광주리를 머리에 이고, 아들은 작은 지게에 씨 없는 홍시를 지고 호계장을 넘었다. 박 씨는 비록 몸은 두메산골을 떠났지만 마음만은 본래의 그 자리를 지키는 유목민이었다.

시간과 공간을 뛰어 넘는 향수가 서린 울산 최후의 오지마을에 터널이 뚫리고, 변전소가 생길 계획이라 한다. 밀어붙이기식 공사가 시작된다면 멀면 멀수록, 찾아가기 힘들면 힘들수록 가까이 있던 오지마을이 사라질 것이다. 아니, 지금 이 순간에도 오지는 하나둘 사라지고 있다. 푸른 바다를 눈앞에 두고도 동대산은 움직이지 않듯이 오지마을은 본래의 그 모습을 지키고 싶어한다.

6. 아미산 오지 | 갈밭메기와 수중내

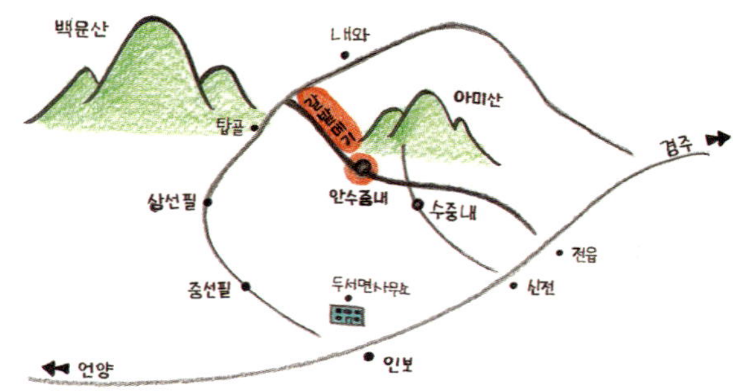

산에 갇힌 육지의 섬

영남알프스 벨트를 따라 동북으로 뻗은 울주군 두서에 백운산(해발 907미터)이 있다. 두서의 두斗는 북두칠성을 뜻하고, 두서면의 랜드마크인 삼봉은 백운산 감태봉을 가리킨다. 그만큼 두서는 산이 높아 별이 가깝고, 골이 깊어 산에 갇힌 육지의 섬이다. 북으로는 경주, 동으로는 두동, 남으로는 언양, 서로는 상북과 연접해 있고, 차리 고현산 · 내와 백운산 · 전읍 아미산 · 복안 천마산까지 준봉들이 도열해 있다. 또 태화강 · 낙동강 · 형산강으로 흐르는 세 갈래 물줄기만큼이나 세찬 풍파가 구석구석에 녹아 있는 곳이기도 하다. 나는 그런 두서의 오지마을을 찾아서 백운산 사방팔방을 이 잡듯이 뒤지고 다녔다.

천하 명당이라는 인보에서 구수골에 올라 황새골을 가로지르기도 하고, 범바위에서 노박산을 올라보기도 했다. 또 큰골을 타고 올라 하선필 ·

지통골 · 닭알집골 · 상선필을 올랐다. 하도 가팔라 '지나가던 말도 구부러진다'하는 상선필 오르막 '말구부리길'도 수십 차례 지났다. 백운산으로 이어지는 탑골은 동네 문턱이 닳도록 다녔고, 차를 타면 한나절에 돌아볼 길을 여남은 번 드나들며 재를 넘고 또 넘었다. 산내 '동만디'에서 백운산 뒷마을인 소호리를 지나, 그 옛날 소금장수가 다니던 소호령을 넘어 선필과 탑골, 내와, 인보로 흘러갔다.

구절양장 돌고 도는 고갯길이 끝없이 이어진 백운산 기슭에는 유난히 꿩과 새가 많아 팔랑개비처럼 돌고 돌아도 지칠 줄 모른다. 물어물어 찾아간 오지마을도 막상 가보면 오지다운 오지는 대개 열에 한두 군데에 불과하지만, 백운산 기슭에 숨어 있는 마을들은 열에 반이 오지에 가깝다.

사라질수록 그리움은 큰 것

오지여행은 시간여행이다. 애타게 찾던 오지마을을 찾았을 때 그 시간여행의 기쁨은 이루 말로 표현할 수 없지만, 갈밭메기를 찾아갔을 때처럼 허탈감을 느낄 때도 있다. 갈대가 많고 가파른 갈밭메기에 들어선 생수공장은 오지의 속살을 고스란히 도려낸 모습이었다. 오지마을을 깡그리 뭉개고 들어선 생수 공장을 바라보는 심정은 낯선 세계에 서 있는 것마냥 먹먹했다. 무슨 영문인지 생수 공장은 문을 닫아놓고 있어 그 허망함은 더했다.

과거 이곳에는 3 · 1 독립운동을 했던 '김의원'이라는 양반이 살았고, 참숯을 굽던 화전민들의 애환이 배어 있던 곳이다. 아, 애타게 찾던 갈밭메기! 사라질수록 그리움은 큰 것. 제발 오지를 얕보지 마시라. 정서의 깊이에 기여하는 오지마을을 도려내면 가득이나 각박한 현실에 쉽게 절망하고 말 것이니…….

갈밭메기와 수중내 풍경.

신이 그린 빛바랜 풍경화, 안수중내

KTX 울산역에서 경주 방향으로 약 15분가량 차를 타고 가면 두광중학교가 나온다. 학생 수가 줄어 폐교 위기에 처한 이 학교는 고육지책으로 인근 지역과 합쳐 가까스로 명맥을 유지케 되었다. 백운산 기슭이 얼마나 산간벽지인지 간접적으로 시사하는 바다.

두광중학교에서 북쪽 계곡을 따라 4킬로미터 정도 올라가면 수중내

마을이 나온다. 양지바른 마을회관에서 내려다본 마을 풍경은 어머니 품속같이 따스하다. 독사가 물을 마시지 못하도록 방해한다는 아미산 '물탕골'에 올라가면 깊숙한 산중에 공동묘지가 나온다. 공동묘지 바로 아래가 '안수중내'이다. 이곳에는 화전민이 살던 외딴집이 한 채 숨어 있다. 대나무에 가려진 외딴집 풍경은 신이 그린 빛바랜 수묵화를 연상케 한다. 마른 시래기 같은 헛간이며, 닳아 반질반질해진 툇마루며, 갸우뚱 기운 오두막의 때깔은 흑백 시대 그대로다.

마을 뒷산 아미산과 공동묘지는 한국전쟁 당시 산불산에서 쫓긴 빨치산 잔당과 그 추종자들의 뼈아픈 상처가 서린 곳이다. 당시 잔당의 지휘자는 이 일대를 소상하게 알던 사내로 알려졌는데, 그는 세상이 바뀐 듯 일대를 주름잡았다고 한다. 다람쥐처럼 돌아다니는 잔당을 토벌하던 빗발치던 총성과 섬광 같은 야광탄을 이 일대 사람들은 기억하고 있다.

이름을 밝히길 꺼려하는 한 마을 주민은 당시 사살된 잔당들의 시신은 두서 지서의 움막에 전시되었다고 귀띔해주었다. 그러고는 남편의 시신을 찾아 시신 구덩이를 휘젓고 다니던 어느 아낙은 빨치산 우두머리 시신을 발견하곤 짚신으로 얼굴을 두들겨 패며 분노하던 장면이 눈에 선하다고 했다.

나는 빨치산 우두머리를 추적해보았다. 그는 전읍에 사는 박씨 성을 가진 20대 청년으로, 여자를 달고 입산하였던 것으로 밝혀졌다. 그가 사살된 후 임신한 여자의 행방을 아는 사람은 없었다.

정겨움과 애환 서린 오지마을

두서 최후의 오지였던 황새골에서 16년을 거주하다 독가촌 이주 정책으로 신전마을에 집을 옮긴 최이부 전 두서면장을 만났다. "고추를 뿌면

안수중내의 한 외딴집.

목이 따갑지만, 노인네뿐인 시골에 방앗간 할 사람이 없어 어쩔 수 없이 하고 있다." 최 면장이 운영하는 방앗간에서 고춧가루를 분쇄하는 기계음이 요란했다. 장정이 하루 종일 일을 해도 고작 쌀 한 되가 삯이었던 가난했던 시절을 최 면장은 갈밭메기 황새골에서 보냈다. 땔감이 귀하던 시절, 아이들은 민둥산에 까만 염소를 낚아채는 독수리를 쫓으며 타잔처럼 뛰어다녔다.

황새골 삼거리는 내와 · 전읍 · 인보와 맞물린 경계 지점으로, 장을 넘나들던 사람들의 발길이 끊어지지 않던 길목이었다. 선필에서 불어오는 바람이 얼마나 세찬지 갈대 지붕이 날아가곤 했다. 식민지 시절에는 '송유(일명 소까치)' 기름과 머루나무 덤불을 공출하던 통로였고, 천주교의 박해를 피하던 길이었다. 지금은 임도라도 생겼지만 당시에는 한 사람이 겨우 다닐 만한 '토끼길'을 따라 삼십 리 거리를 등교했다. 큰 비에 물이 불어 집으로 돌아올 수 없는 날은 수정내 친척집에서 잠을 잤다. 소금과 곡물, 비료부대를 등에 지고 줄잡아 두 시간을 걸어야 인보장에 갈 수 있었다.

백운산 기슭의 오지마을은 정겨움과 애환이 서린 곳이 많았다. 거슬러 올라가면 대원군 박해받아 숨어 들어온 탑골이나 선필 같은 은둔마을이 그러했고, 한국전쟁 후 빨치산 잔당의 격전지가 된 아미산 기슭의 마을들이 그랬다.

7.
사연댐 오지 | 사연 많은 사연댐

물과의 악연, 울산

60킬로미터 길이의 방대한 댐은 멀고 길었다. 펜스가 쳐져 있는 하천 지역은 부득이 산을 넘어 돌아가거나 들판을 가로질러 갈 수밖에는 없었다. 사연댐과 대곡댐은 깔때기로 연결된 물그릇이라, 사실상 하나의 댐이나 마찬가지이다. 범서읍, 언양읍, 두서면, 두동면 등에 걸쳐진 사연댐 수계 지역에서 만난 사람들은 하나같이 물과의 악연을 역설했다. 만물을 널리 이롭게 하는 물이 왜 이 같은 원성을 듣는 것일까. 1965년 거대한 댐이 담수를 시작하면서 권력과 물의 힘에 어쩔 수 없이 이주를 한 사람들의 아픔이 여전히 담겨 있었기 때문이다. 그들은 마을을 내어준 지 50년 가까이 지난 지금도 단절의 아픔을 호소하고 있다. 물에 젖은 옷가지와 쌀자루를 들고 쫓겨난 그들은 망향의 아픔에 시달렸다. 다시는 구렁텅 고향에 오지 않겠다고 선언한 사람이 있었고, 물에 뛰어들어 한 많은 생을 마감한

고래등 형태의 사연댐 모래톱 '귀신고래등'

수몰민도 있었다.

소귀에 경 읽기, 악만 남은 댐 주변 사람들

사연댐 주변에는 어느 날 졸지에 '댐 오지'가 된 마을이 있다. 울주군 언양읍 옹태마을은 사방이 고압선과 댐에 갇혀 '통닭마을'이 되었고, 코앞에 대곡댐이 있는 두서 유촌마을은 엎친 데 덮친 격으로 KTX 터널까지 관통하면서 물과 소음에 고문을 당하는 '샌드위치마을'이 된 곳이다. 대곡댐 끝자락에서 배밭 농사를 하는 유촌 노인은 "댐 인접한 배밭에 농약을 뿌려 양심에 걸린다."고 말했다. 배 하나에 손이 백번 간다는 노인은 아들은 수위를 했으면 했지, 고된 배밭은 안 하려 한다고 말하고는 "시끄러워 못 살겠다. KTX 열차가 지나갈 때마다 방 안으로 밀려들어 오는 것 같다. 산이 울려 정신이 하나도 없다."며 열차 소음과 진동을 하소연하는 주민도 있었다.

길쭉하게 생긴 옹태마을은 46년 전 마을이 댐에 잠기면서 현재의 위치로 한날한시에 이주한 마을이다. 마을이 수몰되기 전에는 시내로 나가는 길이 있어 교통이 그다지 불편하지 않았으나, 지금은 고립무원의 오지마을이 되고 말았다.

댐이 가까워 겨울이면 춥고 여름이면 후덥지근한 기후 탓에 알갱이가 여물지 않아 곡식이 신통찮다. 골바람에 지붕이 날아가기도 한다. 댐에 인접해 있으면서도 물 사정은 더 엉망이다. 상수도가 들어오지 않는 곳이라 마을 공동 저수지의 물은 소금기와 철분이 많아 빨래를 해도 깔끔하지 않다. 매년 대책을 호소하고 발버둥쳤지만 소귀에 경 읽기였다. 거기에다 철저히 고립된 곳이라 대중교통은 고사하고 택시도 잘 들어오지 않으려 한다.

옹태마을 사람들은 물에 잠긴 사연댐 벼락바위 인근에 공룡 발자국이 있었다고 말한다. 말이 뛰어내린 전설이 서린 '용말바위'와 '그렁바위'로 불리던 판석에는 손이 들어갈 만한 구멍이 있어 고동을 잡아두기도 했다. 또 수몰된 사연댐 일대에는 반구대 암각화와 유사한 바위그림이 여러 군데 더 있었다는 증언이 끊임이 없다.

수몰민들은 반구대 암각화가 새겨진 계곡을 가리키며 "어릴 때 사다리를 타고 올라갔던 귀신 골짝의 돌방구 그림이 그토록 귀중한 것인지 몰랐다."고 말했다. 사연댐 물속에 미확인된 바위그림들이 추가로 존재한다는 수몰민들의 증언에 주목해야 한다.

사연댐 최후의 오지, 한실 소암골

한실에서 연화산 방향으로 올라가면 희귀한 반석과 호박소 그리고 폭포에 정신을 빼앗길 만한 계곡이 나온다. 그 계곡 상류에는 '소암골'이라는 사라진 오지마을이 있다. 이곳은 대삿갓과 나무통을 만들던 '통쟁이'들이 살던 곳이었다. 지금은 사람이 모두 떠나 잡목과 대나무만 무성하다. 내가 찾아간 날, 마침 언양에 사는 젊은 부부가 소암골 골짜기에서 사과나무를 심고 있었다. 부부는 "조상들이 살던 곳이라 사과나무라도 심어두려 한다."고 말했다. 내가 소암골을 알게 된 것은 이곳이 안태고향이었던 이춘우(71세) 씨 이야기를 직접 듣고서였다.

손재주 좋은 이 씨는 나무로 짠 물통을 만들며 이곳에서 총각 무렵까지 살다가 교통이 불편하여 천전리 각석이 있는 장천마을로 이주하였다. 소암골을 찾아 나서는 내 소매자락을 잡은 이 씨는 "워낙 험한 산길이라 디딜방아를 두고 왔다. 혹시 집에서 디딜방아가 보이거든 꼭 가져와 달라"는 각별한 부탁을 하였다. '통쟁이' 이 씨가 두고 나왔다는 디딜방아를 찾아서 연화산 남쪽 아래에 있는 소암골로 갔다. 그러나 소암골은 이미 대나무와 잡목으로 발 디딜 곳도 없는 우목장성이 되어 있었다. 머리통도 겨우 빠져나갈 빽빽한 대밭을 헤치고 다녔지만 아무것도 찾을 수 없었다. 정글 대밭은 으스스한 기운이 감돌았고, 컴컴한 대숲을 헤매다 갈피를 잡지 못해 두려움만 커졌다.

과거 소암골에 살다가 한실로 이주한 안봉순(91세) 노파는 "여북 답답하면 그 골짜기에 숨어 살았겠느냐?"며 긴 한숨을 내쉬었다. 안 노파는 일제 강점기에 보급대에 끌려가면 못 돌아올까 싶어 가족과 함께 소암골로 피신했다. 낯선 사내를 요모조모 살핀 안 노파는 "더 이상은 이야기 안 할란다."며 입을 굳게 닫아버렸다. 알고 보니 한국전쟁 당시에 소암골에서 입은 피해의식 때문이었다. 말 잘못하면 죽는 판이었던 당시를 회상하던 안

소암골 통쟁이의 집터 흔적.

노파는 어렵사리 입을 열었다. "빨갱이 구경을 못한 나를 낮에는 순경이 두들겨 팼고, 밤에는 빨갱이가 괴롭혔다."고 말했다. 산간 오지에 숨어 살아온 안 노파는 사람을 경계하는 눈치가 역력했다.

댐을 보고 걷는 옛길

나는 무학산에서 한실로 이어진 옛길을 찾아다녔다. 그러나 여름이면 우거진 숲에 길을 찾을 수 없었고, 겨울이면 길을 몰라 갈피를 잡지 못하기 여러 차례였다. 과거 울산 선비들이 과거를 보러 가던 한양보름길은 대곡천에 수몰되었고, 나무꾼이 다니던 소래길은 한실에서 망성 욱곡으로 이어졌지만 그나마도 망성 감 농장에 막혀 단절되어 있었다. 나는 포기하지 않고 범서 사연에서 언양 태기마을로 가는 산길을 몇 차례 답사한 후 옹태로 들어섰지만, 사연댐에 막혀 행로를 이을 수 없었다.

그러다가 무학산 곡연에서 한실재로 이어진 '개고개길'이 있다는 것을 알게 되었다. 과거 동해 고래가 반구대까지 올라왔다는 설이 있는 개고개길은 사연댐 수계 지역에서 댐을 조망하며 산행을 할 수 있는 길이었다. 특히 무학산 일대의 산책로는 사일에 사는 서 씨 성을 가진 사람이 10년 공들여 만든 길로, 그 공덕비가 무학산 산허리에 세워져 있다.

옛길에서 바라본 사연댐은 편안히 누운 공룡 형상으로 전망이 좋았다. 댐에서 팔뚝만 한 붕어가 수면 위로 뛰어올랐고, 인적이 드문 산속에 서식하던 야생 염소들이 댐 물가로 내려오곤 했다. 하지만 반구대암각화와 구곡문화仇曲文化와 같은 귀중한 유산이 물속에 잠겨 있는 곳이 사연댐이다.

젊어서 걷지 않으면 늙어서 뛰어야 하듯이 오늘 건져 올리지 않으면 미래에는 대성통곡을 할지 모른다.

사연댐 뱃사공이었던 한실 박일랑 씨

"처음에는 댐인지 모르고, 못 둑을 돋운다고 믿었다."는 수몰민 박일랑(78세) 씨는 지금은 물속에 잠긴 대곡초등학교 한실분교 출신이다. 박 씨는 스물여덟 살에 마을이 수몰되면서 나룻배를 몰았다. 당시만 해도 나룻배는 한실을 드나드는 유일한 교통수단이었다. 사람뿐만 아니라 소와 염소, 짐과 비료도 날랐다. "평생 일만 하고 살았다. 정말이지 천 날 만 날 지게 지고 고생한 기억 밖에는 없다."는 박 씨는 농기구 날에 한쪽 눈을 실명했다. 걱정을 하는 가족들에게 "걱정 마라. 한쪽 눈으로 온 세상 다 볼수 있는데 무슨 걱정인가." 하고 안심을 시켰다. 박 씨는 수몰민의 아픔을 고스란히 간직한 장본인이었다. 한실마을은 과거 100호 가까이 집이 사는

마을이 물에 잠기자 모두 뿔뿔이 흩어졌음에도, 끝까지 한실마을을 지켜온 박일랑 씨 부부.

큰 마을이었다. 수몰이 되면서 주민들은 뿔뿔이 흩어졌지만 박씨는 한 번도 고향을 등질 생각을 하지 않았다. "소통할 통로가 필요하다."는 박 씨는 지금이라도 막힌 숨구멍을 뚫어주길 소원한다.

텃밭에서 호미질을하던 박씨의 아내는 "막상 시집을 와보니 전기도 없는 산간 오지였다. 예단은 나룻배로 보내고, 신부인 나는 걸어 들어왔다. 한실로 걸어오면서 함께 온 언니가 얼마나 울던지 아직도 기억이 생생하다"며 산간 오지로 시집올 당시를 회상했다. 언양까지 나가는 데 3만 원이나 드는 차비가 겁이나 어지간해서는 마을 밖을 나서지 못한다는 그녀는 "정말 사람이 그리워서 못 살겠다."고 말했다. 댐으로 인한 교통의 불편 못지않게 단절의 아픔도 커 보였다.

선창덤
삼정리
뒷골
조개
호점지골
순천골
문성산
옹티
두서면
인보리
삼봉
덕골
하삼정
대
장솔밭
말무등
조개
곡
대곡댐
연화산
(532.5m)
범골
봉화산
(245.6m)
댐
구석골
놀기소
잠방골
자드락숲
저하봉
백련정(터)
봉황골
처전리
방리
옥녀갓
녹문
후리골
대곡박물관
9곡
천전리
336m
동암사
구량천
장천
호박범
초소
반고사지
천전리
애기소
7곡
골안골
탑등
소
암
골
국시덤
넓떡소
절후산
천전리
암각화
정살비
첫등
벼락등
속등
끝등
던발
반구대범굴
백닭골
칠디미범굴
두리등
절매등
장군바위골
삿각산(7봉)
물방
내기
진현
홍두깨등
두리골
넉소
대곡리
새터골
하토
침디미
암골
집청정
동매산
대곡마을
동대실
옥류동
연로
암각화
박물관
6곡
반구대
습지
용미봉(265.8m)
범골
용마등
내리골
비래봉
육곡
반구산
(265m)
장말이걸
4곡
전망대
한실
분교
절골
갓갓단
묵은등
건너각단
한실
구
실
골
대곡리
암각화
재암골
반곡천
한실재
(327m)
사
고하
반곡천
연
수심바우
안장바우
부엉디미
용두등
사연호
질매바우
방아골
태기
용말바위
(195m)
세연골
병풍바위
독도골
댐
수
리
등
사기더미
곡연골
아랫옹태
언양읍
대기리
범골
가매등
옹태
사연댐
반연리
대방골
옹태골
제방
개고개
진달래등
옹태못
UNIST
곡연리

8.
대곡댐 오지 | 댐에 미친 사람

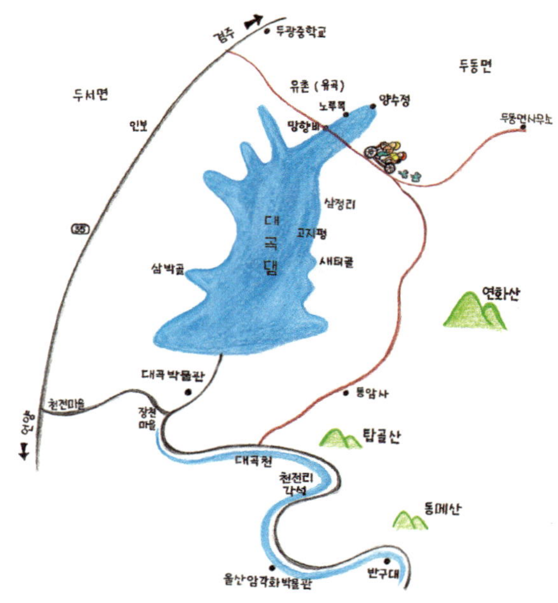

댐을 지키는 상징적인 존재 '완장 인간'

대곡댐에 '저승사자'로 악명 높은 댐 감시원이 있다는 소문을 들었다. 저승사자를 만나기 위해 댐 수계 지역 안에 있는 세 곳의 감시초소를 방문하였지만 번번이 허탕을 쳤다. 그를 찾아 댐 수변을 돌아다니던 중에 수질을 관리하는 보트를 용케 만나 댐을 한 바퀴 돌아볼 기회를 얻게 되었다. 용 발톱처럼 생긴 해발 56.5미터의 댐은 눈이 아릴 정도로 맑았다. 그때 야트막한 야산 외곽도로에서 오토바이를 타고 순찰중인 감시원이 보였다. 큰 덩치로 봐서 소문으로 듣던 '저승사자'가 분명해 보여 그를 붙들었다.

순찰 체크기와 무전기를 소지하고 있는 이도수(50세) 씨. 도수道秀라는 이름대로 길에 미치고, 댐에 미친 사람이라고 자신을 소개하였다. 얄짤없고, 에누리 없는 사람이라는 소문과는 달리 인상이 털털해 보였다. 떼를 쓰다시피 그의 오토바이 뒷좌석에 타고 댐을 함께 돌았다. 이 씨의 순찰코스는 대곡댐과 사연댐의 수계 지역을 포함한 약 60킬로미터였다.

물고기와 동물들의 천국

100cc 오토바이는 댐과 인접한 오지마을을 누비고 다녔다. "아제요, 안녕하십니까?" 지역 주민들과 격 없이 인사를 나누는 이 씨는 동네방네 모르는 사람이 없었다. 도라지 씨가 날아간 것이 계기가 되어 수계 지역 안에서 텃밭을 가꾸게 된 어느 아낙은 "수제비 놔라, 감 놔라, 깐깐한 저 양반이 얄미울 때가 있다."고 했다. 이 지역에는 정든 고향을 잃은 수몰민이 많아 누구보다 속사정을 잘 알고 있었지만, 사명감에 앞서 옳은 것은 옳고 그른 것은 그른 것이다.

두 사람이 찾아간 순찰 코스는 양수정마을 상수도보호구역 내부. 펜스가 쳐진 철문을 열고 들어갔다. DMZ 같은 청정 지역 안에서 배를 뒤집고 노뉘는 붕어 떼를 목격할 수 있었다. 이곳은 물새 · 수달 · 멧돼지 · 노루들의 천국이었다. 과거 두동면사무소를 오가던 도로는 수몰되었고, 논은 늪지로 변하여 갈대가 우거졌다. 버스가 다니던 다리는 물속에 잠겨 흔적조차 찾아볼 수 없었지만, 교각에는 '노루목교' 청동표시판이 여전히 붙어 있었다.

낚시꾼의 '저승사자' 댐 감시원

인근에 낚시꾼이 숨어 있다는 무전이 왔다. 낚시꾼이 자주 출몰한다는 갈대숲이었다. 이 씨는 가슴까지 오는 어부 장화를 갈아 신고 낚시꾼이 있는 강둑으로 건너기 시작했다. 그런데 걸어가던 이 씨가 갑자기 물속으

대곡댐에 수몰된 상삼정 마을.

로 쑥 빠져들었다. 깊은 웅덩이에 빠진 이 씨는 목까지 물이 찼다. 그런데도 이 씨는 살려달라는 비명을 지르지 않고 끝까지 다가 갔다. 턱 밑까지 찾아온 이 씨를 본 낚시꾼은 아연실색했다. "도수가 7박 8일간 중국 갔다는 소문을 듣고 왔는데, 사람이 아니라 귀신이다." 낚시꾼 입장에서 보면 이 씨는 언제 어디서 나타날지 모르는 '저승사자'같은 존재였다. 오죽하면 낚시꾼들 사이에 '도수 암살단'을 구성한다는 우스개 소문이 생겨났을까. 낚시꾼들은 대곡댐 붕어를 잡는 게 소원이라고 한다. 30센티미터가 넘는

1994년 언양사가지에서 벌어진 '사연댐승곡결사반대운동'

통통한 붕어를 당기면 10년 묵은 스트레스가 날아가니 어떻게든 이 씨의 눈을 피해 손맛을 즐기고 싶어한다. 하지만 낚시꾼이 지나간 자리에는 어김없이 쓰레기가 남는다. 먹다 남은 족발, 소주병, 일회용 라면 그릇, 쓰레기 집합장이다. 더구나 붕어를 전문적으로 잡는 '그물쟁이'는 엔진이 달린 보트를 몰래 숨겨와 하룻밤에 수백 마리의 붕어를 싹쓸이해간다. 댐 골짜기 어딘가 숨어 있는 낚시꾼들이 주로 제보한다. 그럴 때는 낚시꾼들이 도리어 고맙기까지 하다.

대곡댐 수계를 순찰하는 이도수 씨.

댐 반대 앞장선 사람이 댐 감시원으로

이 씨가 댐 감시원을 하게 된 계기가 재미있다. 반구대암각화를 물고문 시키는 울산이 물과 악연이라면, 이 씨는 물과 인연이 깊다. 1994년 7월 당시 결혼 8개월 신혼이었던 이 씨는 사연댐 승고를 반대하며 3,000여 명의 지역 주민들과 함께 속옷 차림으로 고속도로에 드러누웠다. 승고반대 공개행사를 진행했던 이 씨는 집시법 위반으로 처벌을 받았다. 그런데 시위에 앞장섰던 이 씨가 30마리의 소 사육을 포기하고 뜻밖에 수질 감시원으로 채용된 것이다. "도수, 네가 왜 댐에 목을 매느냐?"며 주위 사람 모두 의아해했다. "댐 반대한다고 앞장서더니 이제 와서 무슨 짓이고?" 단속에 걸린 사람들이 이 씨에게 따지는 단골 메뉴였다.

4개 읍면에 걸쳐진 방대한 댐 수계 지역 안의 울창한 숲과 푸른댐은 신이 내린 이 씨의 직장이다. 이 씨도 "하늘 아래 이보다 좋은 직장은 없을 것.”이라 했다. 상수원을 보호하기 위한 이 씨의 제거 대상은 낚시꾼이다. 남들은 이 씨를 두고 ‘완장 인간’이니 ‘물불을 안 가리는 팔불출’이니 뒷말을 하지만, 존재의 상징성이라는 말은 이 씨를 두고 하는 말이다. 이 씨는 열 살 나이가 많은 아내와 구순 장모를 모신다. 그는 달라고 하면 내주고, 담으라고 하면 넘치지 않게 담는 너그러운 댐 같은 존재다.

9.
낙도 오지 | 통닭마을 옹태

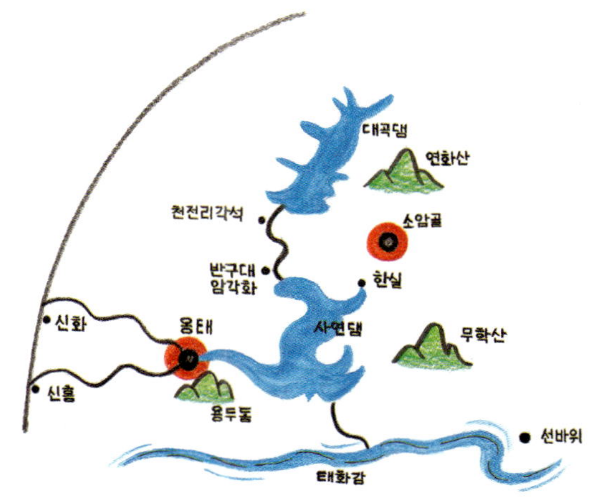

배를 타고 돌아본 옹태마을

배를 타고 돌아본 사연댐의 경관은 기대 이상이었다. 비무장지대를 방불케 하는 수변, 굽이도는 계곡과 깎아지르는 절벽, 산자락을 휘감은 울창한 숲은 탄성을 자아내게 했다. 그렇다. 길은 걸어봐야 알고, 물은 건너봐야 안다. 내 눈에 비친 대곡댐은 용이 되기 전의 이무기 형상이었고, 사연댐은 두 발 달린 청룡 형상이었다.

나는 수천 년 전에 '배를 타고 고래 잡는 어부'가 다니던 물길을 따라 수상 이동을 시작했다. 배는 한실마을까지 이동이 가능하였고, 우기雨期에는 상류인 천전리 각석까지 올라갈 수 있었다. 모터배는 반구대 암각화가 있는 댐 상류로 향하였다. 사연댐은 선사시대 바위그림을 수장시켜 세계적인 주목을 받는 호수로, 인류학자들은 반구대암각화를 물속에 방치시키고 있는 우리를 지적知的 난장이로 분류하기도 했다.

실배암처럼 길쭉한 마을을 송전탑 고압선이 거미줄처럼 에워싸고 있다.

수심 10미터 댐 한가운데에서 배가 멈추었다. 불쑥 솟아난 모래톱이 뱃길을 막아선 것이다. 모새의 기적과도 같은 모래톱이 댐 한가운데 있다니, 나는 새로운 발견을 한 것처럼 두근거렸다. 갈수기에만 모습을 드러내는 모래톱은 그 모양이 고래 등과 흡사했다. 울산 앞바다의 귀신고래가 반구대로 거슬러 오르다가 수심이 얕은 댐 바닥에 걸린 양 신비감마저 들었다.

망향비 없는 거대한 웅덩이, 사연댐

언양읍 태기리 골짜기에 위치한 옹태골로 뱃머리를 돌렸다. 과거 마을이 있었던 수면 부근을 지날 쯤에 '할배 감나무'를 발견하였다. '할배 감나무'는 수면 위로 머리끝 부분만 드러내고 있었다.

한때 사연댐에서 배를 몰았던 박수성(88세) 씨는 배를 멈추게 하고는 "저 할배 감나무가 마을을 지켜주던 당산나무였다."며 물속을 유심히 들여다 보았다. 그는 물속에 어렴풋이 마을이 보인다고 했지만, 나는 아무리 보아도 푸른빛 물결만 흔들거릴 뿐이었다. 수몰민인 그는 "저 물결만 바라보아도 고향 생각이 난다."며 바다 같은 호수를 망연히 바라보며 중얼거렸다. 댐은 망향병에 걸린 사람들의 수상가옥이자 유일한 정착지였다.

박 씨처럼 망향병에 시달리던 사람들이 사연댐 곳곳에 살고 있었다. 범서읍 세연동 골짜기에서 은둔 생활을 하던 '외딴집 노인'은 익사체로 발견되었고, 반대편 언양읍 태기리 장골산에서 홀로 살던 실향민은 고독사로 세상을 떠났다. 박 씨는 "물보다 더 무서운 것이 망향병이다. 물에 고향을 빼앗긴 것도 서러운데 총을 든 청원 경찰들이 우리를 얼씬도 못하게 했다."고 기억했다. 박 씨는 "이웃한 대곡댐에는 망향비와 박물관을 세웠지만, 군사 혁명 정권이 마구잡이로 밀어붙인 사연댐은 여태 망향비조차 없는 한恨웅덩이."라고 탄식했다.

미안하다 옹태여!

나는 댐에 유입되는 개천을 따라 길쭉하게 늘어선 옹태마을로 들어갔다. 마을 형태가 독처럼 생겨 이름 붙여진 옹태瓮台는 전형적인 산촌마을이었으나, 사연댐이 들어서면서 졸지에 낙도 오지로 변한 곳이다. 옹태마

폭우에 유입된 부유물을 청소하고 있다. 멀리 송전탑이 줄지어 서 있는 산이 옹태골이다.

을 사람들은 물을 끼고 살지만 상수도가 없어서 정작 식수 문제를 안고 산다. 언양읍 신흥마을을 통하는 외길이 있기는 하나 길이 비좁고 교통이 불편해 택시도 잘 들어오지 않으려 한다. 1965년 마을을 댐에 내어줄 당시, 고향땅을 떠나지 못한 열두 세대는 울며 겨자 먹기 식으로 한날한시에 이곳으로 이주했다.

옹태마을에서 조상 대대로 살아온 김지규(84세) 씨는 새집을 지은 지 얼마 지나지 않아 골바람에 지붕이 날아가 낙심이 대단했다. 댐에 의한 고통과 고압선의 공포를 견디다 못해 집단 이주를 건의하였지만 번번이 묵살되었다며 분통을 터트렸다. 그는 거미줄처럼 마을을 에워싼 고압선을 가리키며 "남자 씨를 말리는 저 고압선을 보라. 이 통닭마을은 사람 살 곳이 못 된다."며 울분을 감추지 못하였다. "교통의 불편은 감수하더라도 생명을 위협하는 살벌한 고압선만이라도 없었으면 좋겠다."고 하소연했다.

나는 배를 타고 옹태골 주변을 다시 돌아보았다. 옹태골 주변의 방아등과 용두동 범골, 유서깊은 산 곳곳에는 줄지어 송전탑이 세워져 있었다. 골바람이 불 때면 송전탑이 살벌하게 울어댔다. "산은 전기 고문을 시키고, 댐은 물고문을 시킨다."며 댐이 불어나면 마당까지 물이 차오른다고 나를 붙잡고 울먹이던 김지규 씨가 떠올랐다. 어떻게 이런 척박한 오지로 댐을 이주시켰을까. 돌아오는 배는 천근의 납덩어리를 매단 것마냥 무거웠다.

올해는 근 한 달을 끈 장마로 댐에 유입되는 쓰레기를 제거하는 청소선도 덩달아 바빴다. 떠내려 오는 묵은 쓰레기 중에는 먹다 남은 족발이며 참외도 눈에 띄었다. 참외처럼 물에 잠겨 반구대암각화는 아무래도 올 연말 까지는 보기 힘들 성싶다.

옹태 지게꾼 김지일 노부부의 세상만사

지게에 풀을 지고 가는 김지일(85세) 할아버지를 옹태마을에서 만났다. 손에는 작대기와 낫이 들려 있었다. 집 앞 골목길에서 김 할아버지를 기다리던 아내 박필순(86세) 할머니가 문전 옥수수밭으로 걸어 나왔다. 팔에 깁스를 하고 지팡이를 든 박 할머니는 "토끼가 있나 소가 있나, 이 더운데 뭐 하려고 풀 베러 갔소?"라며 고함을 치듯이 큰소리로 잔소리했다. 귀가 어두운 김 할아버지는 말귀를 알아듣지 못하고 히죽 웃기만 했다. 우는 것인지 웃는 것인지 분간을 할 수 없는 묘한 웃음이었다.

"난 배운 게 지게 질, 풀 질, 나무 질밖에 없어야."

말을 내뱉을 때마다 김 할아버지는 입가에 거품이 일었다. 그러고는 박 할머니를 가리키며 "시집올 때 곱더라."며 특유의 웃음을 여러 번 지었다. 그러자 박 할머니가 "입에 침 좀 닦으소. 추저워서(더러워) 못 보겠다."며 혀를 내둘렀다.

박 할머니는 열아홉 살에 시집와 옹태골을 떠나본 적이 없는 촌로였

60년 넘게 해로하며 옹태를 지키는 김지일. 박필순 부부.
약 1년 후 이 집은 화재로 전소되었고, 노부부는 요양원에 입소하였다.

다. "귀가 어두운 바보 영감에게 죽자 살자 고함을 치는 바람에 나도 덩달아 바보가 되었다."는 박 할머니는 "내가 키가 작아 아무도 안 데리고 가더라. 신랑이 약간 모자라고 귀가 멀어도 고맙다고 시집을 왔지. 호호호." 김 할아버지를 만난 인연을 신세타령처럼 늘어놓으면서도 60년 넘게 해로한 김 할아버지를 은근히 치켜세웠다. 산촌 오지 지게꾼 김 할아버지는 20년째 시내 구경을 못했다고 한다.

그로부터 약 2년 후 옹태마을을 찾아간 나는 깜짝 놀라고 말았다. 금실 좋던 김 할아버지 부부가 살던 집이 사라진 것이다. 부리나케 수소문해 보니 김 할아버지 집은 불에 타 멸실되었던 것이다. 소방차조차 들어오기 힘든 곳이라 집이 완전히 전소되었다. 다행히 화마를 피한 노부부는 요양원으로 거처를 옮긴 상태였다.

10.
정족산 오지 | 한듬과 불당골

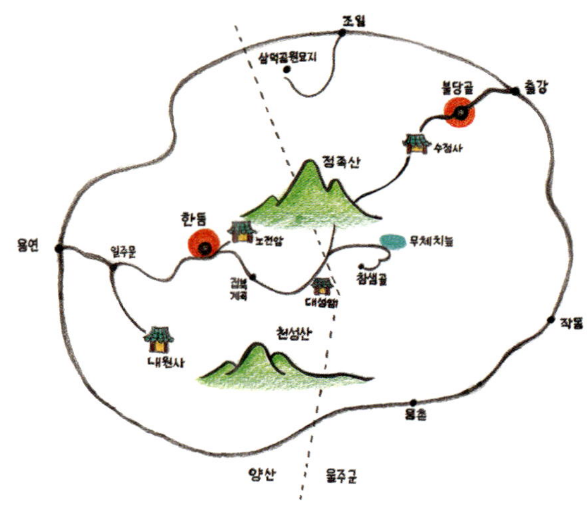

죽은 자들의 레저타운 정족산

구제역이 일파만파로 번지는 이 난리통 속에도 청정 지역으로 남아 있는 정족산鼎足山(해발 700미터) 기슭은 죽은 자들이 모이는 '하늘산'으로 천지개벽했다. 울산을 대표했던 오지마을은 화장장과 수목장, 잔디장 같은 종합장례시설로 탈바꿈했다. 못 볼꼴을 본 정족산 사람들은 '자연장지 유치는 대가리 두 쪽 나도 결사반대 한다'는 섬뜩한 현수막을 내걸었다. 인접한 신불산은 관광 메카로 각광을 받는 반면에, 정족산은 죽은 자들의 레저타운으로 푸대접을 받는 데에 대한 탄식이다.

시간을 거슬러가는 불당골 십 리 길

정족산 북쪽 기슭의 출강마을에서 수정사까지 이어지는 불당골 골짜기는 시간을 거슬러 가는 코스이다. 이 길을 걸을 때는 눈썹을 빼놓고 걸으면 한결 가뿐하다. 멍울지고 거추장스러운 것을 멀리멀리 날려 보내라는 말이다. 당수나무 아래 서낭당에서 길쭉하게 뻗은 길을 걷다 보면 망연히 누워 있는 산과 논두렁 옆 실개천을 만난다. 징을 울리면 긴 골짜기가 요동치고 논이 벌떡 일어날 것 같다. 덤으로 들려주는 실개천의 시냇물 연주는 집착 하는 마음을 말갛게 한다.

꼬불꼬불 불당골 오 리 길을 걷다가 꼬부랑 할머니 한 분을 만났다. 봇짐을 메고 위태위태 걷는 할머니는 동안거를 해제하고 돌아오는 선방 스님처럼 지리산 동생댁에서 동짓달을 나고 귀가하는 길이었다. 오지는 어디에 있는가. 결론을 말하면 발품에 달려 있다. 길은 걸어봐야 알고, 물은 건너봐야 안다. 오지마을을 찾아가는 것은 과거로의 여행이라 발품을 파는 만큼 가슴으로 만나기 마련이다. 물어물어 오지를 찾아가다가 촌로의 말 한마디에 진리를 얻은 양 일순 간 방향이 달라지기도 하고, 산불감시원을 만나 야생화 천국에 빠지기도한다.

기우뚱, 조마조마한

길고 꼬불꼬불한 출강리의 세 마을은 춤을 추어도 모를 만큼 뚝뚝 떨어져 있다. 상출강마을 한복판에는 금방이라도 폭삭 내려앉을 것같이 기우뚱 기울어진 집 한 채를 볼 수 있다. 집주인 김말봉(86세) 할머니는 행여 집이 무너질까 컨테이너로 옮겨 산다. 몇 안 되는 동네 노인네들은 마을회관이 너무 멀어 컨테이너를 아예 마을회관처럼 쓴다. 이웃에 사는 할머

불당골 꼬부랑 할머니의 미소. 불당골을 걸으면 봄의 여운이 퍼진다.

니는 "우리야 시집을 잘못 와서 이 촌구석에 살지만, 젊은 사람들은 뭐 좋다고 꾸역꾸역 찾아 들어오는지 모르겠다."며 능청을 떨었다.

일본에서 살다가 해방이 되던 해 시집으로 온 강인자(91세) 할머니는 꼬치꼬치 말아놓은 이야깃주머니를 풀었다. 한국전쟁이 한창이던 1953년 정월 초사흘 날이었다.

"눈에 훤하다. 호루라기를 불자 산속에 숨어있던 빨갱이들이 우르르 몰려들더라. 개머리판을 휘두르며 남편과 동네 장정들, 소 세 마리를 산으로 끌고 갔지. 시어머니는 소는 데리고 가고 아들은 돌려달라고 울고 불며 매달렸지만 소용없었어." 갓 시집온 새색시였던 강 할머니는 삼동 지서에 신고했지만 겁을 먹은 순사들은 빨치산 잔당이 다 사라지고 난 후에나 나타났고, 어미 소를 따라간 송아지는 계곡에서 앙상한 뼈로 발견되었다.

절속의 오지마을, 한듬

정족산 북쪽에 불당골이 있다면 남쪽 기슭에는 세상과 단절된 또 다른 산간 오지가 있다. 정족산은 울주군과 양산의 경계가 되는 산으로 양산 내원사에서 계곡을 따라 '한듬'으로 손쉽게 올라가는 길도 있지만, 제대로 돌아보려면 무제치늪 참샘골에서 대성암을 지나 한나절 정도 사서 고생해야 한층 묘미를 느낄 수 있다.

한듬마을 이성열 포수와 차정생 할머니.

한듬은 팔만구 암자가 있던 깊은 산속에 숨어 있어 세상과 철저히 차단된 곳이다. 이곳을 가려면 내원사 일주문에서 세 개의 문과 열두 다리를 건너야한다.

스무고개를 지나 이끼 낀 돌담 골목길을 들어서면 과거와 현재의 공존이 아니라, 아예 100년 전으로 돌아간 흑백세상과 만날 수 있다. 살을 에는 폭설이 내린 날 찾아간 오지마을은 한장의 빛바랜 흑백사진이었다. 흥미로운 점은 이 마을 전체가 절 땅이라는 것이다.

잠꼬대 같은 말이지만 이곳 사람들은 땅세로 매년 콩 두서너 되씩을 600년 가까이 절에 바쳐왔다. 과거 스무 채 정도 남아 있던 민가는 많이 줄었고, 그나마 남은 집은 대부분 텅 비었다.

언제 사라질지 모르는 최후의 원주민인 이성열(80세) 포수는 허리를 다쳐 구들방에 몸져누워 있었다. 산간 오지 속사정이 어찌 포수 마음 같을까만, 19대째 이곳에 살아온 이 포수 부부는 단절의 마을에서 뼛속까지 파고드는 심심산골의 외로움을 숙명처럼 견디며 살아온 사람이다. 주민이라고는 불같은 성미의 이 포수 내외가 전부라 아예 마을회관이 없을 뿐더러, 말을 붙일 사람이라고는 눈을 씻고 봐도 없다.

최후의 가지산 표범

6대째 내리 포수질을 해온 이 포수는 보물처럼 간직하고 있던 범을 사냥한 귀한 사진을 보여주었다. 놀라운 사실은 반구대암각화 바위그림에 새겨진 표범과 흡사하다는 것이다.

1960년 겨울, 사냥무대는 영남산무리 산악지대였다. 그가 표범 사냥을 한 곳은 가지산 뒷산인 운문산으로, 해질 무렵 몰이꾼 없이 사냥개 한 마리를 데리고 혼자 사냥을 나가고는 했다. 밤에 주로 활동하는 표범은 캄캄한 산속에 숨어 있다가 지나가는 사람을 호시탐탐 노렸다. 담력이 약한 사람은 눈에 불을 켠 표범을 보기만해도 그 자리에서 오줌을 지렸다. 이 포수가 부리부리한 눈을 부릅뜨면 표범은 고개를 숙이고 일어나지 못했다고 한다. "이 양반은 짐승을 봤다 하면 두 번을 안 당겨."

이 포수의 아내인 차정생(76세) 할머니가 말했다. 하루는 이 포수가 표범 두 마리를 발견해, 그중 한 마리를 잡았다. 이후 밤이면 짝을 잃은 표범 한 마리가 산에서 괴성을 지르고 다녀 일대 사람들이 공포에 떨었다고 한다. 우리나라의 마지막 표범은 '오도산 표범'이다. 가지산에서 오도산까지 위성지도로 검색한 결과 직선거리로 불과 100킬로미터가 채 안되는 거리지만, 험한 산악에서 서식하는 표범에게는 먼발치가 아니다.

하늘같이 받들던 이 포수가 거동이 어려워지자 산으로 계곡으로 땔감을 찾아다니기 시작한 사람은 차정생 할머니였다. 비탈진 산이나 계곡에서 주운 삭다리나무를 칡넝쿨로 묶어 배낭 지게에 짊어진 차 할머니는 수줍음이 많은 촌로였다.

배낭 지게는 등산객이 버리고 간 배낭을 할머니가 직접 엮어 만든 것이었다. 차 할머니는 나와 안면을 튼 후로, 내가 뻔질나게 드나드는데도 손톱만큼도 싫은 내색을 하지 않았고, 자칭 '귀신같이 해놓고 사는 집'을 보여주곤했다.

한듬마을 가는 길. 차 할머니가 시집을 왔던 길이기도 하다.

산속에 갇혀 오도 가도 못해

친정인 울산 천전리에서 산간오지로 시집을 가던 날, 차 할머니는 꽃가마 대신에 원목을 실어 나르는 산판 트럭을 타고 시댁으로 들어왔다. 새댁이 탄 산판 트럭은 찻길이 아닌 계곡을 향했다. 가면 갈수록 첩첩산중이었고, 눈을 씻고 봐도 새댁을 구경나온 사람은 보이지 않았다. 밥에 한이 있던 아버지가 산으로 시집을 보낸 것이다.

앞산에 진달래꽃이 만발하고 돌 복숭아꽃 피는 봄이면 친정에 가고 싶어 노상 울었다. 초파일에 통도사 절 구경을 가는 것이 유일한 나들이였던 새댁은 반구대 돌바위에서 친구와 놀던 기억, 가족에 대한 그리움으로 하염없는 눈물을 흘렸다. 일주문 앞에서 나물을 팔던 시어머니는 산속에 갇혀 오도 가도 못해 답답해 하는 젊은 며느리가 안쓰럽던지 신발이 떨어질만 하면 새 고무신을 사주셨다.

이야기를 마친 차 할머니는 늦기 전에 개울가에 버려둔 삭다리나무를 지고 와야 한다며 집을 나섰다. 어질고 온화한 노파의 뒷모습에서 숙명처럼 견뎌온 외로움이 묻어났다.

문화와
역사를
담 다
0 7 0

억새야 길을 묻는다
영남알프스 오디세이

초판 1쇄 발행 2025년 3월 24일

지은이 배성동
지도 일러스트 문정훈

주간 조승연
편집·디자인 오경희 · 조정화 · 오성현
신나래 · 박선주 · 정성희
관리 박정대

펴낸이 홍종화
펴낸곳 민속원
창업 홍기원
출판등록 제1990-000045호
주소 서울시 마포구 토정로 25길 41(대흥동 337-25)
전화 02) 804-3320, 805-3320, 806-3320(代)
팩스 02) 802-3346
이메일 minsokwon@naver.com
홈페이지 www.minsokwon.com

ISBN 978-89-285-2100-5 04810
S E T 978-89-285-1054-2